职业教育智慧健康养老类专业系列精品教材

老年人
日常康复调理技术

主编　陶宏胜　鲁　健
副主编　黄雅欣　游慧铌　杨　钦

中国轻工业出版社

图书在版编目（CIP）数据

老年人日常康复调理技术 / 陶宏胜，鲁健主编．—
北京：中国轻工业出版社，2024.7
职业教育智慧健康养老类专业系列精品教材
ISBN 978-7-5184-4943-9

Ⅰ．①老…　Ⅱ．①陶…②鲁…　Ⅲ．①老年病—康复—中医疗法—职业教育—教材②老年病—食物疗法—职业教育—教材　Ⅳ．①R242②R247.1

中国国家版本馆CIP数据核字（2024）第080818号

责任编辑：崔丽娜　　责任终审：高惠京　　设计制作：锋尚设计
文字编辑：李寅寅　　责任校对：晋　洁　　责任监印：张　可

出版发行：中国轻工业出版社（北京鲁谷东街5号，邮编：100040）
印　　刷：三河市国英印务有限公司
经　　销：各地新华书店
版　　次：2024年7月第1版第1次印刷
开　　本：787×1092　1/16　印张：12.25
字　　数：290千字
书　　号：ISBN 978-7-5184-4943-9　定价：45.00元
邮购电话：010-85119873
发行电话：010-85119832　010-85119912
网　　址：http://www.chlip.com.cn
Email：club@chlip.com.cn

231943J3X101ZBW

前言

2018 年 11 月，习近平总书记在上海考察时指出："我国已经进入老龄社会，让老年人老有所养、生活幸福、健康长寿是我们的共同愿望。党中央高度重视养老服务工作，要把政策落实到位，惠及更多老年人。"《中共中央关于制定国民经济和社会发展第十四个五年规划和二〇三五年远景目标的建议》提出"实施积极应对人口老龄化国家战略"，要把积极老龄观、健康老龄化理念融入经济社会发展全过程。本教材是根据国家《"十四五"职业教育规划教材建设实施方案》中的"服务民生领域急需紧缺行业发展，加快建设学前、托育、护理、康养、家政等领域专业课程教材"和"加快建设新形态教材"的要求，结合当前我国职业教育、社区教育、老年教育和老年综合服务人才发展需求的实际编写而成。

本教材旨在帮助学生认识康复调理的意义，掌握老年人日常康复调理的基础知识，能运用推拿疗法、拔罐疗法、刮痧疗法、艾灸疗法、热熨疗法、熏洗疗法等康复手段，八段锦、太极拳、广场舞、五禽戏等传统运动疗法和饮食疗法、情志疗法等技能，能独立完成老年人的康复调理服务工作，减轻老年人常见病、慢性病及急性病后期功能障碍带来的影响，使之逐步恢复健康状态，提高生活自理能力和生活质量。

本教材分为 5 个工作领域、21 个项目、51 个任务，突出"工作领域—项目—任务"的结构与体例，体现知识与能力的循序渐进、学习规律的不断提升，符合学生系统学习的思维逻辑。包括老年人健康养生知识、老年人日常康复调理的理论基础、老年人日常传统康复调理技术、老年人其他日常康复调理方法、老年人常见病症的康复调理技术。

本教材的特色：内容具有适用性、科学性，在此基础上，结合学生实际，突出可操作性，便于学生实践；内容通俗易懂，采用大量生活案例，力求实用、够用、好用；版式设计新颖、图文并茂、资源丰富，同时吸纳了新技术、新观点、新进展，以保证内容的准确性。

本教材的主要读者对象为职业院校智慧健康养老类专业学生，养老机构、街道社区等从事老年健康管理和康复服务工作的工作者；也可为广大老年人阅读学习所用。

本教材由重庆市立信职业教育中心陶宏胜、鲁健主编，黄雅欣、游慧铌、杨钦老师参与编写。承蒙重庆医科大学中医药学院副院长唐成林教授的悉心指导、精心审阅，提出了中肯的修改意见，使教材的内容更加严谨。在此表示衷心感谢！

由于编者水平和研究资料有限，本教材若有疏漏不足之处，敬请广大教育工作者、有关方面专家及其他学习者能提出宝贵意见，以便于我们修改完善。

编者

2024 年 1 月

目录

工作领域三 老年人日常传统康复调理技术

1

工作领域一

老年人健康养生知识

学习导读

本领域重点在于了解我国人口老龄化现状，掌握老年人的生理、心理特点，正确理解老年人健康，学会关爱老年人，帮助老年人增强养生与保健意识。

人口老龄化是今后我国较长一段时期的基本国情。我国人口老龄化呈现出数量多、速度快、差异大、任务重的形势和特点。当前，积极应对人口老龄化已上升为国家战略；其中，健康老龄化是应对人口老龄化成本最低、效益最好的手段和途径。提升老年人主动维持健康的能力，提高老年人的健康素养和健康水平，让老年人少得病、晚得病、不得大病，让每位老年人都能生活得安心、静心、舒心，实现广大老年人及其家庭对美好生活的向往，是全社会的共同责任。

随着年龄的增长，老年人机体各组织结构和器官功能逐渐衰退，包括视力下降、记忆力下降、味觉及嗅觉迟钝、动作协调性降低等。对患有高血压病、冠心病、糖尿病、慢性支气管炎、肺气肿、肺心病、脑梗死、心功能不全、更年期障碍、老年焦虑抑郁综合征等慢性疾患的老年人，为了维持健康和良好的生活质量，应该定期到医院进行健康检查，全面了解自己的健康状况，听取调理师的意见和建议，用以指导生活保健。

本书传承中医药文化瑰宝，发扬中华养生之道，通过各种中医药方法颐养生命、增强体质、预防疾病，实现老年人延年益寿。

学习目标

能正确理解老年人健康的意义。

掌握老年人健康的生理、心理特点。

能学会关爱老年人。

能帮助老年人增强养生意识。

学习实施

本领域共有三个项目。学生通过自主学习、合作学习等方式，正确理解健康相关知识，了解老年人的生理、心理及病理特征，培养敬老、爱老意识，关爱老年人，帮助老年人增强预防疾病、重视养生等健康意识。

项目一　关爱老人

任务一　我国人口老龄化现状

世界卫生组织（World Health Organization，WHO）针对发达国家和发展中国家各自的年龄结构状况，制定了相应的人口老龄化标准：发达国家65岁及以上人口达到或超过总人口的7%，发展中国家60岁及以上人口达到或超过总人口的10%，该国家（或地区）即成为老龄化国家（或地区），达到这个标准的社会称为老龄化社会。

据国家统计局发布的《中华人民共和国2023年国民经济和社会发展统计公报》显示：截至2023年底，我国60周岁及以上人口达2.9697亿，占总人口的21.1%。其中，65周岁及以上人口达2.1676亿，占总人口的15.4%。

如何应对人口老龄化？养老事业和养老产业如何发展？……这些关系民生的话题再次成为社会关注和热议的焦点。党的二十大报告从“增进民生福祉，提高人民生活品质”的角度阐述了养老事业和养老产业的发展方向即“实施积极应对人口老龄化国家战略，发展养老事业和养老产业，优化孤寡老人服务，推动实现全体老年人享有基本养老服务”。报告中强调“推进健康中国建设”“实施积极应对人口老龄化国家战略”，将积极应对人口老龄化上升为国家战略，对于推动养老事业和养老产业协同发展起着积极、重要的影响。

坚持应对人口老龄化和促进经济社会发展相结合，坚持满足老年人需求和解决人口老龄化问题相结合，努力实现“老有所养、老有所医、老有所为、老有所学、老有所乐”，让老年人共享改革发展成果、安享幸福晚年，这就是我们的共同使命所在！

思考与练习

1. 我国老龄化社会的划分标准是什么？
2. 我国人口老龄化现状，会对老年服务工作者带来哪些机遇与挑战？

任务二　老年人的生理特点及心理特征

一、老年人的生理特点

随着年龄的增长，老年人机体各组织结构和器官功能逐渐衰退，简要分析如下。

（1）感知系统。60 岁以上的老年人，各感知觉系统的结构和功能均发生老年退行性变化，尤其是视觉和听觉障碍的逐渐显现，影响老年人对周围环境的信息接收。

（2）肌肉骨骼系统。由于内脏功能衰退、肌肉萎缩，一般 70 岁老年人的肌肉强度仅相当于 30 岁时的一半，这导致老年人无法承受长时间的剧烈运动。

（3）思维系统。老年人的脑细胞减少，脑组织开始萎缩，神经传导的速度相较于年轻时大幅降低，从而造成老年人普遍的动作缓慢、状态不稳、运动障碍、反应能力差等行动特征。

（4）认知系统。老年人的认知能力相较于年轻时有很大的变化，主要体现在注意力和记忆力的衰退。

二、老年人的心理特征

老年人一般存在心理安全感下降，适应能力减弱，出现失落感、自卑感、孤独感和空虚感等心理特征。

三、长寿老年人的生理、心理特征

（一）长寿老年人常见的生理特征

长寿老年人一般有以下生理特征：眼有神、牙齿坚、前门松、后门紧、形不丰、声息和、腰腿灵、脉形小等。

（二）长寿老年人常见的心理特征

长寿老年人一般有以下心理特征：心胸开阔、乐观豁达；热爱生活、善于生活；与人为善、知足常乐；兴趣广泛、有所追求；忘我无私、刚毅耿直。

思考与练习

1. 老年人的生理特点有哪些？
2. 老年人有哪些心理特征？
3. 长寿老年人生理和心理上有哪些特征？

项目二　走进健康

任务一　健康的定义与意义

一、健康的定义

传统的健康观是“无病即健康”。

现代人的健康观是指一个人在身体、精神和社会等方面都处于良好的状态。1989年，世界卫生组织提出“健康不仅是躯体没有疾病，还要具备心理健康、社会适应良好和有道德”。

现代人的健康内容包括：躯体健康、心理健康、心灵健康、社会健康、智力健康、道德健康、环境健康等。

二、健康的意义

健康是人的基本权利，健康是人生的第一财富，健康是一种心态。健康是生活质量的基础，健康是人类自我觉醒的重要方面，健康是生命存在的最佳状态，健康有着丰富深邃的内涵。

老年人是全社会的宝贵财富，老年人的健康问题越来越得到社会的重视和关注，让老年人“老有所养、老有所医、老有所为、老有所学、老有所乐”是全社会共同的责任，也是我们智慧健康养老服务工作者的不懈追求。

思考与练习

1. 健康的定义是什么？

2. 躯体没有疾病的老年人一定是健康的吗？为什么？

3. 作为一名老年服务工作者，我们应该以怎么样的心态去护卫老年人的健康？

任务二 健康老年人的标准及主要表现

一、健康老年人的标准

依据国家卫生健康委员会发布的《中国健康老年人标准》，中国健康老年人应满足以下要求。

（1）生活自理或基本自理。

（2）重要脏器的增龄性改变未导致明显的功能异常。

（3）影响健康的危险因素控制在与其年龄相适应的范围内。

（4）营养状况良好。

（5）认知功能基本正常。

（6）乐观积极，自我满意。

（7）具有一定的健康素养，保持良好生活方式。

（8）积极参与家庭和社会活动。

（9）社会适应能力良好。

二、健康老年人的主要表现

中医认为，“阴平阳秘，精神乃治”，阴阳平衡即健康。中医主要通过“四诊”即望、闻、问、切的方法来诊察收集老年人的基本资料，也可通过老年人的健康体检结果来进行评估。健康老年人大多有以下表现：双目有神、脸色红润、声音洪亮、呼吸匀畅、牙齿坚固、头发润泽、腰腿灵便、体形适宜、记忆力好、情绪稳定等。

思考与练习

1. 请简述中国健康老年人的标准。
2. 请简述健康老年人的主要表现。

任务三 老年人常见的疾病

一、老年人常见的疾病分类

老年人常见的疾病，涉及各系统、各部位，主要有以下几类。

（1）代谢疾病：高血压、高血糖、高脂血症等。

（2）心脑血管疾病：冠心病、脑梗死、脑萎缩、脑出血等。

（3）精神系统疾病：老年痴呆症等。

（4）消化系统疾病：慢性胃炎、胃癌等。

（5）呼吸系统疾病：慢性支气管炎、肺癌等。

（6）其他常见疾病：白内障、青光眼、耳鸣、耳聋，或类风湿关节炎、痛风等。

二、老年人疾病特点

1. 一身多病

老年人体内器官组织结构和功能逐步发生退化和病变，一个系统或多种器官本身同时可能存在多种病理改变，或同时患多个系统、多种器官的疾病。例如，不少老年人患有高血压病、冠心病，还同时患有糖尿病、肾病、慢性支气管炎。另外，同一脏器可发生多种疾患，如冠心病、肺心病、心肌炎同时存在于同一人的心脏。

2. 症状不典型

老年人发病往往症状轻微，表现多不典型，因而容易发生误诊、漏诊，对家属来说，容易把老年人的大病看成小病，把新病看成老病，以致耽误了诊疗。同时，老年人患病或原有的疾病加重，明显的表现常常是轻者精神萎靡，重者陷入沉睡甚至昏迷。

3. 病情重、症状轻

这一特点如：患肺炎时，咳嗽轻、痰少、不发热、白细胞不高，仅表现为神志淡漠；患心肌梗死时可无心绞痛发作；患糖尿病多年但无任何不适感，遇某种诱因突然出现酮症酸中毒；患高血压、心功能不全，数年无明显症状产生，会突然发生脑出血、脑梗死及急性心力衰竭。

思考与练习

1. 请说一说老年人常见的疾病有哪些？
2. 老年人患病具有哪些特点？
3. 老年人定期体检有什么好处？

项目三　重视养生与保健

现代“养生”指的是根据人的生命过程规律主动进行物质与精神的身心养护活动。养生学涉及中医学、康复学、营养学、美学、心理学、国学、物理学、化学、艺术、烹饪、运动学等，一般用健康、科学的图文、音乐、行为、活动、药械、饮食等，通过调节个人生活习惯、生活环境及心理状态，来调理身心，达到未病先防、不适消除、已病促愈、病后复原的保健目的。

任务一　养生知识与分类

一、养生知识

1. 意义

中医养生，就是通过各种方法颐养生命、增强体质、预防疾病，从而达到延年益寿的一种医事活动。中医养生重在整体性和系统性，目的是预防疾病、治未病。2008 年 6 月 7 日，中医养生经国务院批准列入第二批国家级非物质文化遗产名录。

2. 主张

中医养生主张天人合一的养生观、阴阳平衡的健康观、身心合一的整体观。

（1）未病先防、未老先养。

（2）天人相应、形神兼具。

（3）调整阴阳、补偏救弊。

（4）动静有常、和谐适度。

3. 精髓

阴阳平衡是生命的根本，养生是通过养精神、调饮食、练形体、慎房事、适寒温等各种方法去维护生命的阴阳平衡。中医养生在于调和阴阳，疏通气血，保证人体的健康。现代人亚健康状态的越来越多，因此养生都是必不可少的。

4. 方针

合理膳食、适量运动、戒烟限酒、心理平衡。

二、养生的分类

养生的类型很多，如饮食养生、经络养生、固精养生、顺时养生、减毒养生、静神养生、修身养生、调气养生、进补养生等。

思考与练习

1. 养生仅仅是老年人的事情，对吗？请谈一谈养生对老年人的重要性。
2. 请思考，我们可通过哪些途径或方式增强老年人的养生意识？

任务二　保健知识与内容

一、保健知识

保健是指保持和增进老年人的身心健康而采取的有效措施，包括预防由于生活、环境等引起的各种精神病或由精神因素引起的各种躯体疾病的发生。虽不能直接提高老年人的心理健康水平，但能预防老年人不健康心理和行为的发生。中医保健所追求的境界就是实现阴阳平衡。寒者热之，热者寒之，以致中和。中医保健就是通过各种方法达到“致中和”这一理想状态。

二、保健内容

1. 对象

从老年人健康状态来看，一般把人群分为健康、亚健康和病患三类，其调理有别。

（1）健康人群的保养：主要集中在对身心的保养上，即通过健康运动、休息睡眠以及其他心理和精神方面的康养行为等保持身心健康状态。

（2）亚健康人群的疗养：亚健康是处于疾病和健康状态的中间地带，经常有失眠、头疼、腿抽筋、健忘、莫名其妙地烦躁等一系列症状，但是到医院又检查不出具体的病症。亚健康人群可通过中医养生、康复运动、心理调适、休闲旅游等方式进行调养。

（3）病患人群的医养：是目前康养产业最成熟的构成。在大健康时代，主要表现在预防、调理、修复、康养的“四结合”。

2. 主要内容

（1）睡觉是中医保健的第一要素，保证充足睡眠是老年保健的核心内容。

（2）畅通经络，一切七情六欲都会破坏清净心，从而破坏经络的正常运行。

（3）适当运动可以帮助人的气血运行，但同时也在消耗人的气血。人体的微循环主要应该靠松、静来达到的，这也是健康必不可少的。

思考与练习

1. 针对不同健康状态的人群，保健方式有哪些不同？
2. 查阅相关资料，正确理解不同的保健，具体描述其中一种保健方式。

2

工作领域二

老年人日常康复调理的理论基础

学习导读

本领域重点介绍老年人日常康复调理概要、老年人日常康复调理的基础知识、老年人日常康复调理的器械知识。

日常康复调理在健康养老中发挥着重要作用，对常见的心、脑、肾等各个脏器生理功能减退，代谢功能紊乱，免疫功能低下，高血压、糖尿病、冠心病及运动障碍等各种慢性疾病，可在中医理论指导下进行自我运动、锻炼、调理。合理、适当的运动有助于血液的循环，增强体质，预防疾病的发生、发展，减少并发症。老年人自我运动、自我锻炼、自我调理、自我康复，逐步增强免疫力、抵抗力和康复能力，既为社会减轻负担，也让老年人受益匪浅。目前，日常康复调理已经成为老年人生活中不可分割的一部分，为老年人开展日常康复调理可以提高或改善老年人的生理功能，达到消除疲劳、预防疾病和延年益寿的效果。

我国已进入老龄化社会，老年人的健康问题越来越得到社会的关注和重视，让老年人“老有所养、老有所医、老有所为、老有所学、老有所乐”是全社会共同的责任，目前日常康复调理越来越受到老年人的普遍欢迎。

学习目标

掌握老年人日常康复调理的定义及主要内容。

掌握老年人康复调理的禁忌证及注意事项。

熟悉人体主要经络循行和常用穴位。

熟悉老年人日常康复调理的器械知识。

学习实施

本领域共有三个项目。学生通过自主学习、合作学习等方式，掌握老年人日常康复调理的相关知识，熟练应用经络、穴位、器械相关知识，为更好地帮助老年人进行康复调理奠定基础。

项目一　老年人日常康复调理概要

任务一　老年人日常康复调理的定义及主要内容

一、中医康复的概述

1. 康复的定义

“康复”一词原意为“复原”“重新获得能力”“恢复原来的权利、资格、地位、尊严”等。世界卫生组织康复专家委员会在 1969 年提出：“康复是指综合地、协调地应用医学的、社会的、教育的和职业的措施，对患者进行训练和再训练，使其活动能力达到尽可能高的水平。”并于 1981 年，将其修改为“康复是指采取一切措施，减轻病残带来的后果，提高其才智和功能，以便重返社会”。

2. 康复的功能

“康复”是指伤病残者功能障碍的残存功能和潜在能力在调理和训练后获得最大限度的发挥。常用的中医康复技术和方法，包含针灸、推拿、食疗、药物及八段锦、太极拳、五禽戏等方法，可改善和恢复伤病残者的身心功能，促使其潜在功能得到最大限度的发挥，以保持最佳状态。

二、老年人日常康复调理的主要内容

老年人日常康复调理的内容很多，本教材将在“工作领域三”和“工作领域四”重点介绍推拿疗法（图 2-1-1）、拔罐疗法（图 2-1-2）、刮痧疗法（图 2-1-3）、艾灸疗法（图 2-1-4）、热熨疗法（图 2-1-5）、熏洗疗法（图 2-1-6）等传统康复调理技术和八段锦、太极拳、广场舞、五禽戏等传统运动疗法（图 2-1-7）和饮食疗法（图 2-1-8）、情志疗法等。通过调理可达到改善、减轻功能性障碍和延缓衰老的目的，使老年人增强生活信心、提高生活质量。

思考与练习

1. 请说一说日常康复调理对老年人的重要性。
2. 请写出至少三种日常康复调理的方法及其对老年人的积极影响。

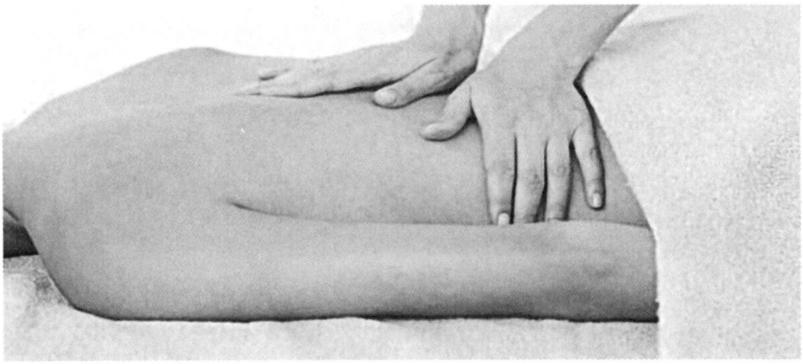

图 2-1-1 推拿疗法

图 2-1-2 拔罐疗法

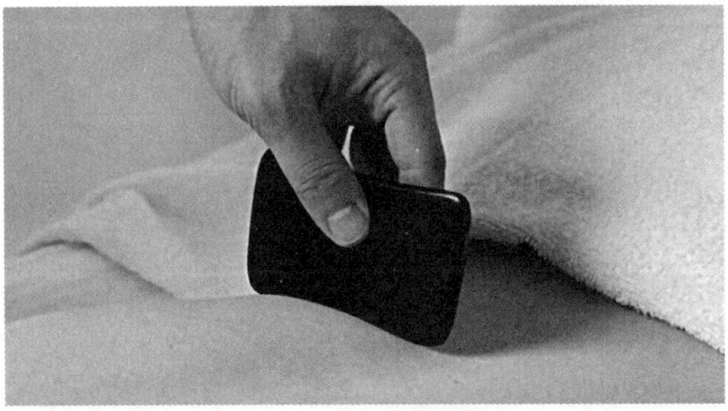

图 2-1-3 刮痧疗法

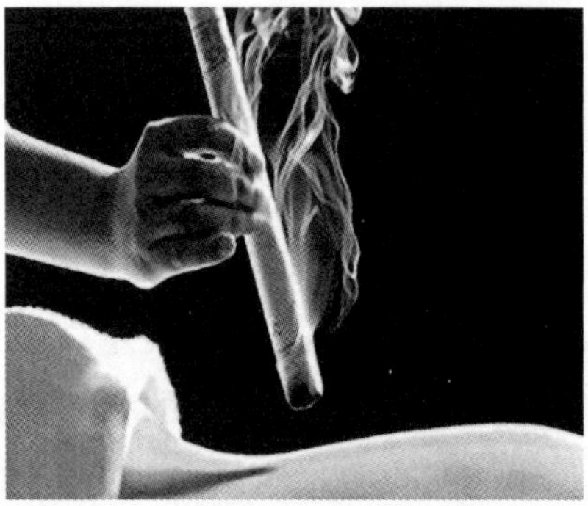

图 2-1-4 艾灸疗法

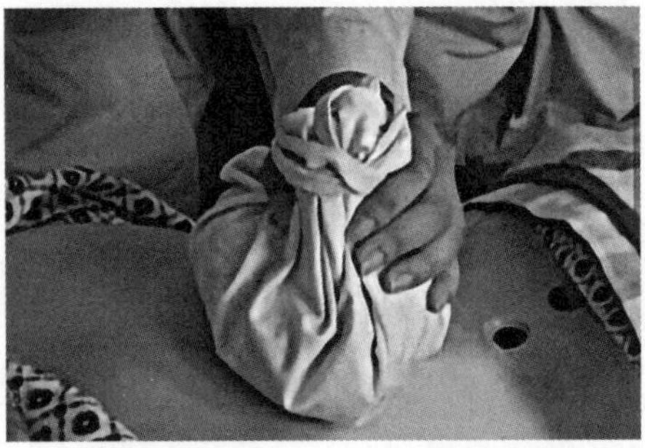

图 2-1-5 热熨疗法

图 2-1-6 熏洗疗法

图 2-1-7 传统运动疗法

图 2-1-8 饮食疗法

任务二　老年人康复调理的禁忌证及注意事项

老年人日常康复调理技术和方法有很多，常见的传统康复调理技术包含推拿疗法、拔罐疗法、刮痧疗法、艾灸疗法、热熨疗法、熏洗疗法等，还涉及传统运动疗法、饮食疗法、情志疗法等。这些技术和方法除了适用于健康老年人的保健外，还适用于亚健康老年人的多种症状，还广泛用于保健、养生、减肥、戒烟等方面。

一、禁忌证

在为老年人实施日常传统康复调理技术的过程中，有下列情况禁止使用。

（1）严重皮肤病、烧伤、烫伤（图 2-1-9）或皮肤破溃。

（2）年老体虚、极度衰弱，经不起轻微手法作用。

（3）骨折（图 2-1-10）或怀疑骨折。

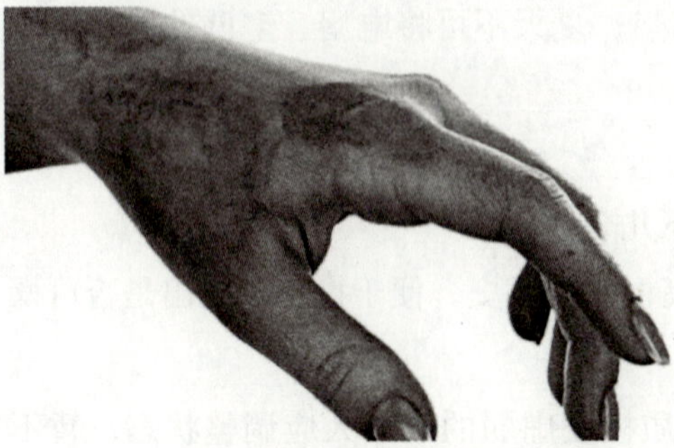

图 2-1-9　烫伤

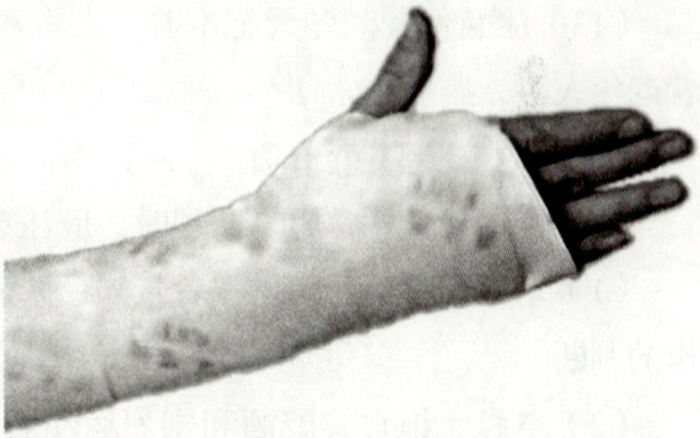

图 2-1-10　骨折

（4）某些严重疾病者，如严重的心 / 肝 / 肺 / 肾病、恶性肿瘤、脓毒血症等。

（5）某些急性传染病（如肝炎等）、精神病、极度疲劳、醉酒后神志不清以及发烧。

（6）某些结核病（如腰椎结核、髋关节结核等）、化脓性疾病（如化脓性关节炎等）所引起的运动器官病症，不宜手法调理，以免加重病情。

（7）各种出血症，如外伤出血、便血、尿血等。

（8）某些急性损伤，如脑或中枢神经的急性损伤、急性脊柱损伤，骨折早期、截瘫初期、皮肤破裂等。

二、注意事项

（一）操作者注意事项

操作者在为老年人实施日常康复调理技术时，应注意以下几个方面。

（1）事先解释。对初次接受推拿调理和精神紧张的老年人，应做好解释工作。

（2）体位舒适。手法操作要选择适当的体位。对老年人而言，宜选择肌肉放松、呼吸自由，既能维持较长时间，又有利于操作者进行操作的体位。

（3）集中注意。要细心体会老年人机体在康复调理过程中的变化，及时调整方法。

（4）身心放松。要心平气和，做到身心都放松。

（5）手法准确。应根据疾病的性质、病变的部位而定手法，手法宜精不宜滥。

（6）用力恰当。按照轻、缓为补的原则，根据老年人体质确定方法和力度。

（7）善用左手。部分手法必须左右手相互配合、交替操作，避免疲劳、慢性劳损等。

（8）调理有序。一般按照头→肩背→上肢→胸腹→腰骶→下肢的顺序进行调理，循序渐进。

（9）坚持不懈。康复效果的显现需要一个阶段，所以要有信心和耐心。

（10）循序渐进。调理次数要由少到多，力量由轻渐重，穴位可逐渐增加。

（11）时间灵活。根据病情、体质、病位、所应用手法的特点，每次 10～20 分钟。

（12）操作卫生。注意个人及环境的卫生，经常修剪指甲，不佩戴饰品，操作前后要洗手。

（13）注意保暖。冬天施术时，先将双手搓热；夏天不可将电扇、空调的风直接对着老年人。

（二）老年人注意事项

老年人在接受日常康复调理时，应注意以下几个方面。

（1）老年人应提前向操作者告知糖尿病、高血压等病史，便于操作者做出是否可操作的判断。

（2）空腹、饱食、醉酒和剧烈运动后及体质极度虚弱的老年人应调整状态，暂不操作。

（3）老年人要增强信心，坚持不懈地接受调理，操作过程中如有不适，应及时告知操作者。

思考与练习

1. 请说一说日常康复调理技术适用于哪些老年人？
2. 老年人康复调理的禁忌证及注意事项有哪些？

项目二 老年人日常康复调理的基础知识

经络理论，是我国医学中特有的理论。人体生命活动的规律、诊断人体的健康状况、调理疾病、养生保健等方面都离不开经络。因此，在为老年人进行日常康复调理过程中，我们需掌握经络的循行和常用的穴位，如头面部经络（图 2-2-1），通过不同的康复调理方式达到调节人体健康的目的。

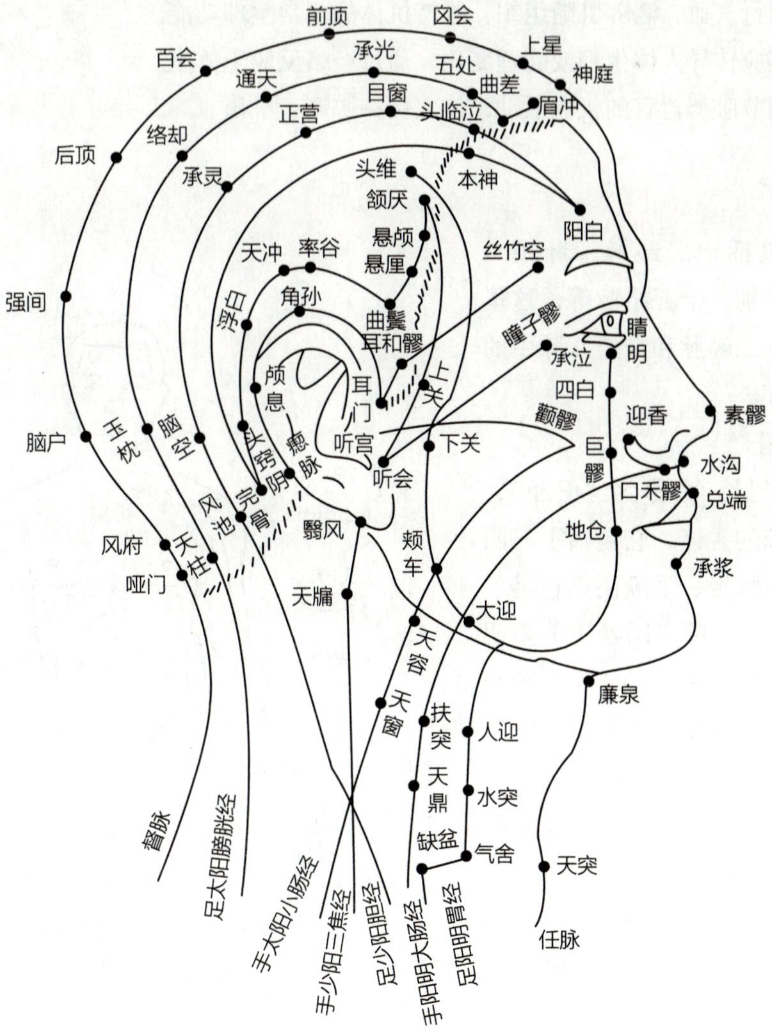

图 2-2-1 头面部经络

任务一 经络相关知识

一、定义

经络是经脉和络脉的总称，是运行全身气血，联络脏腑形体官窍，沟通上下内外，感应传导信息的通路系统，是人体结构的重要组成部分。经络是人体功能的调控系统，是进行日常康复调理的基础，是我国传统医学基础理论的核心之一。它源于远古，服务当今，在几千年的医学长河中，一直为保障中华民族的健康发挥着重要的作用。

二、功能

经络的功能如下。

（1）沟通表里上下，联系脏腑器官，形成一个有机的整体。

（2）通行气血，濡养脏腑组织，维持机体的正常生理功能。

（3）感应传导人体生理或病理变化，通过经络反应于体表。

（4）调节脏腑器官的机能活动，使之保持协调、平衡。

三、组成

经络包括十二经脉、奇经八脉、十二经别、十五络脉等，这里主要介绍十二经脉和奇经八脉中的任、督二脉。

（一）十二经脉

十二经脉，也称为“正经”，是经络系统的主体，它包括手三阴经（手太阴肺经、手厥阴心包经、手少阴心经）、手三阳经（手阳明大肠经、手少阳三焦经、手太阳小肠经）、足三阳经（足阳明胃经、足少阳胆经、足太阳膀胱经）、足三阴经（足太阴脾经、足厥阴肝经、足少阴肾经）。

1. 手太阴肺经（图 2-2-2）

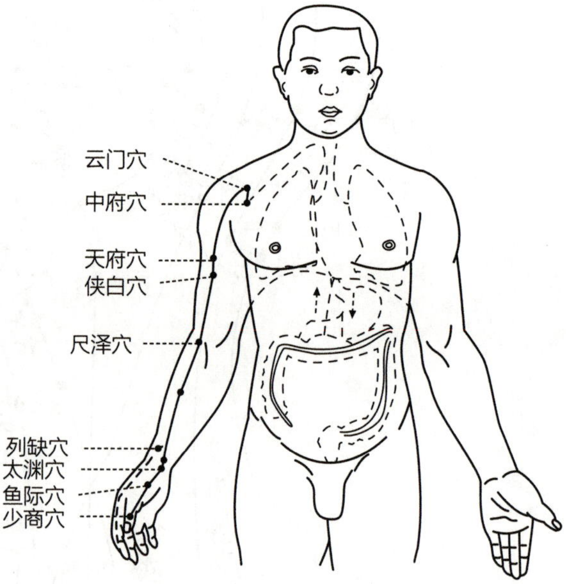

图 2-2-2 手太阴肺经

2. 手厥阴心包经（图 2-2-3）

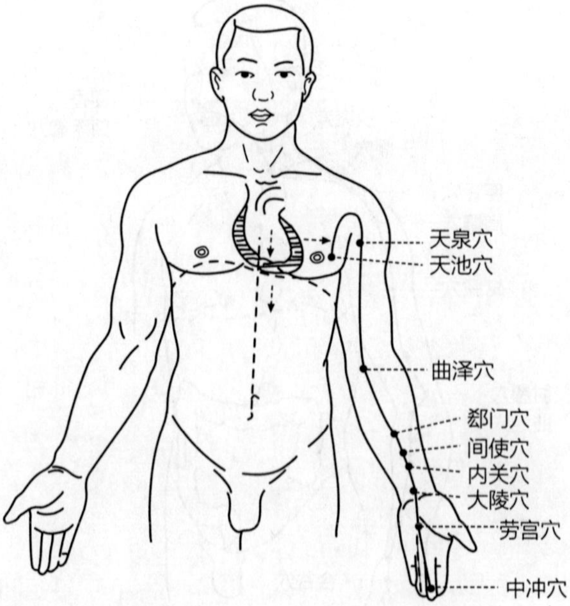

图 2-2-3　手厥阴心包经

3. 手少阴心经（图 2-2-4）

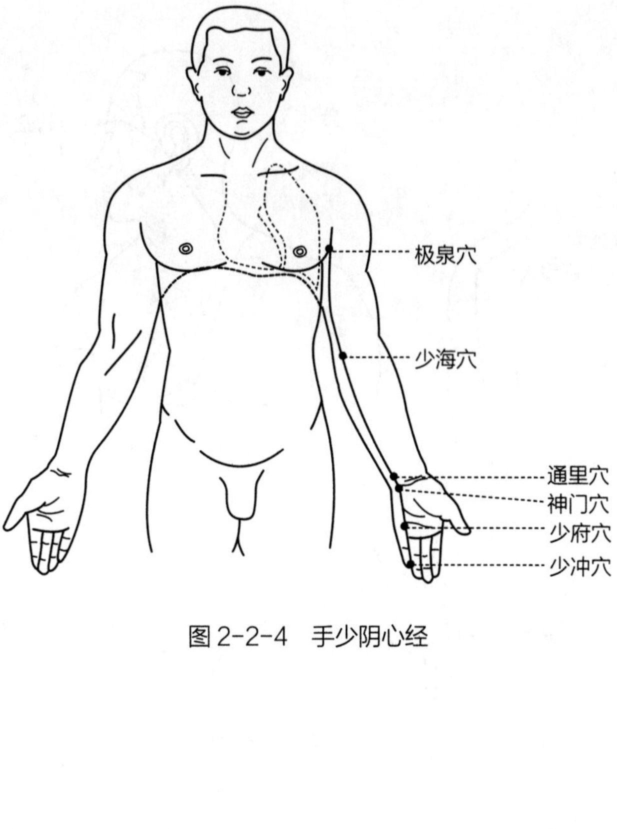

图 2-2-4　手少阴心经

4. 手阳明大肠经（图 2-2-5）

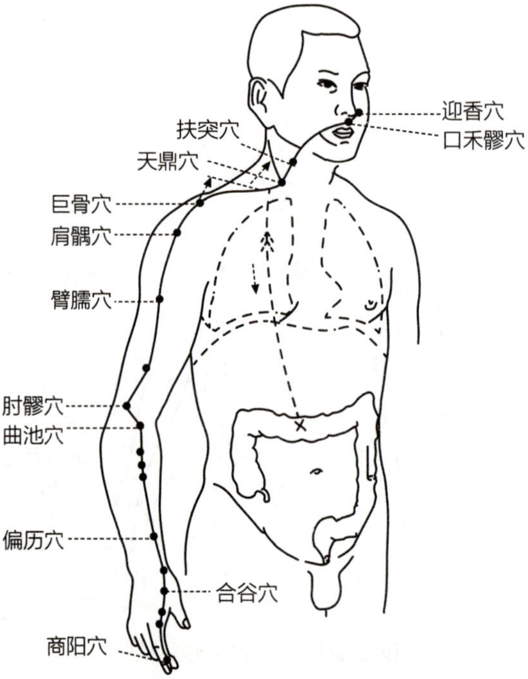

图 2-2-5 手阳明大肠经

5. 手少阳三焦经（图 2-2-6）

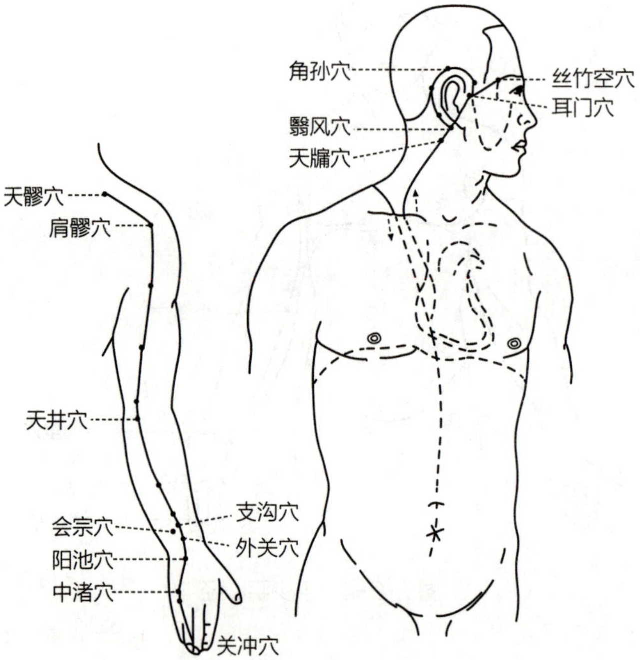

图 2-2-6 手少阳三焦经

6. 手太阳小肠经（图 2-2-7）

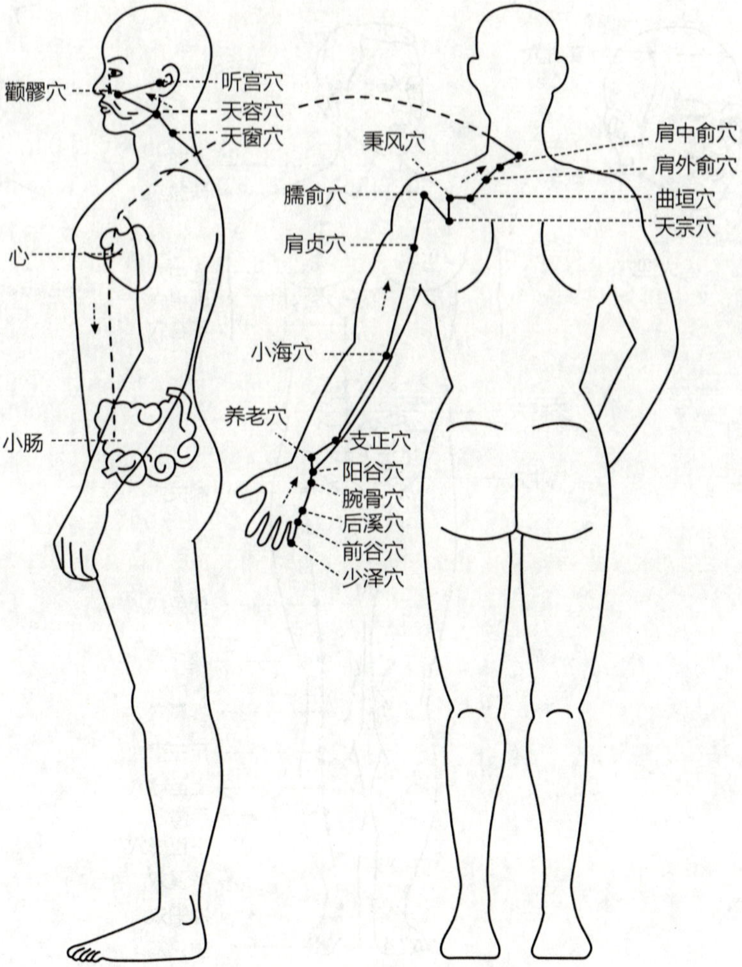

图 2-2-7　手太阳小肠经

7. 足阳明胃经（图 2-2-8）

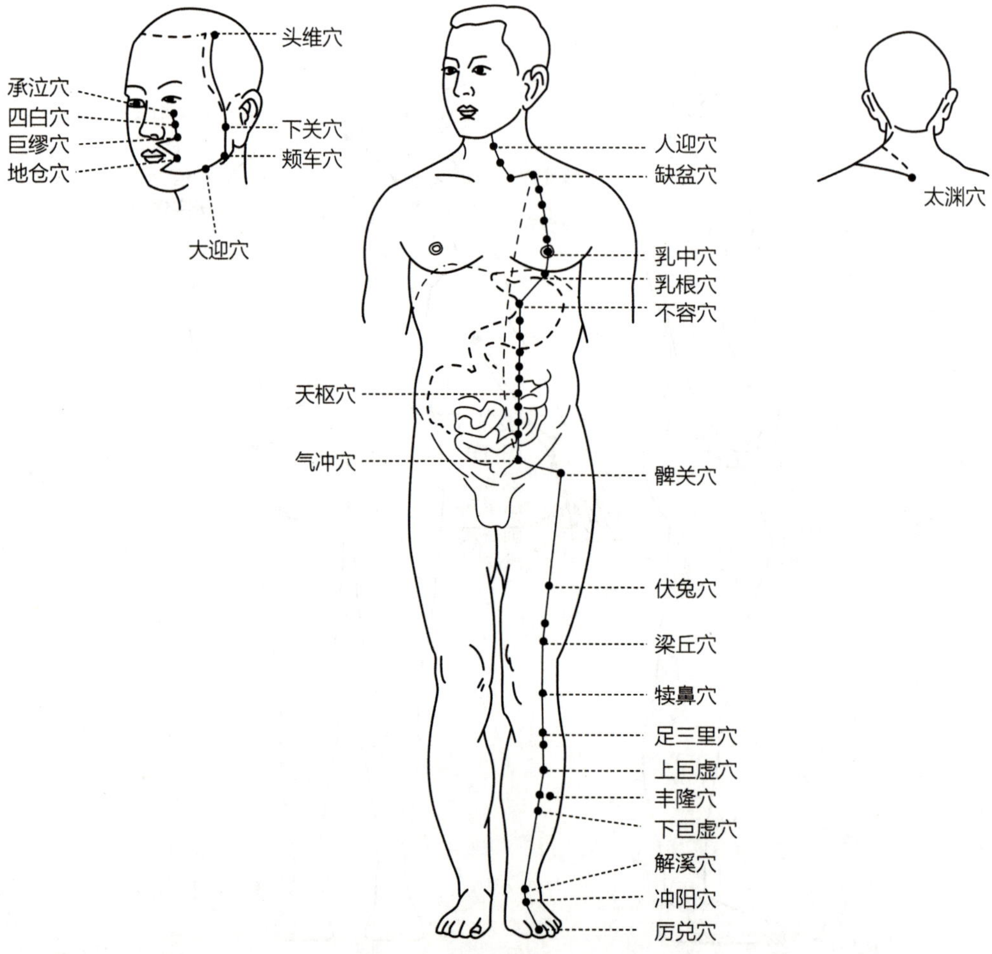

图 2-2-8 足阳明胃经

8. 足少阳胆经（图 2-2-9）

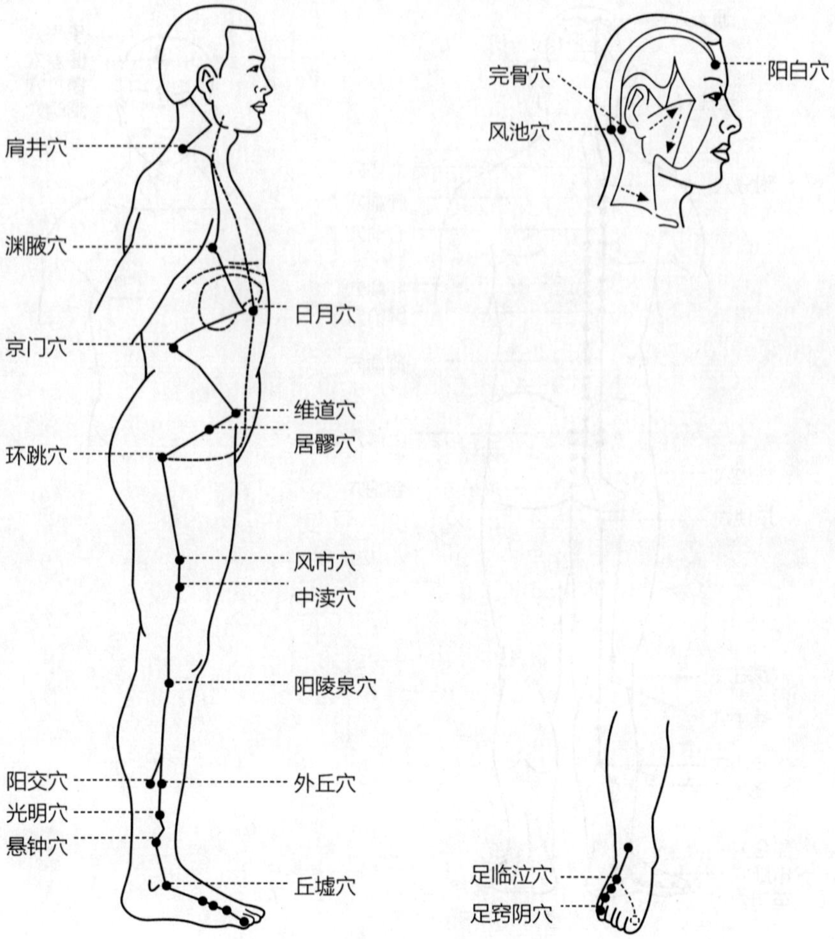

图 2-2-9　足少阳胆经

9. 足太阳膀胱经（图 2-2-10）

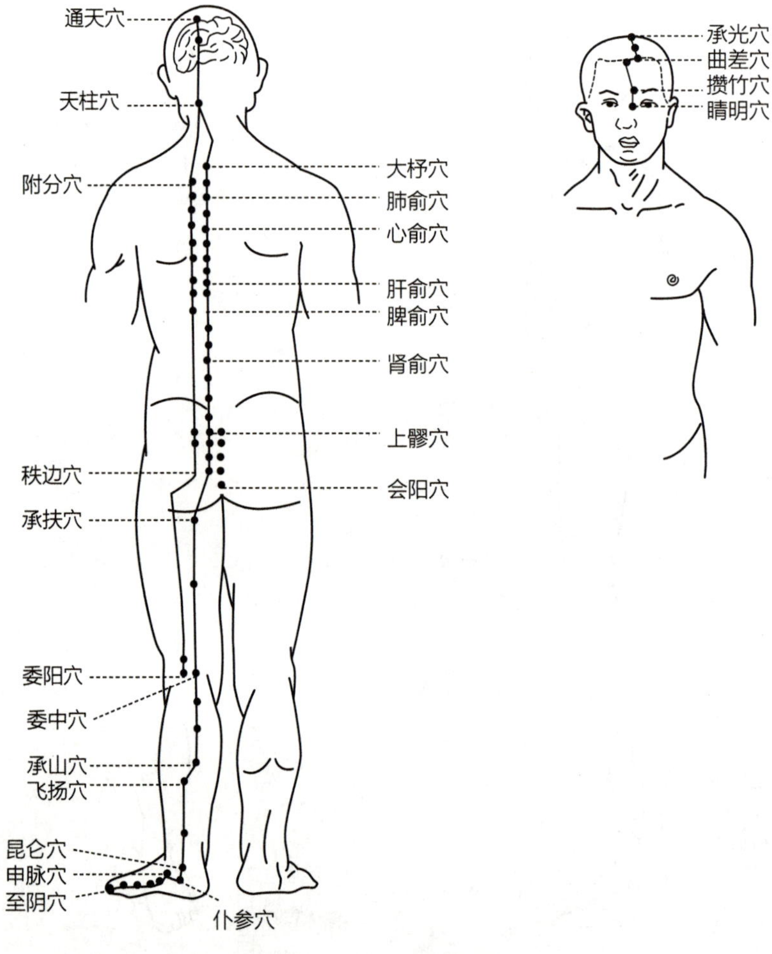

图 2-2-10 足太阳膀胱经

10. 足太阴脾经（图 2-2-11）

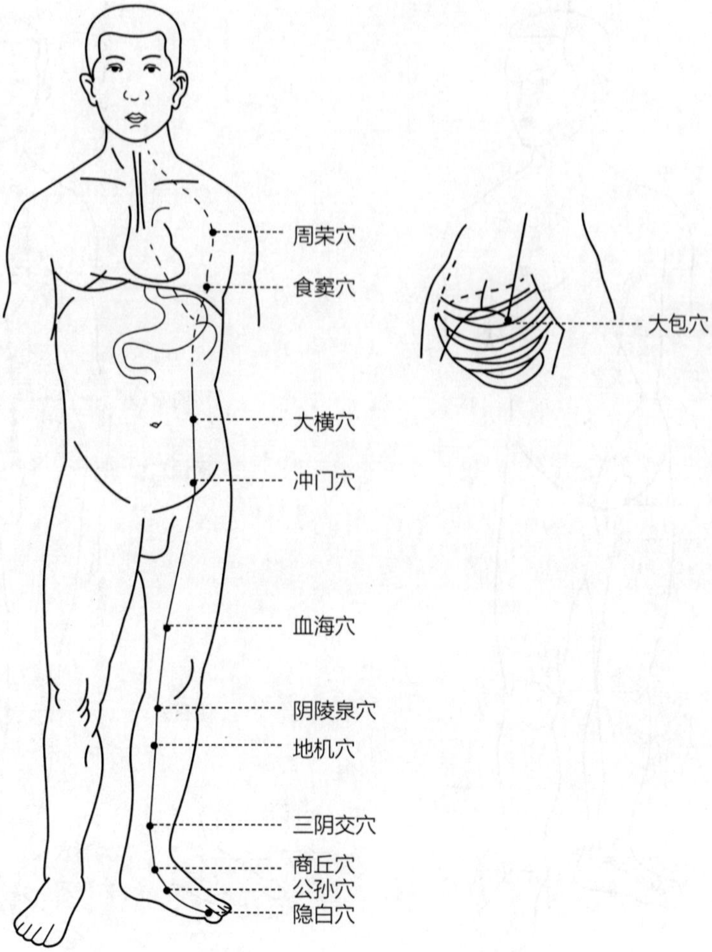

图 2-2-11　足太阴脾经

11. 足厥阴肝经（图 2-2-12）

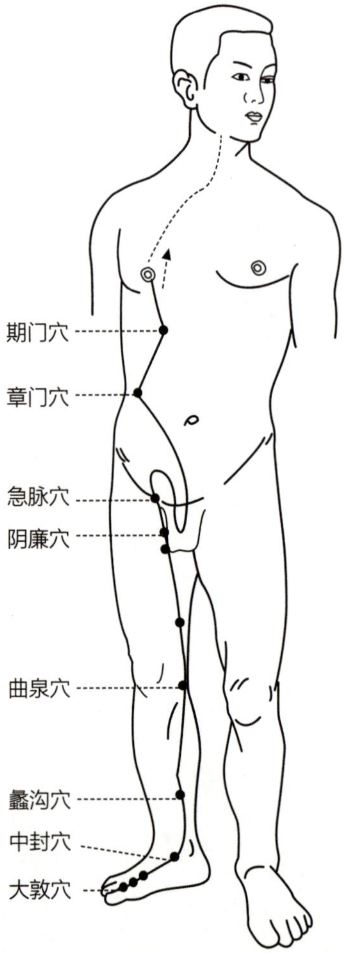

图 2-2-12 足厥阴肝经

12. 足少阴肾经（图 2-2-13）

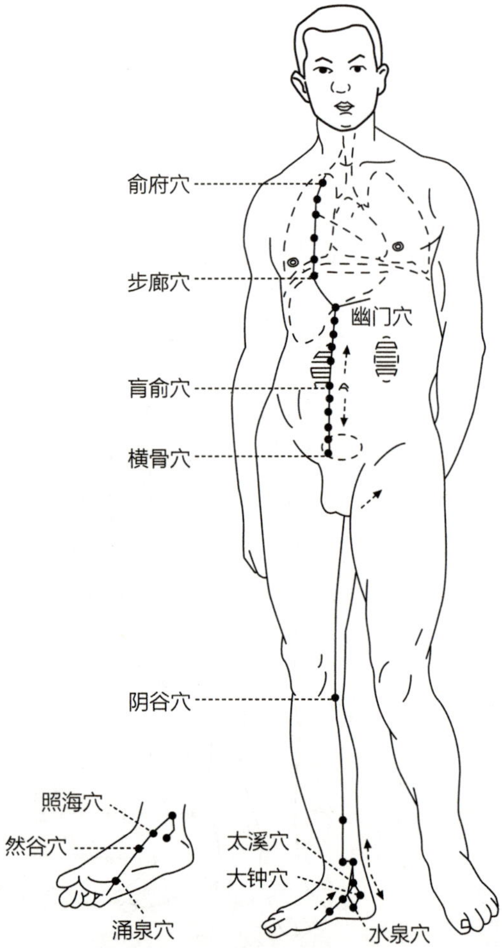

图 2-2-13 足少阴肾经

（二）奇经八脉

八脉是奇经八脉的简称，指督脉、任脉、冲脉、带脉、阳维脉、阴维脉、阴跷脉、阳跷脉的总称。这里主要介绍任、督二脉。

1. 任脉（图 2-2-14）

（1）循行部位：任脉起于胞中，下出于会阴，经阴阜，沿腹部正中线上行，经咽喉部（天突穴），到达下唇内，左右分行，环绕口唇，交会于督脉之龈交穴，再分别通过鼻翼两旁，上至眼眶下（承泣穴），交于足阳明胃经。

（2）生理功能：调节阴经气血，为“阴脉之海”。

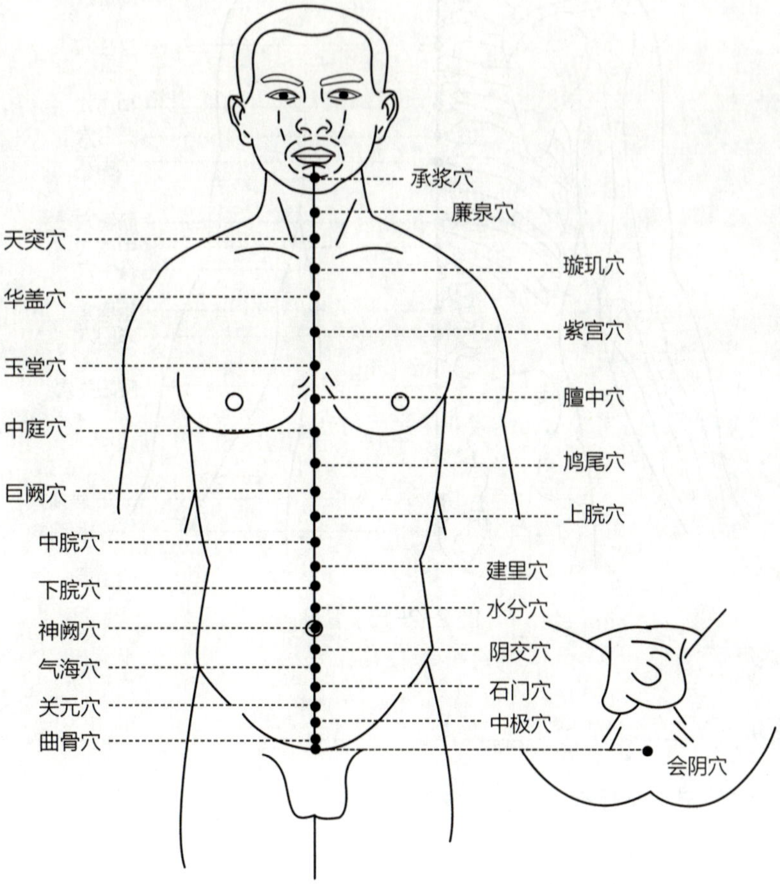

图 2-2-14　任脉

2. 督脉（图 2-2-15）

（1）循行部位：督脉起于小腹内，下出会阴，向后至骶尾部的长强穴，沿脊柱上行，经项部至风府穴，进入脑内，属脑，沿头部正中线，上至巅顶的百会穴，经前额下行鼻柱至鼻尖的素髎穴，过人中，至上齿正中的龈交穴。

（2）生理功能：调节阳经气血，为“阳脉之海”，反映脑、肾及脊髓的功能。督脉属脑，络肾。

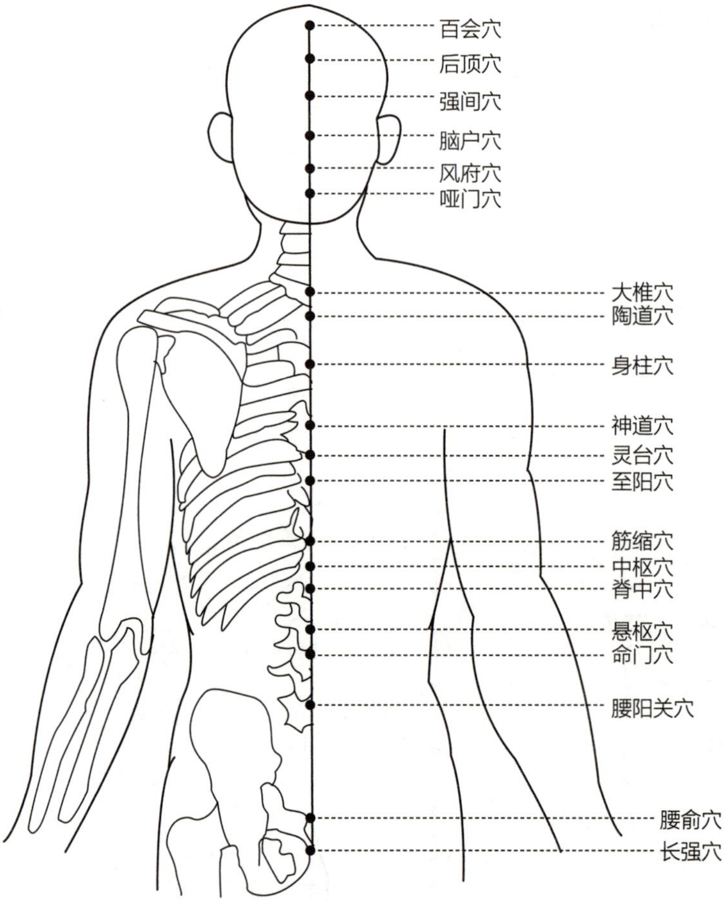

图 2-2-15　督脉

思考与练习

1. 经络的定义是什么？
2. 经络有哪些功能？
3. 写出十二经络的具体名称，并熟悉其循行路径。
4. 任、督二脉的功能及循行路径是什么？
5. 经络知识对开展老年康复调理有什么意义？

任务二　穴位相关知识

穴位即腧穴，它是人体经络之气注于体表的部位，也是接受针灸刺激的部位。“腧”通“输”，有“转输”的含义，像水流的转输灌注；“穴”含有“孔”“隙”的意思，后世统称为穴位。穴位属于经络，穴位与穴位之间靠经络相连接。合理选择穴位是有效开展日常康复调理的基础。

一、穴位的分类

穴位通常分为十四经穴、经外奇穴和阿是穴三大类。

（一）十四经穴

凡归属于十二经脉与督、任二脉的腧穴，称为“十四经穴”，简称“经穴”，共有361穴。其中，十二经脉的腧穴均为左右对称的双穴；督脉和任脉的腧穴，则为分布于人体前后正中线的单穴。

（二）经外奇穴

经外奇穴简称“奇穴”，是指既有一定的穴名，又有明确的位置，但尚未列入十四经穴系统的腧穴，如印堂穴（图2-2-16）、太阳穴（图2-2-17）、阑尾穴（图2-2-18）、胆囊穴（图2-2-19）等。临床上，奇穴可作为经穴的补充。

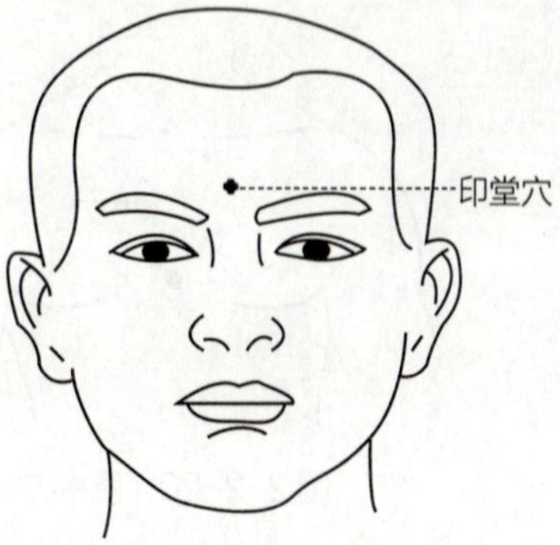

图2-2-16　印堂穴

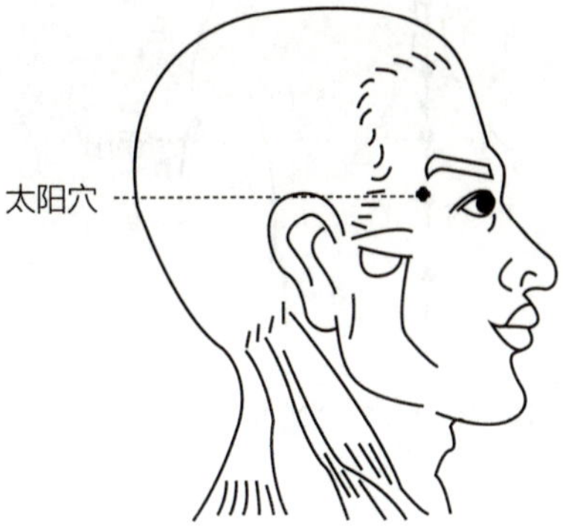

图2-2-17　太阳穴

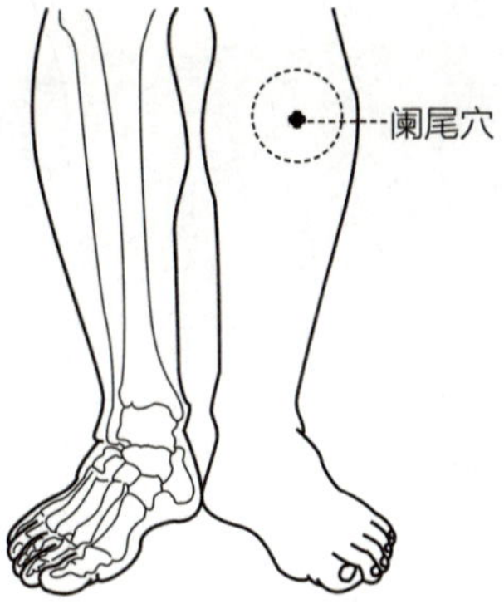

图2-2-18　阑尾穴

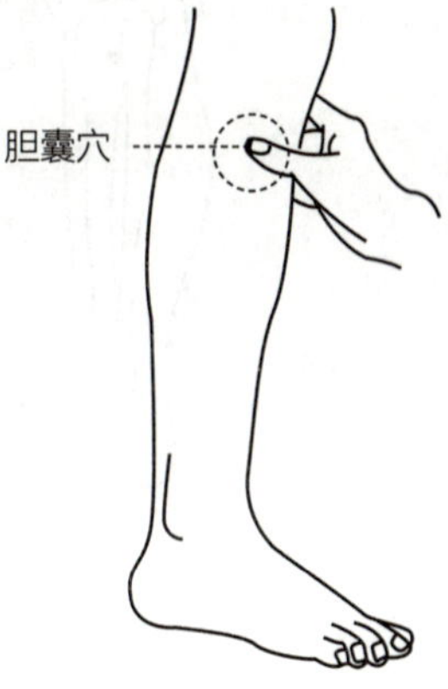

图2-2-19　胆囊穴

（三）阿是穴

阿是穴，又称天应穴、不定穴、压痛点等，它既无具体的名称，又无固定的位置，而是根据疼痛或敏感的反应部位来定穴，这种穴临床上多用于局部疼痛性病症。

二、穴位的定位法

（一）体表标志定位法

根据人体表面解剖的一些标志而定取穴位的方法，称“体表标志定位法”，又称“自然标志取穴法”，包含固定的标志、活动的标志两类。

1. 固定的标志

固定的标志指体表上不因活动而出现的明显的标志，如五官、毛发、指（趾）甲、乳头、肚脐等，以及各部位骨节的突起和缝隙、肌肉的隆起和凹陷。其中，主要是指“骨性标志”和“肌性标志”。例如，两眉之间取印堂穴，鼻尖取素髎穴，两乳之间取膻中穴（图 2–2–20），脐旁 2 寸取天枢穴（图 2–2–21），腓骨头前取阳陵泉穴（图 2–2–22），两肩胛骨下角连线中点取至阳穴（图 2–2–23），两髂脊上缘连线中点取腰阳关穴等。

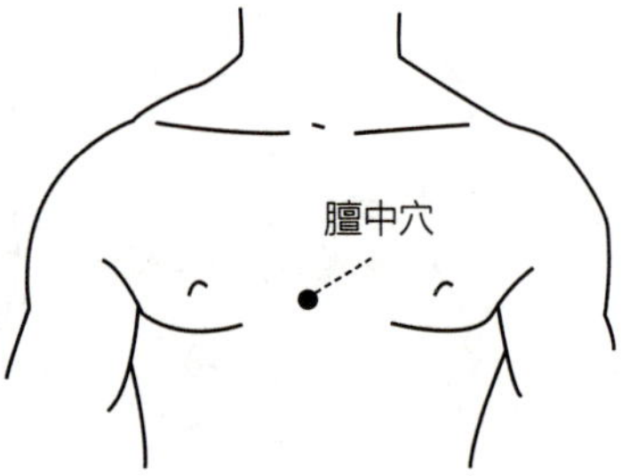

图 2-2-20　膻中穴

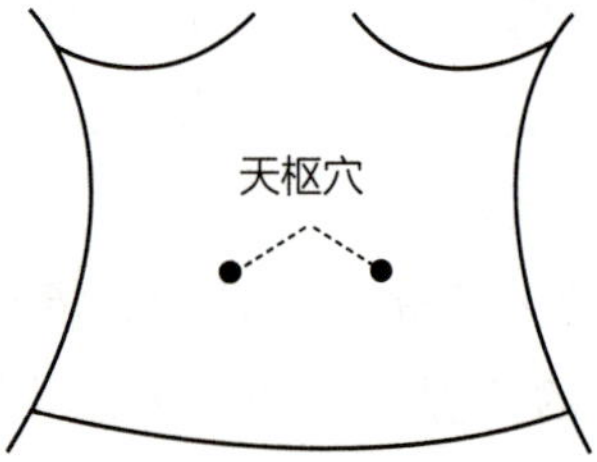

图 2-2-21　天枢穴

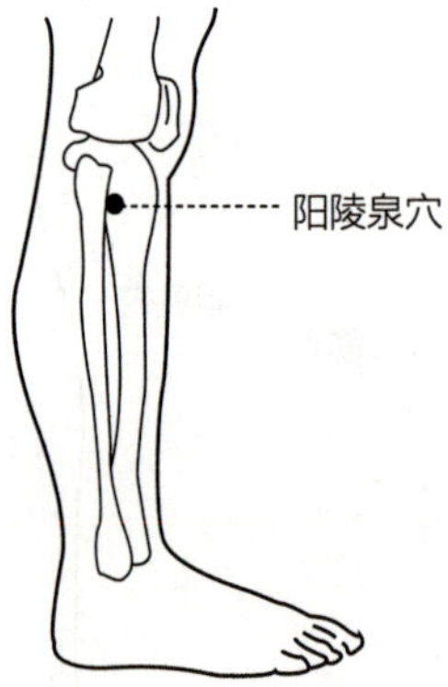

图 2-2-22　阳陵泉穴

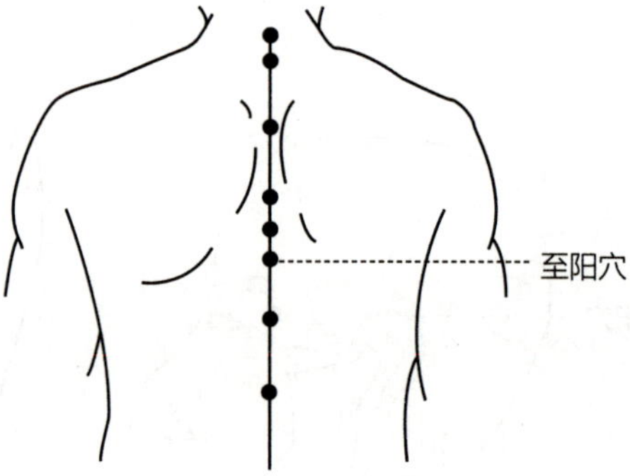

图 2-2-23　至阳穴

2. 活动的标志

活动的标志指关节、肌肉、皮肤随着适当的屈伸动作而出现的标志，包括关节的间隙、肌肉和肌腱的隆起或凹陷、皮肤的皱纹等。例如，取耳门穴、听宫穴、听会穴等应张口，取下关穴时应闭口，屈肘纹头取曲池穴，取阳溪穴时应握紧拳头等（图 2–2–24 至图 2–2–27）。

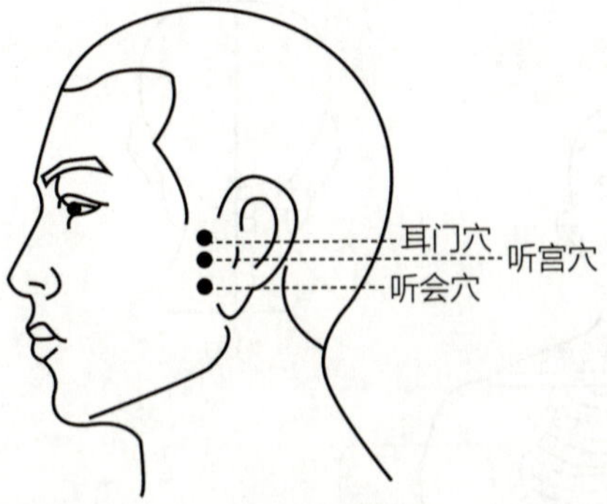

图 2-2-24　耳门穴、听宫穴、听会穴

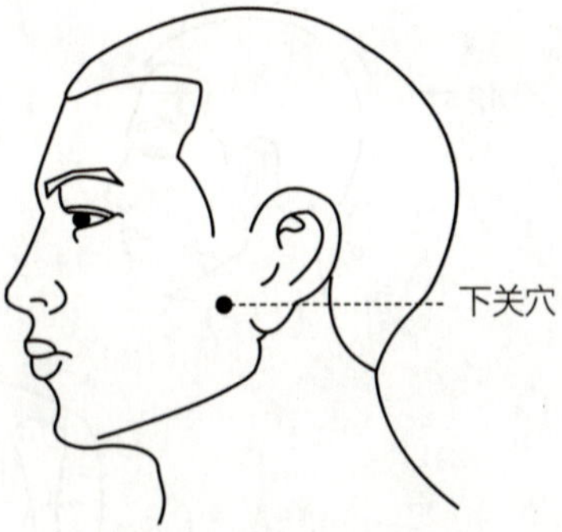

图 2-2-25　下关穴

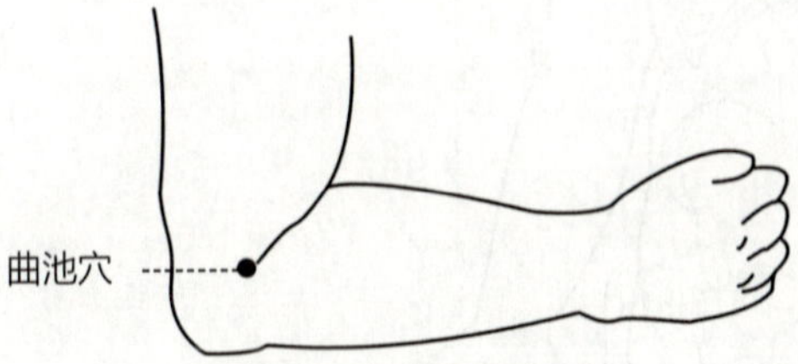

图 2-2-26　曲池穴

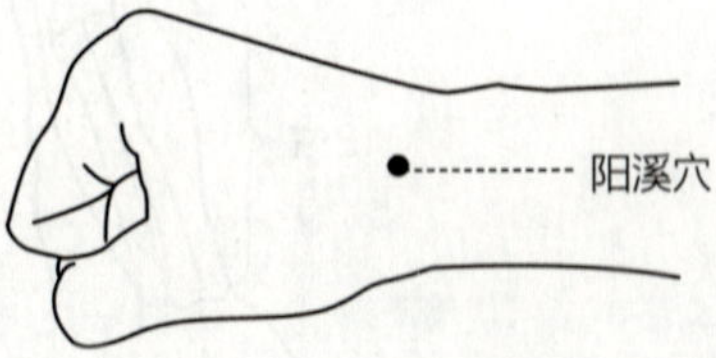

图 2-2-27　阳溪穴

还有一些采用某种姿势找取标志来定取穴位的方法，称为“简便取穴法”。例如，两手自然下垂，股外侧中指端取风市穴（图 2-2-28）；两耳尖往上连线中点取百会穴（图 2-2-29）等。

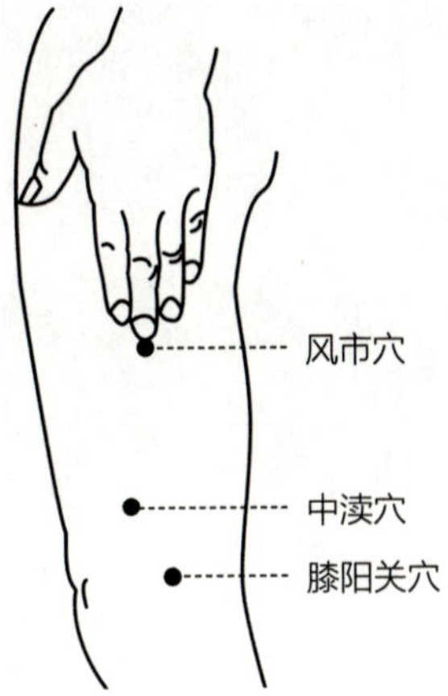

图 2-2-28　风市穴

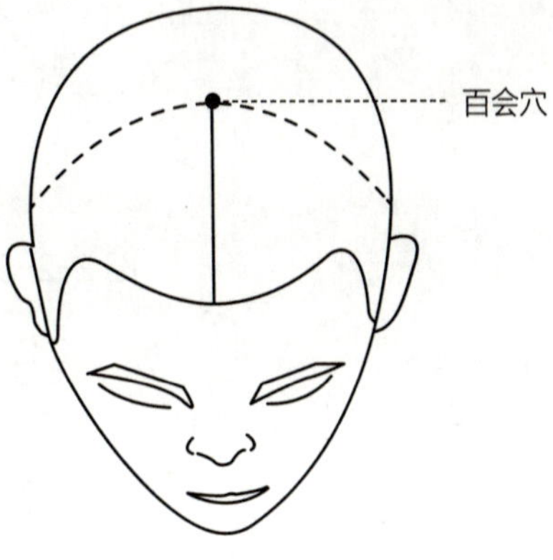

图 2-2-29　百会穴

（二）骨度分寸定位法

骨度分寸定位法，古称“骨度法”（图 2-2-30）。

（三）手指比量定位法

手指比量定位法，是指以本人的手指为标准度量取穴的方法，又称为手指同身寸定位法（图 2-2-31）。

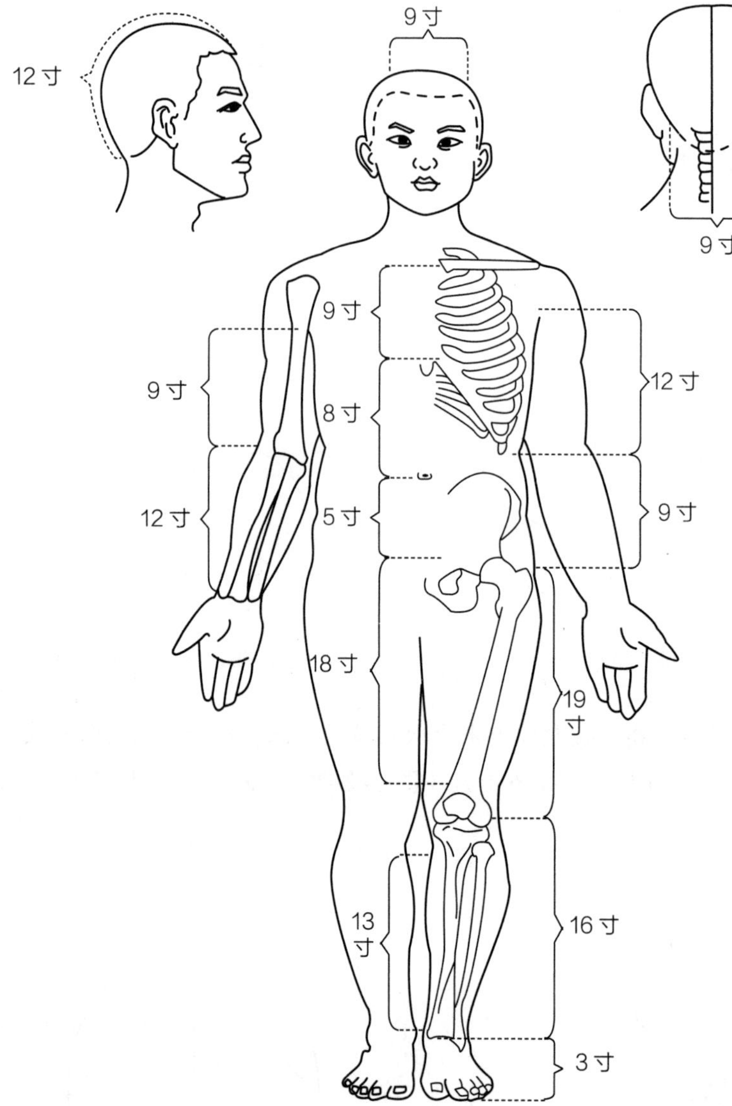

图 2-2-30　骨度分寸定位法

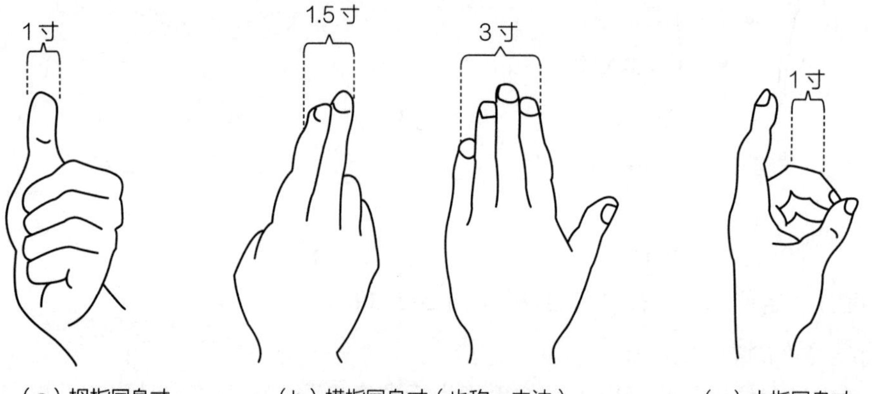

（a）拇指同身寸　（b）横指同身寸（也称一夫法）　（c）中指同身寸

图 2-2-31　手指同身寸定位法

临床取穴有“一横指”“两横指”“四横指”的应用，即用横指比拟骨度分寸。一横大拇指作 1 寸，两横指（食指和中指）作 1.5 寸，四横指（食指至小指）作 3 寸。

三、老年人日常康复调理的主要穴位介绍

人体穴位很多，这里主要介绍老年人日常康复调理应用的主要穴位。

（一）头部

百会穴：主治头痛。百会穴（图 2–2–29）位于背部，后发际正中上 7 寸，当两耳尖直上，头顶正中。定位此穴道时，要让老年人采用正坐的姿势，百会穴位于人体头部，头顶正中心，可以通过两耳角直上连线中点，来简易取此穴。

（二）肩颈部

1. 大椎穴：解表补虚

大椎穴（图 2–2–32）位于第 7 颈椎棘突下凹陷中，大椎穴主要有两个作用：一是清热解表；二是补虚治劳。

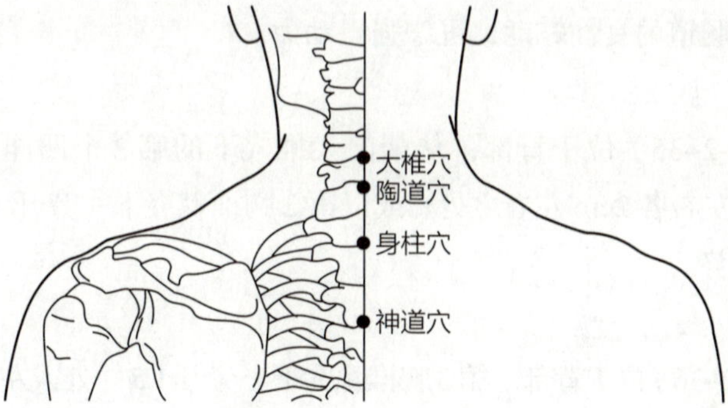

图 2–2–32　大椎穴

2. 肩井穴：肩背痹痛

肩井穴（图 2–2–33）位于肩上，前直乳中，当大椎穴与肩峰穴端连线的中点，即乳头正上方与肩线交接处（在大椎穴与肩峰穴连线三中点，肩部最高处）。取穴时采用正坐、俯伏或俯卧的姿势。

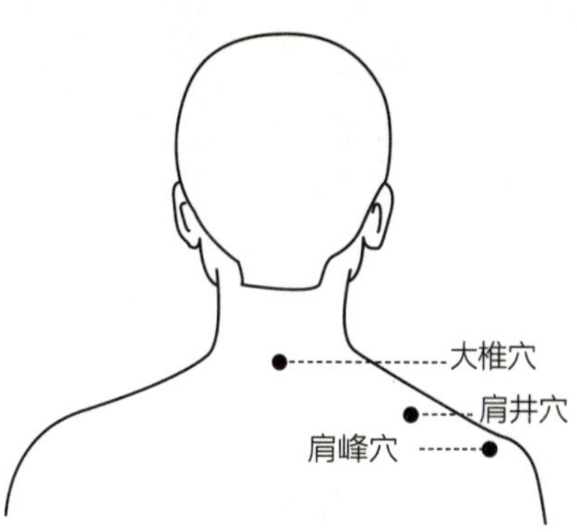

图 2–2–33　肩井穴

（三）躯干部

1. 膻中穴：调理胸痹

膻中穴（图 2–2–20）在胸部前正中线上，平第 4 肋间，两乳头连线之中点。

2. 神阙穴：调理腹胀

神阙穴（图 2–2–34）位居肚脐，别称脐中、气舍、气合。

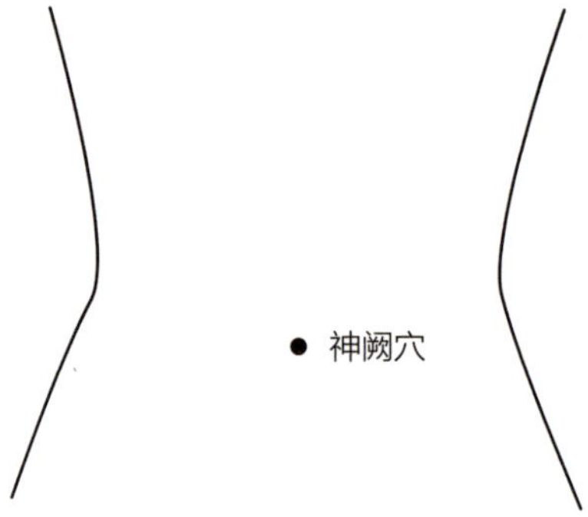

图 2-2-34 神阙穴

3. 天枢穴：增强胃动力

天枢穴（图 2-2-21）是胃经上的一大要穴，位于肚脐旁 2 寸处，与肚脐同处于一条水平直线上，左右各有一穴。天枢穴是大肠的“募穴”。所谓募穴，就是集中五脏六腑之气的胸腹部穴位。因为与脏腑是“近邻”，所以内外病邪侵犯，天枢都会出现异常反应，起着脏腑疾病“信号灯”的作用。从位置上看，天枢正好对应着肠道，因此，按揉此穴必然会促进肠道的良性蠕动，可增强胃动力。

4. 风门穴：调理感冒

风门穴（图 2-2-35）位于背部，从朝向大椎穴下的第 2 个凹洼（第 2 胸椎与第 3 胸椎间）的中心，左右各 2cm 左右之处（或以第 2 胸椎棘突下，旁开 1.5 寸）。取穴时，采用正坐或俯卧姿势。

5. 肺俞穴：止咳平喘

肺俞穴（图 2-2-36）位于背部，第 3 胸椎棘突下，旁开 1.5 寸处或左右旁开两指宽处。

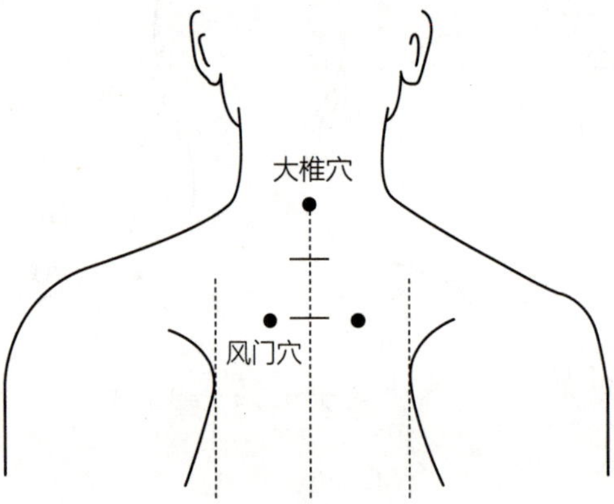

图 2-2-35 风门穴

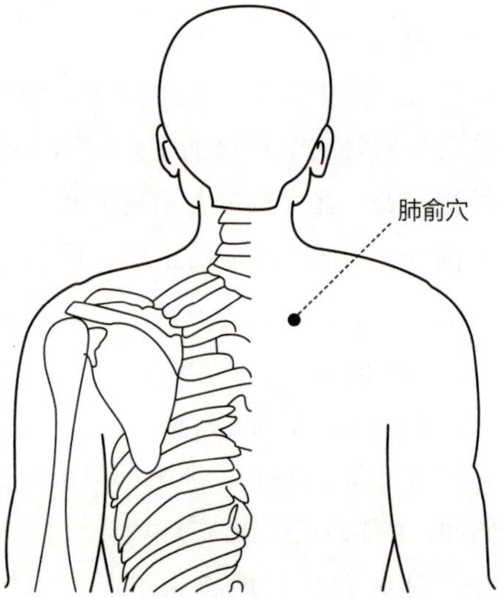

图 2-2-36 肺俞穴

6. 心俞穴：调理心病

心俞穴（图 2-2-37）位于第 5 胸椎棘突下，旁开 1.5 寸处。

7. 肝俞穴：清利肝胆

肝俞穴（图 2-2-38）位于背部，第 9 胸椎棘突下，旁开 1.5 寸处。

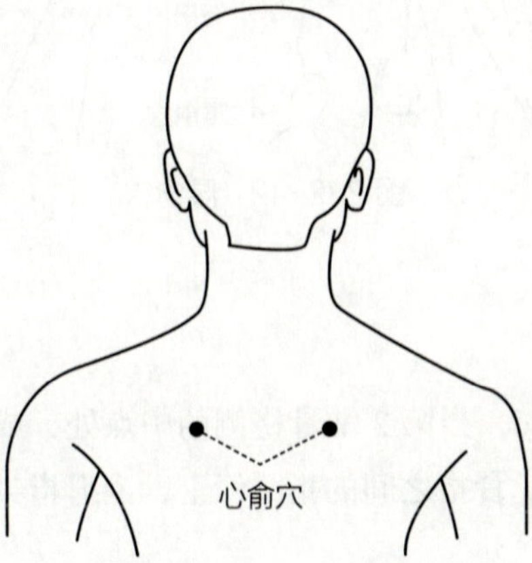

图 2-2-37　心俞穴

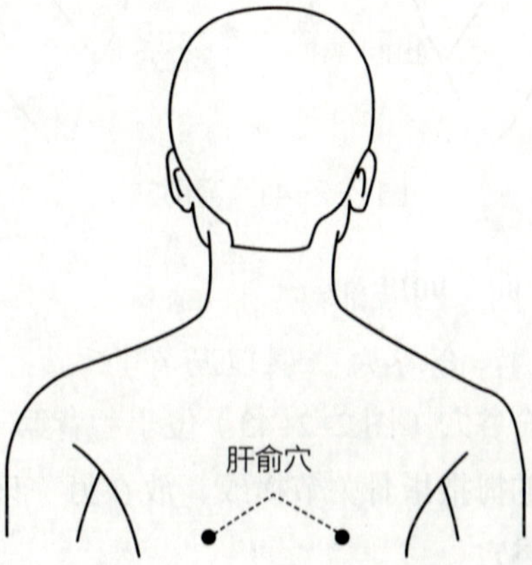

图 2-2-38　肝俞穴

8. 脾俞穴：调理脾胃

脾俞穴（图 2-2-39）位于背部，第 11 胸椎棘突下，旁开 1.5 寸处。

9. 胃俞穴：调理胃胀

胃俞穴（图 2-2-40）位于背部，当第 12 胸椎棘突下，旁开 1.5 寸处。

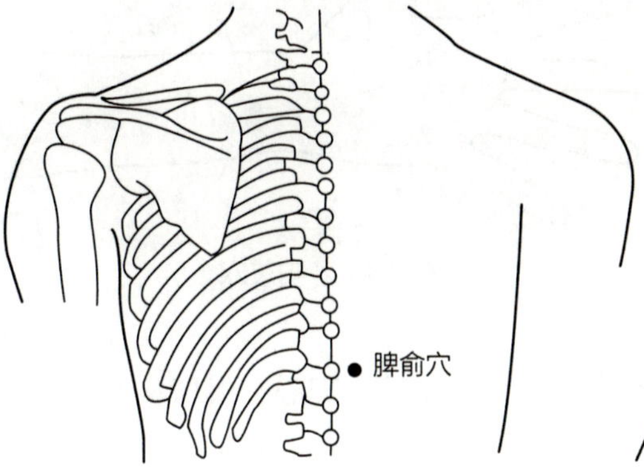

图 2-2-39　脾俞穴

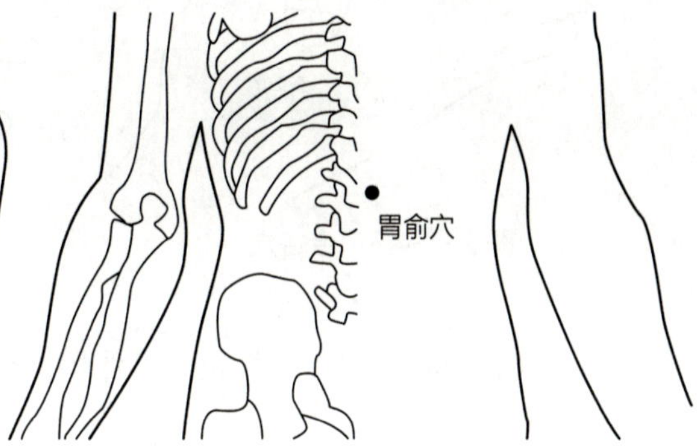

图 2-2-40　胃俞穴

10. 肾俞穴：调理肾病

肾俞穴（图 2-2-41）位于第 2 腰椎棘突旁开 1.5 寸处。

11. 腰俞穴：主治腰痛

腰俞穴（图 2-2-42）位于人体骶部，当后正中线上，适对骶管裂孔。

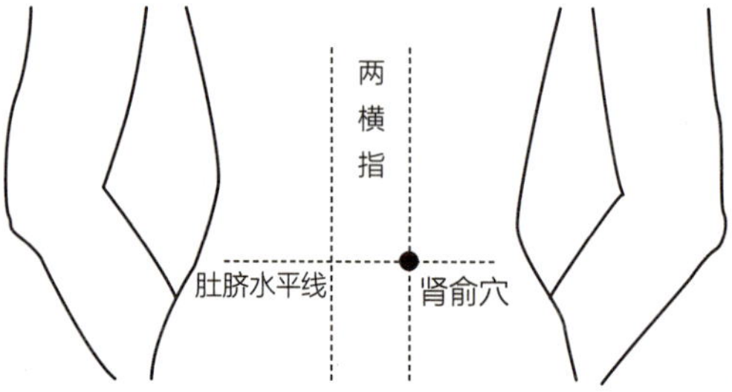

图 2-2-41 肾俞穴

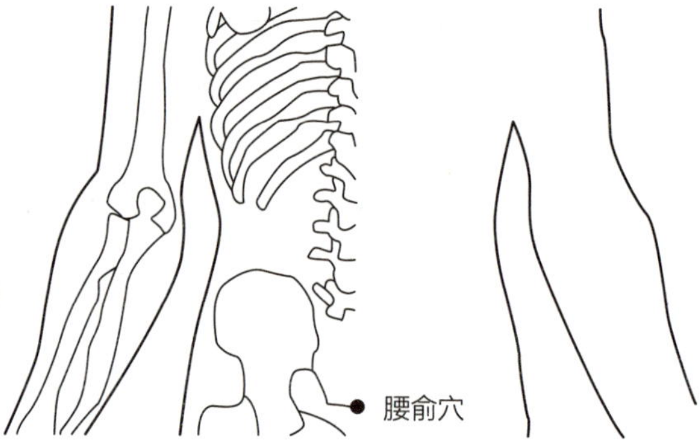

图 2-2-42 腰俞穴

（四）四肢部

1. 合谷穴：调理肠胃

合谷穴（图 2-2-43）位于手背第 1、2 掌骨间，当第 2 掌骨桡侧的中点处，或以一只手的拇指指骨关节横纹，放在另一只手的拇指、食指之间的指蹼缘上，当拇指尖下就是合谷穴。

2. 内关穴：保健心脏

伸开手臂，掌心向上，然后握拳并抬起手腕，可看到手臂中间有两条筋。心包经上的内关穴（图 2-2-44）就在离手腕第一横纹上两寸两条筋之间。

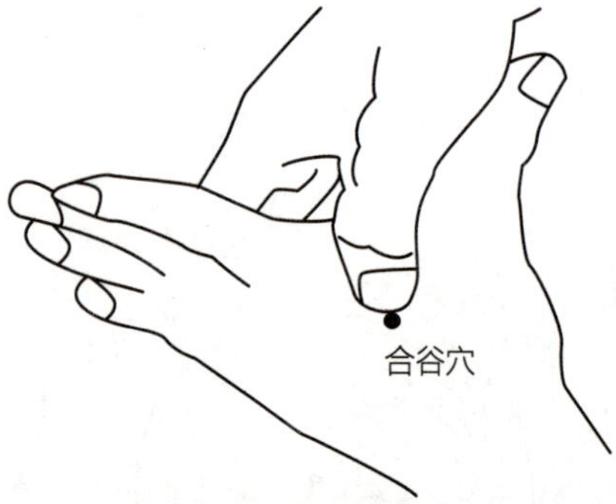

图 2-2-43 合谷穴

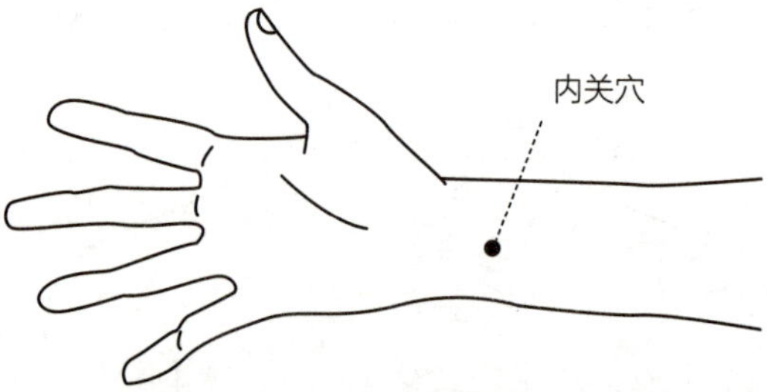

图 2-2-44 内关穴

内关穴有宁心安神、理气止痛等作用，因此经常成为中医调理心脏疾病及胃肠不适的首选大穴。

内关穴作为日常按揉的主要穴位，无论是走路还是闭目养神，都可以操作，对调节心律失常有良好作用。需要注意的是，按揉此穴不必用太大力气，稍微有酸胀感即可。

3. 神门穴：防止失眠

神门穴（图 2-2-45）位于手腕内侧（掌心一侧），小指延伸至手腕关节与手掌相连一侧，是针灸经常取用的穴位之一。此穴对于心悸及失眠都有很好的保健作用。用手指按揉此穴，力量不需要太大，也不必追求酸胀感。

4. 列缺穴：补肺益肾

两手虎口交叉相握，这时左手食指是在右腕的背部，而食指尖下就是列缺穴（图 2-2-46）。此穴位于三经交会处，因此不仅对于肺经，还对大肠经及任脉的经气都具有调节作用。

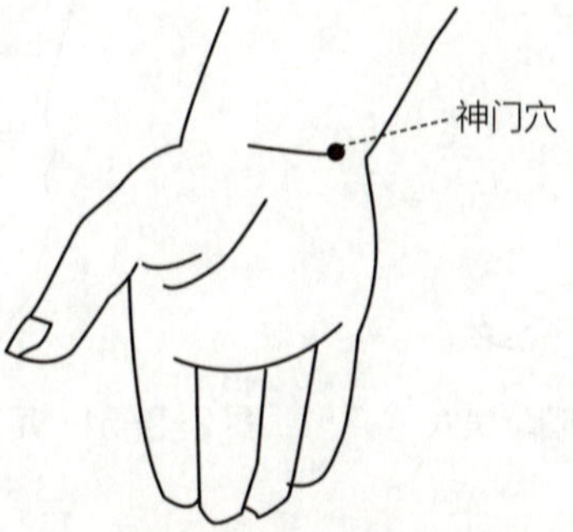

图 2-2-45　神门穴

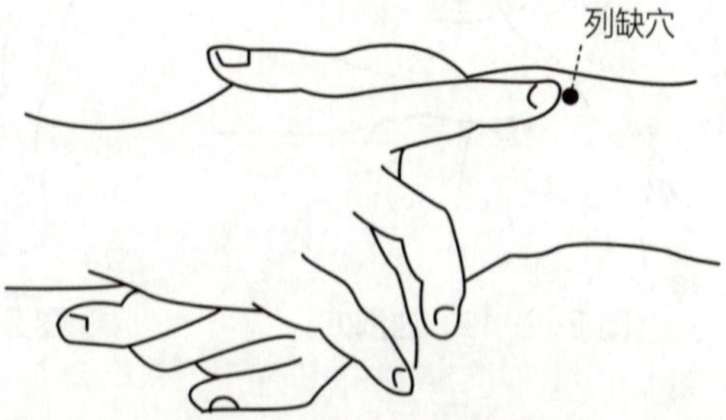

图 2-2-46　列缺穴

5. 尺泽穴：散热去痛

手心朝上，尺泽穴（图 2-2-47）位于肘内侧横纹上偏外侧一个拇指宽的凹陷处。

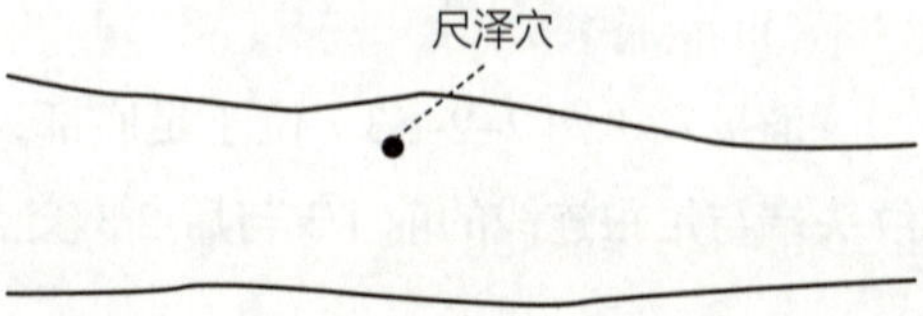

图 2-2-47　尺泽穴

6. 委中穴：舒服腰背

屈腿时，膝关节后侧——也就是窝的位置出现横纹，而横纹中点处即委中穴（图 2-2-48）。委中穴是调理腰背病症的要穴。对于委中穴应采取点按的方法，一点一放，同时与腿部的屈伸相配合。这样做不仅可以治腰痛，还能有效解除腿部的酸麻及疼痛，对一些下肢疾病也有很好的保健调理作用。

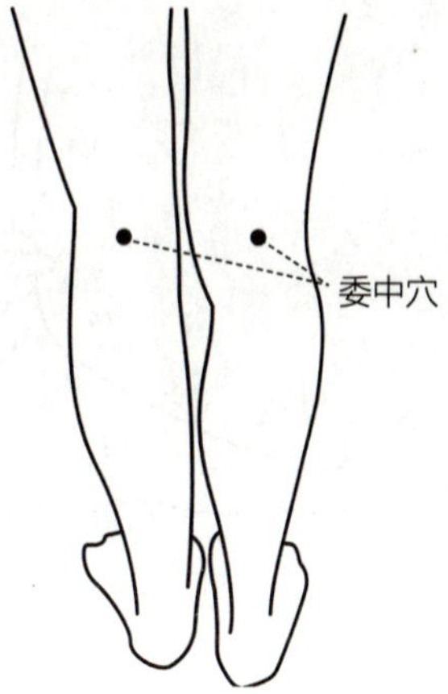

图 2-2-48　委中穴

7. 血海穴：补血养肝

血海穴（图 2-2-49）位于大腿内侧，坐在椅子上，将腿绷直，在膝盖内侧会出现一个凹陷下去的地方，在凹陷的上方则有一块隆起的肌肉，顺着这块肌肉摸上去，顶端即血海穴。古代，人们不经意间发现刺破这个地方就可祛除人体内的瘀血，因此用它来调理体内瘀血的病症。它不仅能祛瘀血，还能促生新血，因此才给它起名“血海”。

8. 阳陵泉穴：调理膝关节

阳陵泉穴（图 2-2-50）位于人体的膝盖斜下方，小腿外侧之腓骨小头稍前凹陷中。

9. 足三里穴：保健要穴

足三里穴（图 2-2-51）位于小腿外侧，犊鼻穴下 3 寸，犊鼻穴与解溪穴连线上。

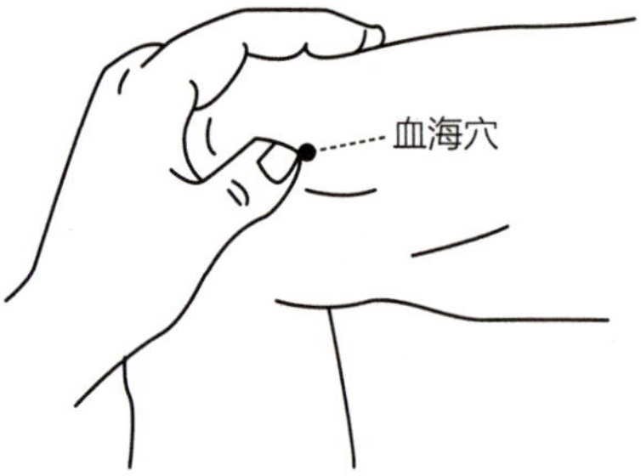

图 2-2-49　血海穴

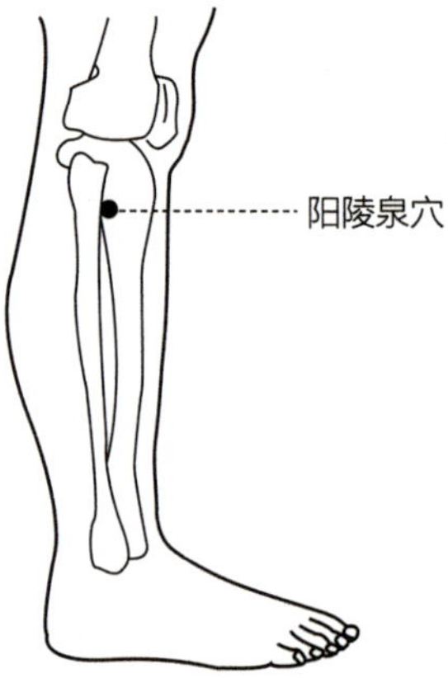

图 2-2-50　阳陵泉穴

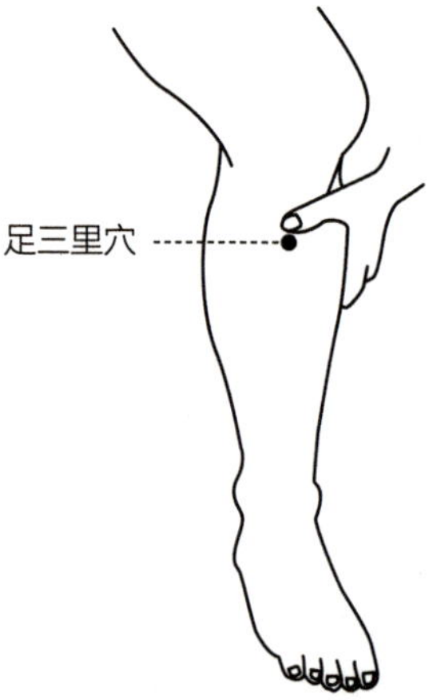

图 2-2-51　足三里穴

10. 三阴交穴

三阴交穴（图 2-2-52）位于内踝尖直上 3 寸，胫骨后缘处。

11. 涌泉穴

涌泉穴（图 2-2-53）位于足底部，蜷足时足前部凹陷处，约当足底第 2、3 跖趾缝纹头端与足跟连线的前 1/3 与后 2/3 交点上。

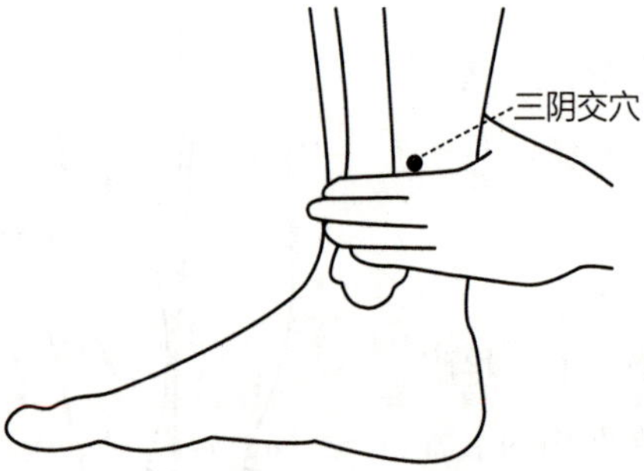

图 2-2-52　三阴交穴

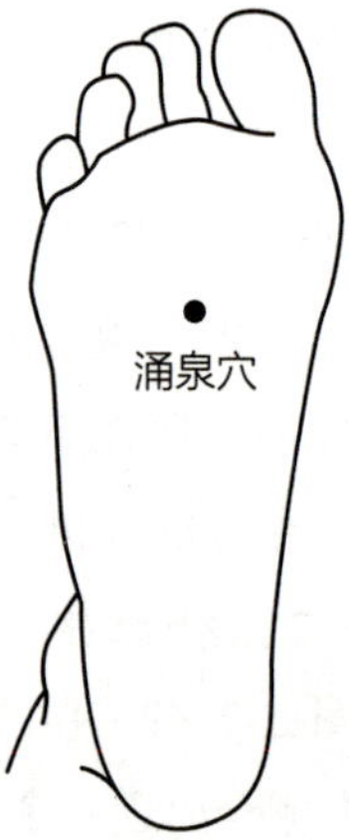

图 2-2-53　涌泉穴

思考与练习

1. 请描述穴位分类。
2. 请说一说常见穴位的定位方法有哪些。
3. 请列出老年人日常康复调理的主要穴位。

项目三　老年人日常康复调理的器械知识

老年人日常生活活动是指老年人为维持生存及适应生存环境而每天反复进行的、最基本的、最具有共性的活动，包含衣、食、住、行等。老年人日常生活活动内容大致包括体位转移、行走及乘坐交通工具、卫生自理、日常交流等方面。老年人随着年龄增加、生理功能减退，其日常生活活动可能出现障碍。为帮助老年人顺利进行日常生活活动和提高身体康复能力，这里主要介绍老年人出行辅助器具、老年人卫生自理与日常交流协助器具和老年人常用康复健身器械等方面的知识。

任务一　老年人出行辅助器具

一、体位转移及维持平衡辅助器具

床上翻身及上、下床，从卧位站起，以及坐和站立的平衡均属于体位转移。老年人上、下床时，可能出现站立不稳等活动障碍。此时，老年人可以选择部分体位转移及维持平衡的辅助器具，防止在体位转移过程中跌倒。

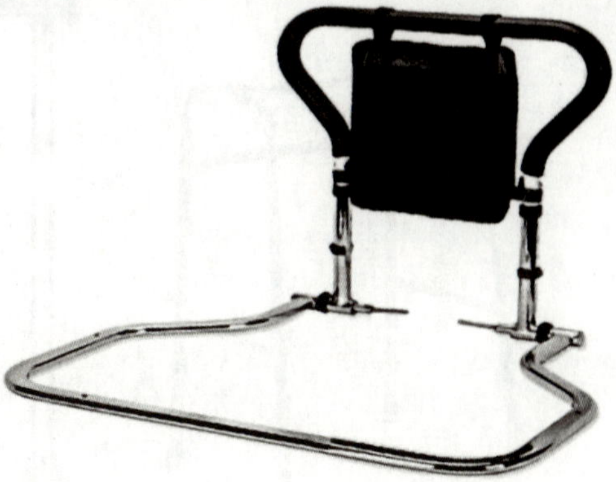

图 2-3-1　上下床辅助扶手

（1）上下床辅助扶手（图 2-3-1）：适用于日常活动能力较好的老年人，需要的辅助较少，可以增加转移过程中的稳定性。

（2）轮椅与床转移辅助板（图 2-3-2）：适用于日常生活需要使用轮椅的老年人。若老年人的平衡能力和力量较差，需其他人在转移过程中辅助。

（3）移位机（图 2-3-3）：适用于活动及四肢力量较差的老年人，从床上转移至其他地方，使用时需要其他人辅助。

二、行走及乘坐交通工具辅助器具

日常生活中，老年人行走、上下楼梯、使用轮椅以及乘坐交通工具若遇到障碍，也可选用部分日常生活活动辅助器具提升老年人的日常生活活动能力。

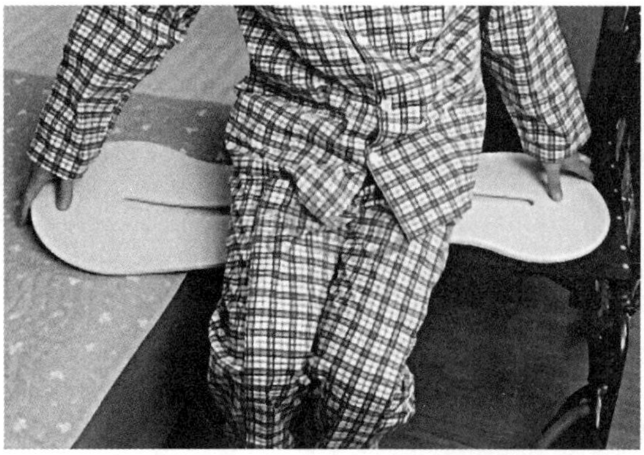

图 2-3-2　轮椅与床转移辅助板

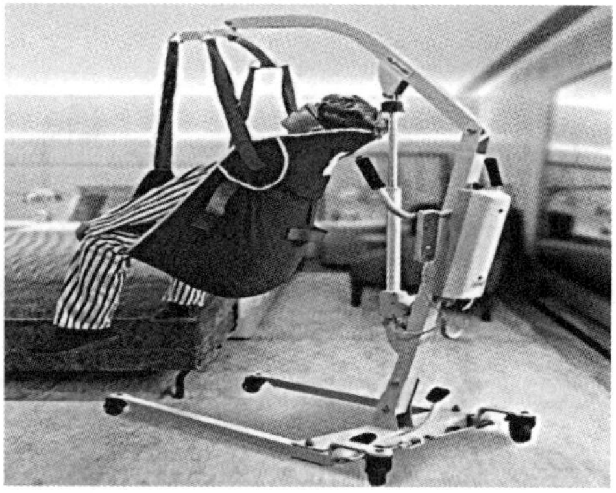

图 2-3-3　移位机

（1）助行器具（图 2-3-4）：适用于辅助老年人行走，包含手杖和拐杖。选配时，应根据老年人的力量和身高选配。

（2）单足直立手杖［图 2-3-5（a）］：因着力点在使用手的后方，易导致腕管综合征。

（3）单足减力手杖［图 2-3-5（b）］：因有减少力量的作用，可以减少上肢的慢性损伤。

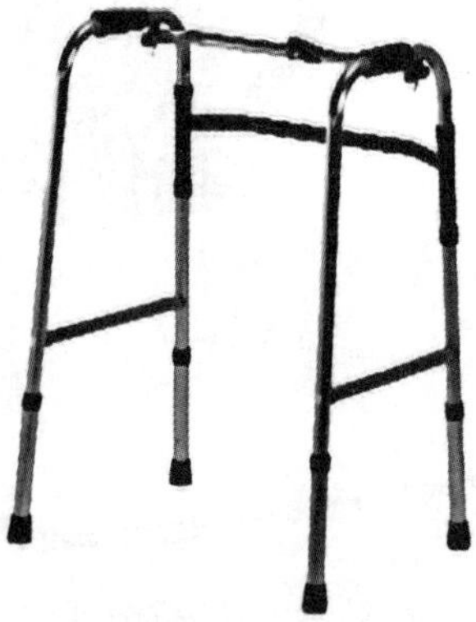

图 2-3-4　助行器具

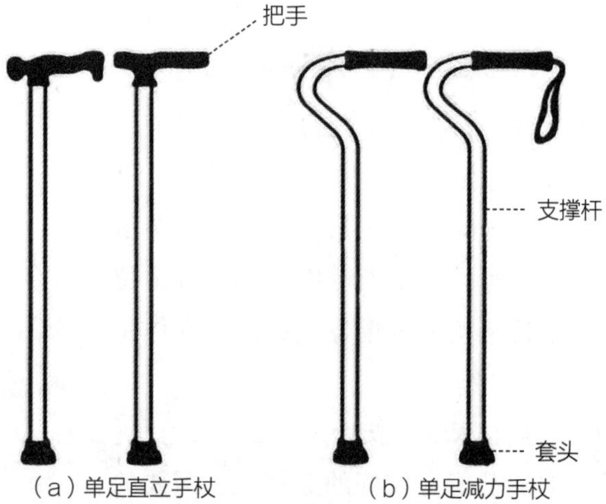

图 2-3-5　单足手杖

（4）多足手杖（图 2-3-6）：四足手杖稳定性好、移动性差；三足手杖移动性、稳定性好。

手杖长度的选择：站立，腕关节背伸，测量小趾前外侧 15cm 处至背伸手掌面的距离。

（5）助行架（图 2-3-7）：支撑面积较大，根据老年人身体情况选择行走辅助器具。身体虚弱、平衡能力差、伤病时期、疾病初期或术后早期，选用助行架；病情好转、稳定性增强，逐渐过渡到拐杖。

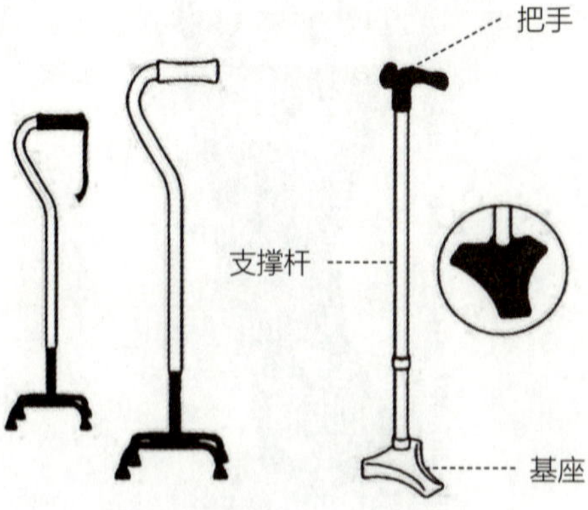

图 2-3-6　多足手杖

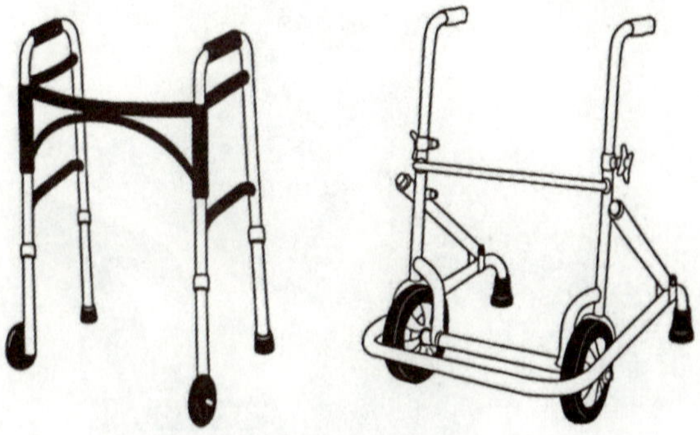
图 2-3-7　助行架

思考与练习

1. 协助老年人体位转移的工具具体包含哪些？
2. 在日常生活中，养老护理员可以选择哪些器具供老年人出行使用？
3. 请查阅资料，思考不同的拐杖分别具有哪些优、缺点。

任务二　老年人卫生自理与日常交流辅助器具

一、卫生自理辅助器具

老年人的卫生自理日常生活包含更衣、个人清洁以及修饰、上厕所等方面。

（1）穿衣辅助器具：老年人因肩部活动障碍和手指精细程度下降，可选用穿衣辅助器具，如穿衣棍、扣纽扣器、穿袜自助器、穿鞋辅助具等（图 2-3-8 至图 2-3-11）。

（2）个人卫生辅助器具：老年人个人卫生辅助器具包括双环毛巾、长臂洗澡刷、肥皂网袋、沐浴椅等（图 2-3-12、图 2-3-13）。

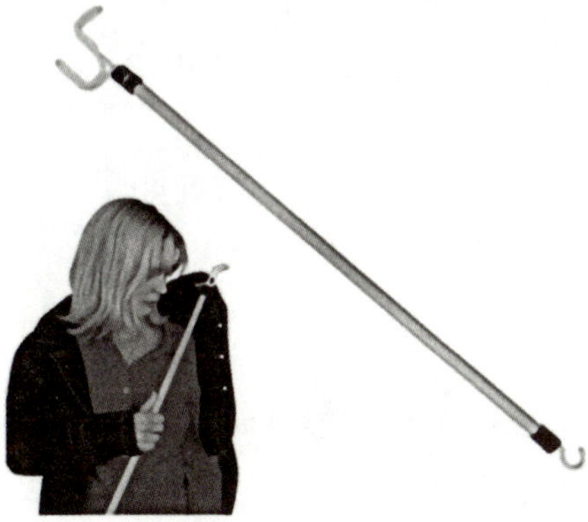
图 2-3-8　穿衣棍

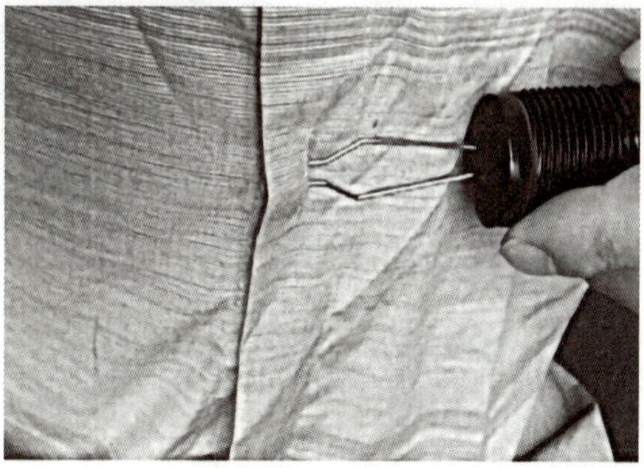
图 2-3-9　扣纽扣器

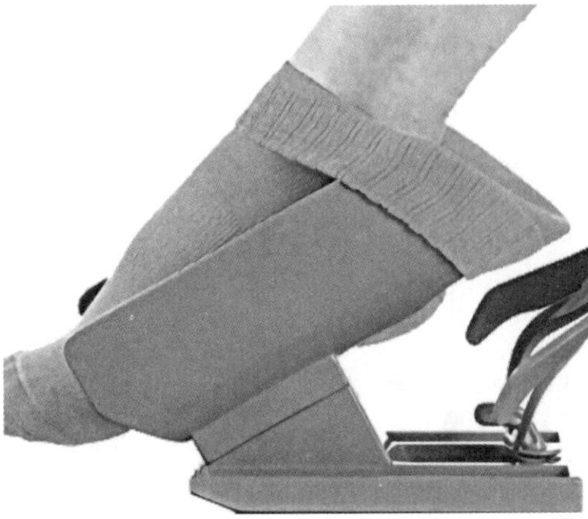
图 2-3-10　穿袜自助器

图 2-3-11　穿鞋辅助具

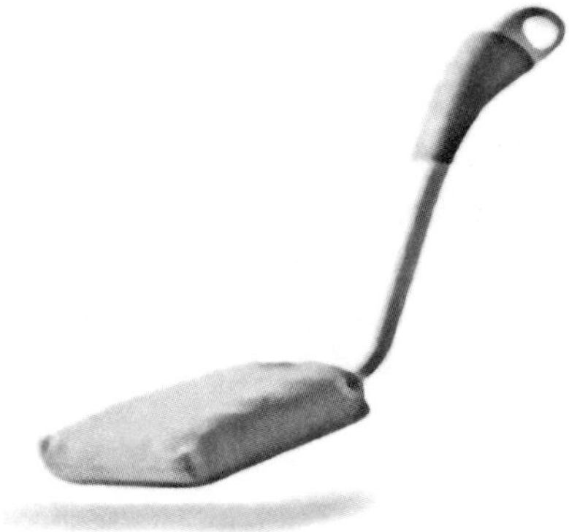
图 2-3-12　长臂洗澡刷

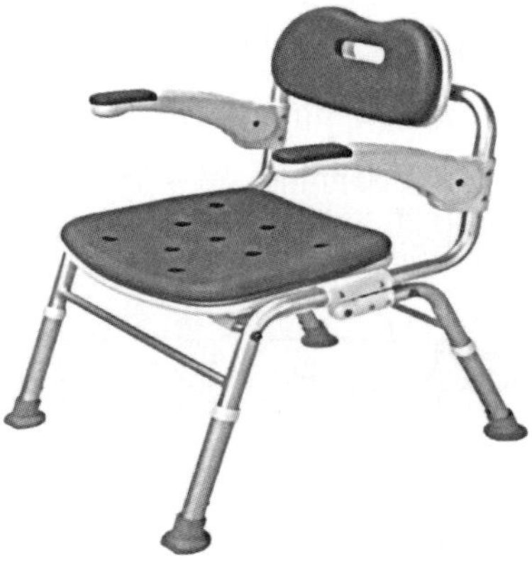
图 2-3-13　沐浴椅

（3）如厕辅助器具：老年人在上厕所时，关节活动不便，下蹲易出现突然站立后摔倒等，可选用如厕辅助器具（图 2-3-14、图 2-3-15）。

图 2-3-14　坐便器辅助把手

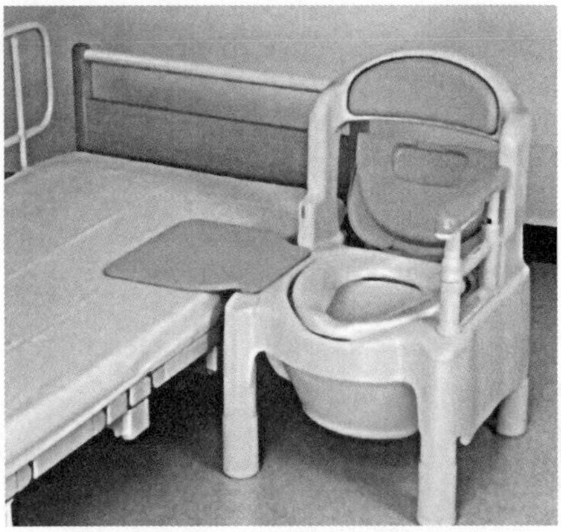
图 2-3-15　床边坐便器

二、日常交流辅助器具

老年人因视力、手指力量或精细动作功能减退，可在打电话、阅读、书写等方面使用辅助交流用具（图 2-3-16）。

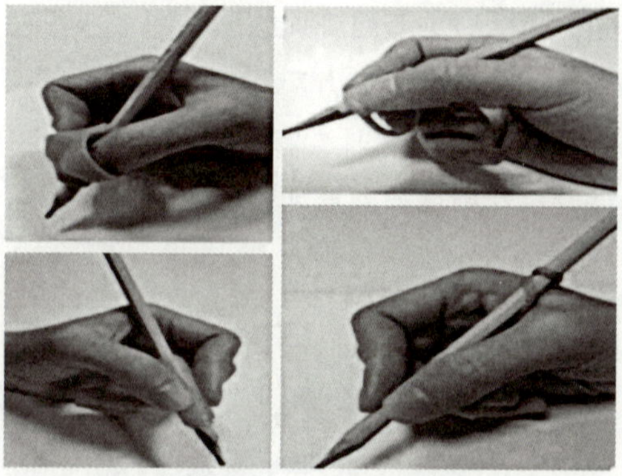

图 2-3-16　握笔辅助

思考与练习

1. 协助老年人卫生自理的器具有哪些?
2. 协助老年人日常交流的器具有哪些?
3. 根据不同情况选择适合老年人使用的器具，为老年人提供了哪些方便?

任务三　老年人常用康复健身器械

一、老年人常用康复健身器械使用的注意事项

老年人在使用康复健身器械时，应注意以下几个方面。

（1）康复健身训练时要有康复指导员或家属从旁指导和保护。

（2）使用各种器械前需将器械置于平坦的地面上，注意检查一下器械是否完好，连接处是否松动。

（3）依照器械使用说明来使用，禁止做该器械正常使用方法以外的动作。

（4）为防止康复健身训练时受伤，使用前应先做适量的热身运动。

（5）康复健身训练时要穿着舒适的运动鞋及合身的衣物，避免衣物卡住器械。

（6）使用器械时禁止嬉戏打闹，以免发生意外伤害。

（7）患有特殊疾病的残疾人（如高血压、心脏病等）要征求康复指导员和康复协调员的建议后方可使用。

二、老年人常用康复健身器械

1. 上肢训练辅助器具

上肢训练辅助器具用于肩、上臂、前臂和手部的康复训练。

（1）肩关节回旋训练器（图 2–3–17）：进行肩关节旋转运动，扩大肩关节的活动范围，增强肩部肌肉力量。

（2）肩抬举训练器（图 2–3–18）：通过将棍棒放置于不同高度，训练上肢抬举功能。可在棍棒两端悬挂沙袋，以增加抗阻力。

图 2–3–17 肩关节回旋训练器

图 2–3–18 肩抬举训练器

（3）肩梯（图 2–3–19）：通过手指沿着阶梯不断上移，逐渐扩大肩关节的活动范围，减轻疼痛。

（4）滑轮吊环训练器（图 2–3–20）：进行肩关节活动度训练，也可进行关节牵引及肌力训练。

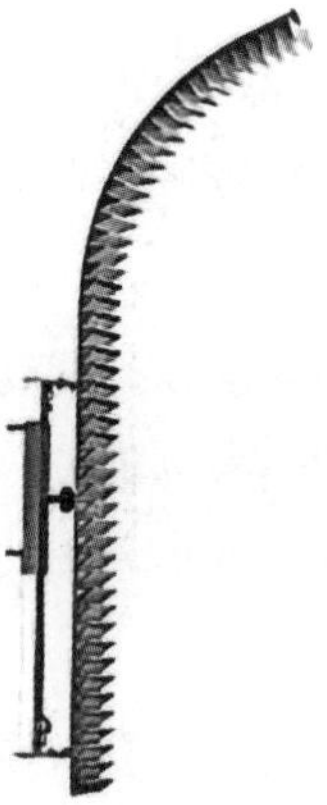

图 2–3–19 肩梯

图 2–3–20 滑轮吊环训练器

（5）上肢推举训练器（图 2–3–21）：进行上肢关节活动度训练，增强上肢伸肌肌力及提高协调活动能力。

（6）肘关节牵引椅（图 2–3–22）：对肘关节持续牵引，适用于肘关节屈伸活动障碍者。牵引的重量和方向、座椅高度、固定部位可随需要进行调整。

图 2-3-21　上肢推举训练器

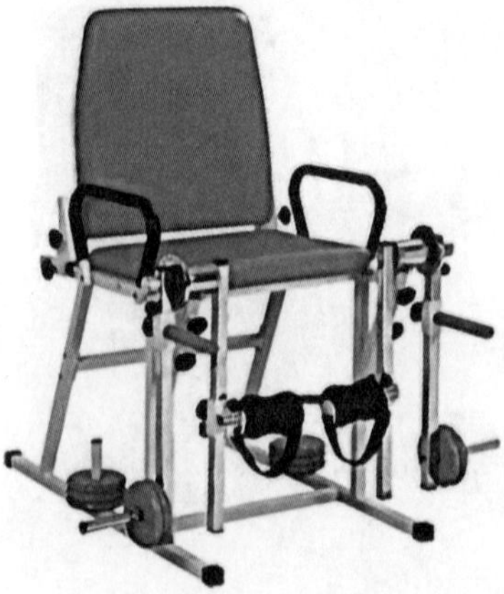

图 2-3-22　肘关节牵引椅

（7）前臂旋转训练器（图 2-3-23）：进行关节活动度训练，预防和改善前臂旋转功能受限。同时通过老年人在不同阻力下的抗阻运动进行肌力及耐力训练。

（8）腕关节屈伸训练器（图 2-3-24）：扩大腕部关节活动范围及增强肌力。

（9）复式墙拉力器（图 2-3-25）：通过抗阻主动运动，增强肌力；还可以进行关节活动度训练，预防畸形。

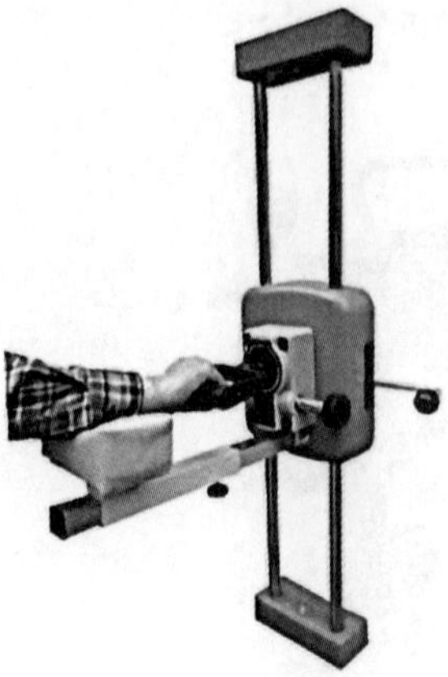

图 2-3-23　前臂旋转训练器

图 2-3-24　腕关节屈伸训练器

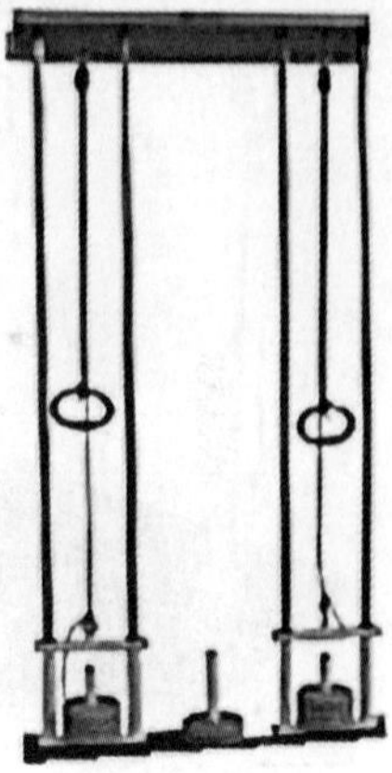

图 2-3-25　复式墙拉力器

（10）哑铃（图 2-3-26）：用于增强肌力和耐力。

2. 下肢训练辅助器具

下肢训练辅助器具是用于训练下肢的辅助器具。

（1）下肢康复训练器（图 2-3-27）：扩大下肢关节活动范围和提高协调活动能力。

（2）重锤式髋关节训练器（图 2-3-28）：增强髋关节外展、内收的肌力。

图 2-3-26　哑铃

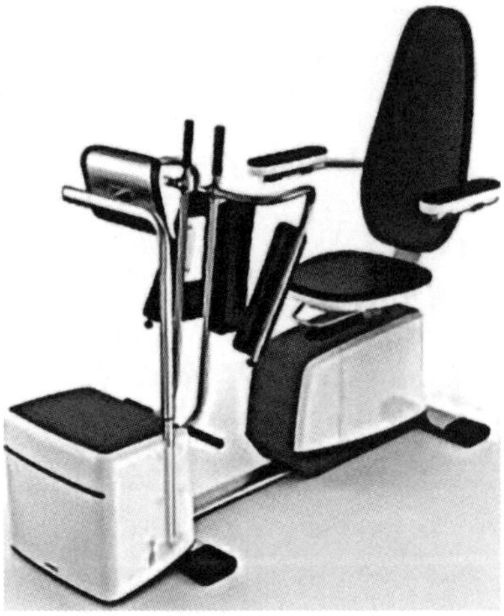

图 2-3-27　下肢康复训练器

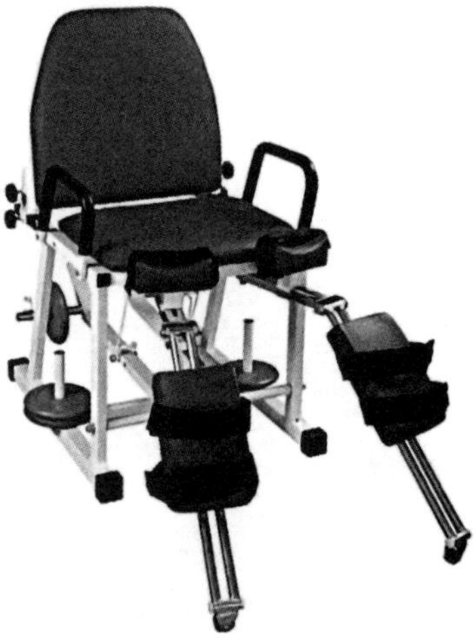

图 2-3-28　重锤式髋关节训练器

（3）髋关节旋转训练器（图2-3-29）：通过足的画圈运动，改善髋关节的旋转功能。

（4）股四头肌训练椅（图 2-3-30）：进行关节活动度训练，增强肌力，适用于膝关节受限。

图 2-3-29　髋关节旋转训练器

图 2-3-30　股四头肌训练椅

（5）踝关节屈伸训练器（图 2-3-31）：进行踝关节活动度训练，矫正足下垂、足内外翻等，适用于站立功能障碍者的站立功能训练。

（6）踏步器（图 2-3-32）：扩大下肢活动范围和提高协调活动能力，有立式和坐式两种类型。

（7）起立床（图 2-3-33）：用于站立训练，包括手动、电动两种类型。

3. 综合训练辅助器具

综合训练辅助器具用于同时进行上肢、下肢、肩背肌肉、关节等多部位的训练。

图 2-3-31　踝关节屈伸训练器

图 2-3-32　踏步器

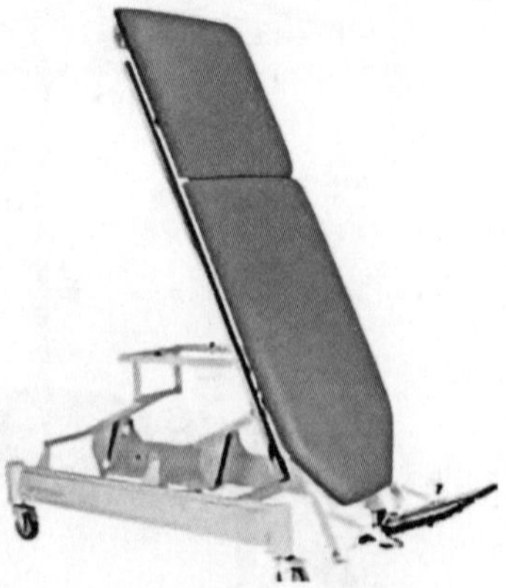

图 2-3-33　起立床

（1）肋木（图 2-3-34）：用于上、下肢的关节活动和肌力训练，坐、站、立训练，平衡及躯干牵伸训练，也可与肩梯同时使用。

（2）组合运动训练器（图 2-3-35）：由肩关节旋转训练器、前臂旋转训练器、腕关节屈伸训练器、复式墙拉力器组合而成。

（3）偏瘫康复器（图 2-3-36）：用于偏瘫者的训练，利用健侧肢体帮助患侧肢体进行被动训练，扩大关节的活动范围。

图 2-3-34　肋木

图 2-3-35　组合运动训练器

图 2-3-36　偏瘫康复器

（4）功能牵引网架（图 2-3-37）：用于肌力、关节活动度的训练，有牵引及放松调整作用。

（5）胸背部矫正运动器（图 2-3-38）：用于对胸背部畸形老年人的训练，防止、矫正胸背部畸形。

图 2-3-37　功能牵引网架

图 2-3-38　胸背部矫正运动器

（6）划船运动器（图 2-3-39）：用于腰背部、上肢屈肌群、下肢伸肌群的肌力和耐力训练。

图 2-3-39　划船运动器

思考与练习

1．老年人使用康复健身器械时需注意些什么？

2．对于下肢关节活动受限的老年人，可推荐使用哪些康复健身器械？

3．请查阅相关资料，了解更多的康复健身器械，并列举至少 2 种康复健身器械及其作用。

3

工作领域三

老年人日常传统康复调理技术

学习导读

本领域重点介绍老年人日常传统康复调理技术及综合应用。

目前，老年人养老模式以家庭养老、社区养老为主。老年人日常传统康复调理技术包含推拿疗法、拔罐疗法、刮痧疗法、艾灸疗法、热熨疗法、熏洗疗法等，具有疏风散寒、行气止痛、温补脾肾、强健体魄、防病治病、延年益寿等功效，这些技术的应用有利于经络疏通与血液循环，强壮筋骨，提高抗病能力，有效缓解老年人精神压力大、四肢不温、头痛、头晕、失眠等症状。为老年人开展日常康复调理是提高老年人身体健康水平的重要方式，这些康复调理技术越来越受到老年人的普遍欢迎。

学习目标

熟练掌握老年人日常传统康复调理技术的基本方法。

掌握老年人日常传统康复调理技术的综合应用。

学习实施

本领域共有六个项目。学生通过自主学习、合作学习、实践练习等方式，熟练掌握老年人日常传统康复调理技术的方法及综合应用，为更好地帮助老年人强健体魄、防病治病、延年益寿奠定基础。

项目一　推拿疗法

推拿疗法，是以中医的脏腑、经络学说为理论基础，并结合西医的解剖和病理诊断，而用手法作用于人体体表的特定部位以调节机体生理、病理状况，达到调理目的的方法，从性质上来说，它是一种物理的调理方法。

任务一　推拿按摩知识

一、概念

推拿疗法是用双手在老年人的头、颈、胸、腰、腹及四肢上推穴道、循经络，并结合有关部位进行按摩，使机体内部产生发散、宣通、补泻等作用。

二、作用与功效

推拿疗法具有放松肌肉、解除疲劳、安定精神、散寒止痛、健脾益胃、消积导滞、疏通经络、滑利关节、强筋壮骨、扶正祛邪的功效。

三、适应证

推拿疗法可调理发热、畏寒头痛、咳嗽气喘、腹胀腹泻、脘痛纳呆、痿证、痹症、跌打损伤、筋骨不利等。

四、操作体位

选择体位时，以老年人感到舒适、安全，肢体又尽可能得到放松，同时操作者在施行各种手法时感到发力自如、操作方便为原则。

（一）老年人体位

老年人体位主要包括仰卧位、俯卧位、侧卧位、端坐位和俯坐位。

（1）仰卧位（图 3–1–1）：面部朝上，上肢置于体侧，双下肢自然伸直。按摩头面部、颈部、胸部、腹部、下肢部，可采取仰卧位。

（2）俯卧位（图 3–1–2）：面部朝下，双下肢自然伸直，上肢置于体侧或床侧或面部上方。按摩头颈部、背部、腰部、臀部、下肢部，可采取俯卧位。

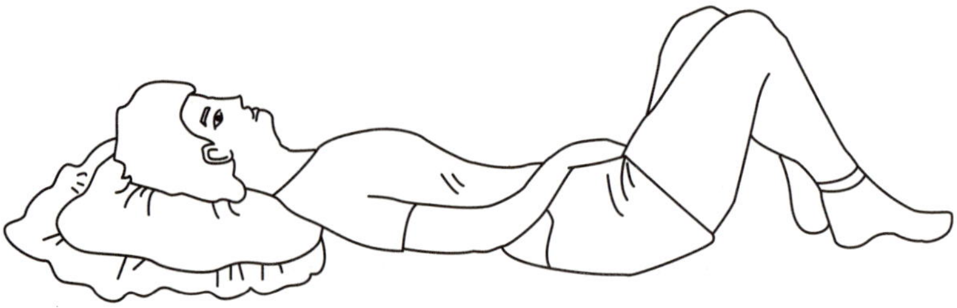

图 3-1-1 仰卧位

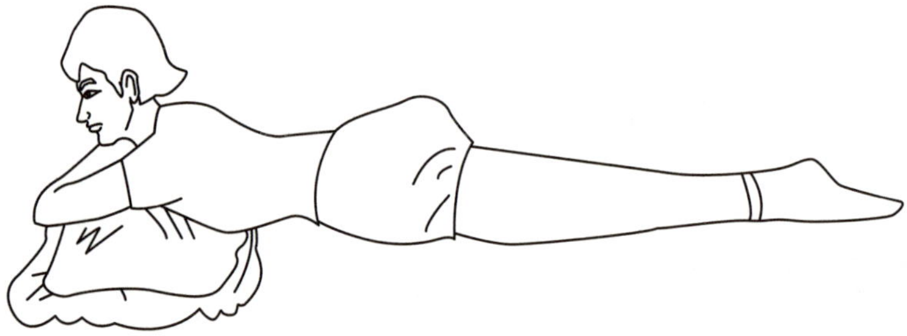

图 3-1-2 俯卧位

（3）侧卧位（图 3-1-3）：身体左右一侧在下，两腿自然屈曲，或下侧腿伸直、上侧腿屈曲，下侧上肢屈肩屈肘约 90°，上侧上肢自然伸直、置于体侧或撑于体前床面。按摩肩部、上肢部、胁部、腰部、髋部、下肢部，可采取侧卧位。

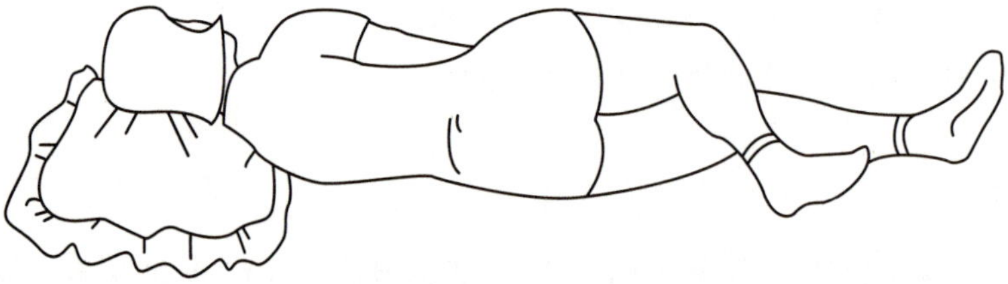

图 3-1-3 侧卧位

（4）端坐位（图 3-1-4）：端正而坐，屈膝屈髋约 90°。两脚分开、与肩等宽，两上肢自然下垂，双手置于膝上。按摩头面部、颈项部、肩部、背部、胁部、腰部、足部，可采取端坐位。

（5）俯坐位（图 3-1-5）：即屈肘前俯坐位，端正而坐，上身略向前俯，屈肘，前臂支撑于膝上或桌上、椅背上，沉肩、直背，肌肉放松，呼吸自然。按摩头颈部、肩背部、腰骶部，可采取俯坐位。

（二）操作者体位

操作者体位主要包括站立位和端坐位。

（1）站立位：自然站立，含胸拔背收腹，不要挺胸凸肚，也不要塌肩屈背，两脚左

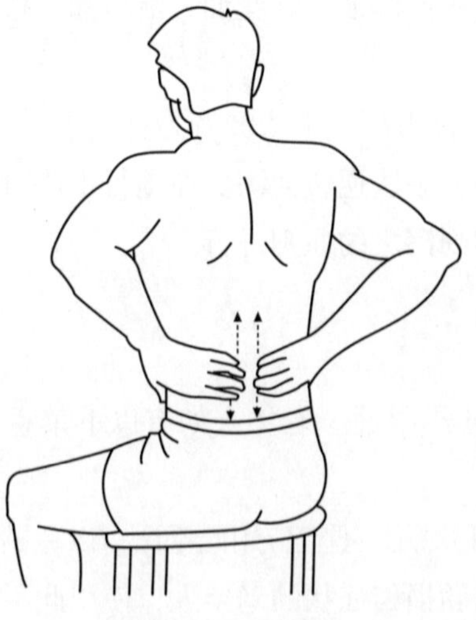

图 3-1-4　端坐位

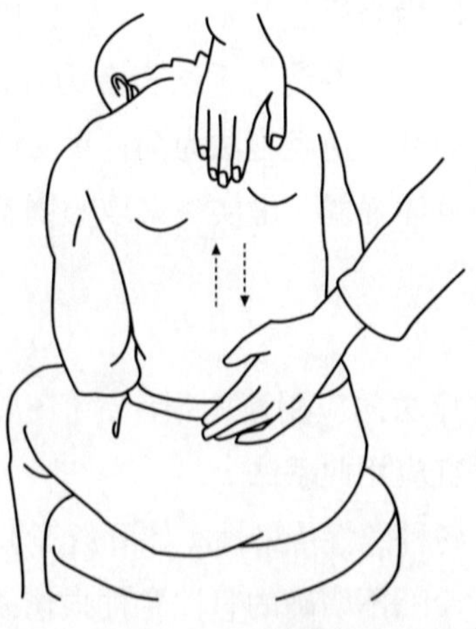

图 3-1-5　俯坐位

右分开或两腿前后呈弓步站立。按摩胸部、腹部、背部、腰部、髋部、四肢部，均可采取站立位。

（2）端坐位：端正而坐，屈膝屈髋约 90°，两腿分开、与肩等宽。按摩头面部、颈项部、上肢部、肩背部，可采取端坐位。

五、操作要求

推拿手法是调理疾病的主要手段，老年人疾病有虚实之分，调理部位有大、小、深、浅等不同，所以，选用手法、施术部位或穴位、力量大小、操作时间长短等，都要辨证论治。一般来说，手法的操作要结合辨证施治、补虚泻实和因人、因病、因时、因地制宜等几个方面来进行。

（1）注重安全。在施行手法过程中，要全神贯注，意到手到，身体也随之移动。站立时，双足呈“丁八”字步，这样才能使身体进退自如、转侧灵活，保持手法在操作过程中身体各部位的动作协调一致。这应作为操作者的一项基本功，平时必须注意训练。老年人骨质有不同程度的疏松，若用力不当，易造成骨折，如在脊柱、腿部按摩时施行“抖法”时需要慎重。

（2）手法的基本要求。推拿过程中，手法应均匀、持续、柔和、有力。“均匀”是指手法动作的节奏、频率、压力大小要一定。“持续”是指手法能够持续运用一定时间，保持动作和力量的连贯性。“柔和”是指手法动作的轻柔、灵活及力量的缓和，不能突发暴力。“有力”是指手法必须具备一定的力量，并根据被操作对象、体质、施治部位和手法性质而变化。在按摩手法的掌握中，力量是基础，手法技巧是关键，两者必须兼有。

（3）合理使用介质。为防止手法操作时擦伤老年人的皮肤，经常用一些按摩介质涂擦于被施手法部位的皮肤上，增强手法作用。在面部按摩时，可用美容按摩膏之类为介质，在其他部位需暴露皮肤按摩时，可用滑石粉、麻油、红花油、活络油、按摩油、按摩乳之类作为介质。

（4）手法的补泻。手法轻者为补，手法重者为泻；手法缓者为补，手法急者为泻；顺经施法为补，逆经施法为泻；手法顺转为补，手法逆转为泻。在施行手法时，应根据老年人的身体强弱、虚实，采取虚则补之、实则泻之的原则进行。

六、禁忌证

推拿疗法的应用范围很广，但也有一定的局限性。老年人如有以下禁忌证或慎用证，不适宜应用此手法。

（1）各种急性传染性（如肝炎等）、感染性疾病，不宜应用此手法，以免贻误病情。

（2）诊断不明确的急性脊柱损伤或伴有脊髓损伤症状的老年人，使用此手法有可能加重脊髓损伤的程度。

（3）患有恶性肿瘤的老年人一般不宜推拿调理。

（4）结核病（如腰椎结核、髋关节结核等）、化脓性疾病（如化脓性关节炎等）所引起的运动器官病症，不宜此手法调理，以免加重病情。

（5）有血液病或出血倾向的老年人，如血友病、恶性贫血、紫癜等，使用推拿手法有可能导致局部组织内出血，因此应慎用此手法。脑出血的老年人，应在出血停止 2 周后再酌情调理。

（6）手法调理部位有皮肤破损（如烫伤、烧伤）、皮肤病（湿疹、癣、斑疹、脓肿）等，患处暂不用此手法调理，以免引起局部感染。

（7）严重心、脑、肺、肾等器质性疾患，禁止单独使用推拿手法。

（8）老年人在剧烈运动后、饥饿或极度劳累时，及体质极度虚弱的老年人，也不宜立即用此手法调理，以免发生昏厥现象。

思考与练习

1. 推拿疗法的定义、作用与适应证分别是什么？
2. 推拿过程中，操作者与老年人的常见体位有哪些？
3. 推拿过程中，操作的要求有哪些？
4. 推拿过程中，操作的禁忌证有哪些？

任务二 推拿按摩技能

推拿手法很多，如摆动类手法（推法、揉法、滚法、扫散法）、摩擦类手法（摩法、擦法、搓法）、挤压类手法（按法、拿法、捏法）、振动类手法（抖法）、叩击类手法（拍法）、运动关节类手法（摇法、捻法、弹拨法）等。根据服务老年人的实际，重点介绍以下手法。

一、推法

推法（图 3–1–6）是用指、掌、拳、肘面等部位紧贴调理部位，运用适当的压力，进行单方向的直线移动的手法。推法适用于全身各部位，具有理顺经脉、舒筋活络、行气活血、消肿止痛、增强肌肉兴奋性、促进血液循环等作用。

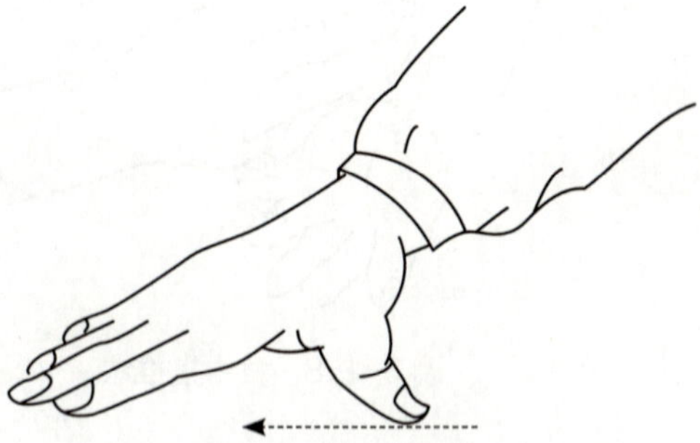

图 3–1–6　推法

（一）操作要领

推法的操作要领如下。

（1）肩及上肢放松，着力部位要紧贴体表的调理部位。

（2）操作向下的压力要适中、均匀。

（3）用力深沉平稳，呈直线移动，不可歪斜。

（4）推进的速度宜缓慢、均匀，每分钟 50 次左右。

（5）在施术部位涂抹少许介质，使皮肤有一定的润滑度，利于手法操作，防止皮肤破损。

（二）技术应用

推法适用于全身各部位。推法操作方式与擦法有相似之处，都为直线运动，但平推法是单方向移动，对体表压力较大，推进速度也缓慢，不要求局部发热，其意在于推动气血运行。例如：脑卒中，用指推印堂穴至神庭穴；颅脑损伤，头部可做前额分推、枕后分推法；失眠，用一指禅推法从印堂穴推至神庭穴，再从印堂穴推至太阳穴；肿瘤，平推足太阳膀胱经。

（1）拇指推法（图 3–1–7）：以拇指指面为着力部，适用于肩背部、胸腹部、腰臀部及四肢部。

（2）食中指推法（图 3–1–8）：食指、中指两指并拢，以指面为着力部，多用于特定穴位。

（3）八字推法（图 3–1–9）：以拇指指面与食指第 1 节指骨桡侧面为着力部，虎口并拢或张开，并以虎口张开的程度分为小、中、大八字推法。八字推法又称夹脊推法，多用于脊柱两侧，有时也可用于四肢部。

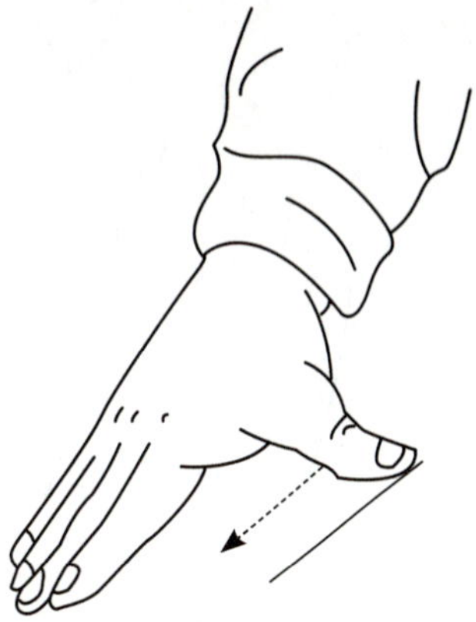

图 3–1–7　拇指推法

（4）掌推法（图 3–1–10）：以全掌或掌根为着力部，多用于肩背、腰骶部与四肢部。

（5）大鱼际推法（图 3–1–11）：以大鱼际为着力部，多用于头面与胸腹部。

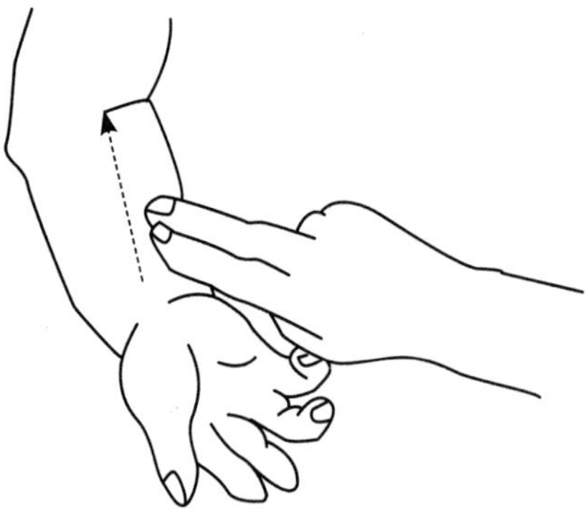

图 3-1-8 食中指推法

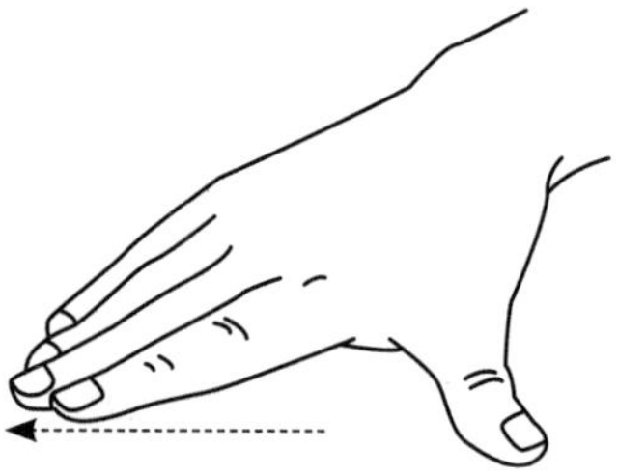

图 3-1-9 八字推法

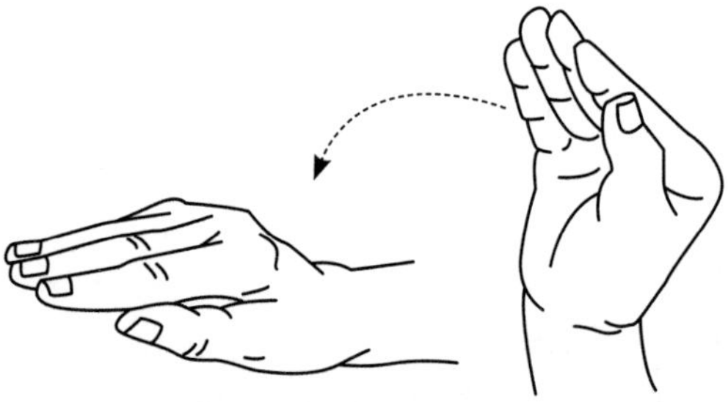

图 3-1-10 掌推法

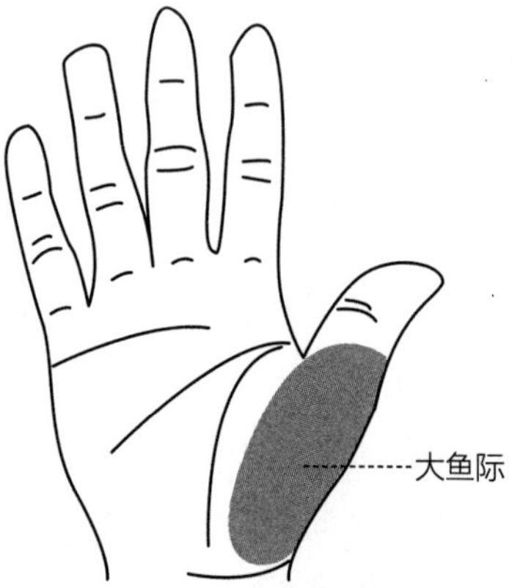

图 3-1-11 大鱼际推法

（6）小鱼际推法（图 3-1-12）：以小鱼际为着力部，多用于头颈、肩背、腰骶和四肢部。

（7）肘推法（图 3-1-13）：以尺骨鹰嘴突起部为着力部，此法刺激最强，适用于腰背脊柱两侧华佗夹脊及两下肢大腿后侧，常用于体型壮实、肌肉丰厚以及脊柱强直或感觉迟钝的老年人。

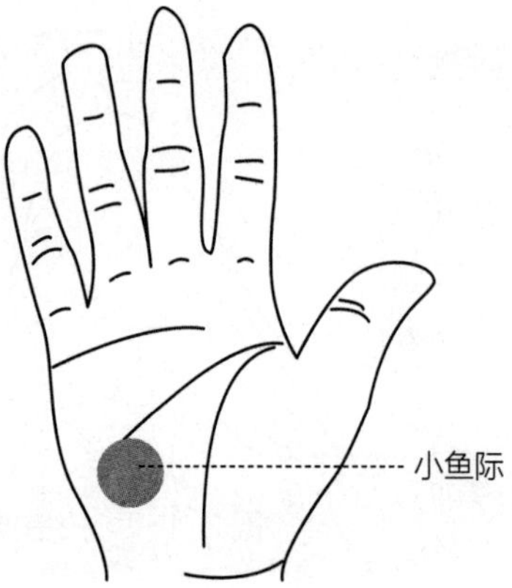

图 3-1-12 小鱼际推法

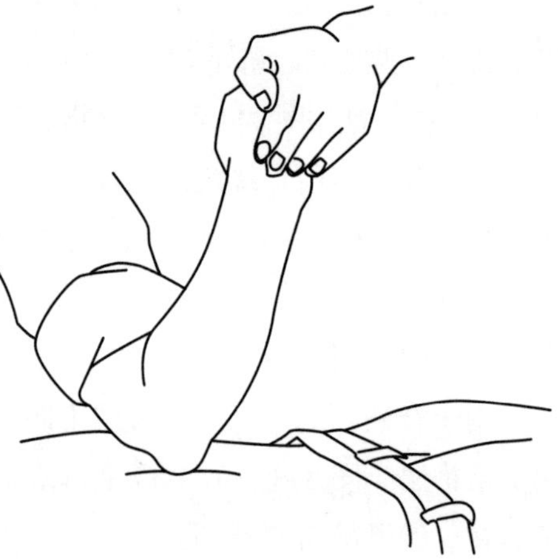

图 3-1-13 肘推法

（8）拳推法（图 3-1-14）：以拳面近指间关节为着力部，此法刺激较强，适用于因腰背部及四肢部的劳损、宿伤及风湿痹痛而感觉较为迟钝的老年人。

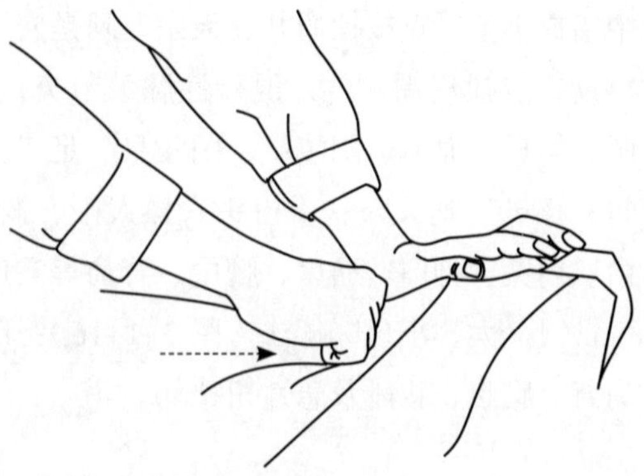

图 3-1-14　拳推法

二、揉法

揉法（图 3-1-15）是以指、掌、掌根、小鱼际、四指近侧指间关节背侧突起、前臂尺侧肌群肌腹或肘尖为着力点，在调理部位带动受术者皮肤一起做轻柔缓和的回旋动作，使皮下组织层之间产生内摩擦的手法。揉法分为单指揉法，双指揉法，掌（根）揉法，大、小鱼际揉法，前臂揉法，肘揉法，拳揉法等。揉法具有宽中理气、消积导滞、活血祛瘀、舒筋活络、温通气血的作用。

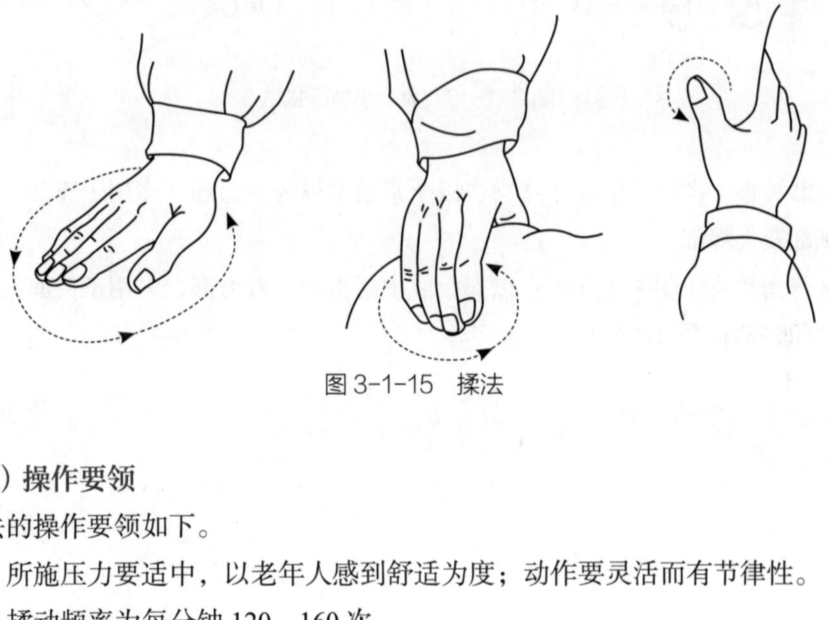

图 3-1-15　揉法

（一）操作要领

揉法的操作要领如下。

（1）所施压力要适中，以老年人感到舒适为度；动作要灵活而有节律性。

（2）揉动频率为每分钟 120 ~ 160 次。

（3）腕关节自然放松，不可背伸。

（4）揉动时要带动皮下组织一起运动，不可在体表形成摩擦运动。

（5）揉法操作时，力度缓和，顺时针为泄，逆时针为补。

（二）技术应用

揉法是推拿手法中的常用手法之一，应用中常常配合其他手法来调理脘腹胀满、胸闷胁痛等病症。例如：脑卒中，用掌根揉瘫痪一侧的面颊部，并重点揉风池穴；脊柱损伤，从上至下揉按脊背部，点揉督脉和足太阳膀胱经在背部的穴位；颈椎病，用拇指或中指或小鱼际点按揉肩井、天宗、阿是穴、臑会、曲池、手三里、阳溪等穴位；肩周炎早期，点揉肩周穴位；退行性膝关节炎，主要选取下肢膝髌周部位的腧穴——内外膝眼、梁丘、血海、阴陵泉、阳陵泉、足三里、委中、承山、太溪等穴位；高血压，揉攒竹、擦鼻、鸣天鼓、手梳头、揉太阳、按揉脑后；冠心病，按揉双侧心俞、肺俞、膈俞、内关、神门、通里、膻中、肾俞等穴位。

（1）大、小鱼际揉法（图 3–1–16）：以大、小鱼际为着力部，多用于头面、颈项、肩背、胸腹、腰骶及急性扭挫伤。

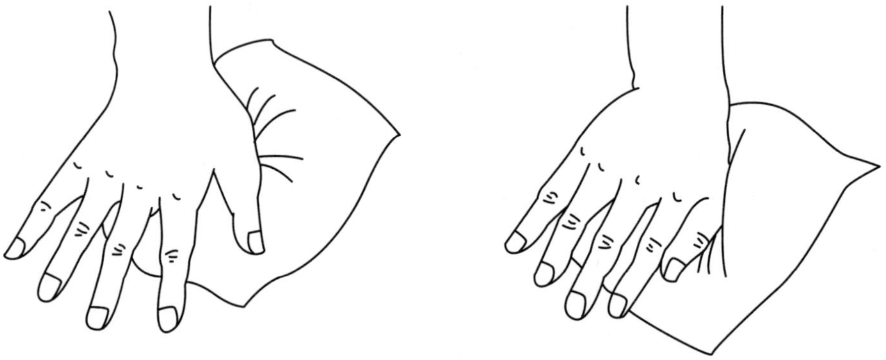

图 3-1-16　大、小鱼际揉法

（2）掌（根）揉法（图 3–1–17）：以全掌或掌根为着力部，多用于腹部、脊柱部、臀部、骶部及大腿部等。

（3）单指揉法（图 3–1–18）：以拇指或中指指面为着力部，多用于头面、胸腹、颈项及关节凹陷部和全身的穴位。

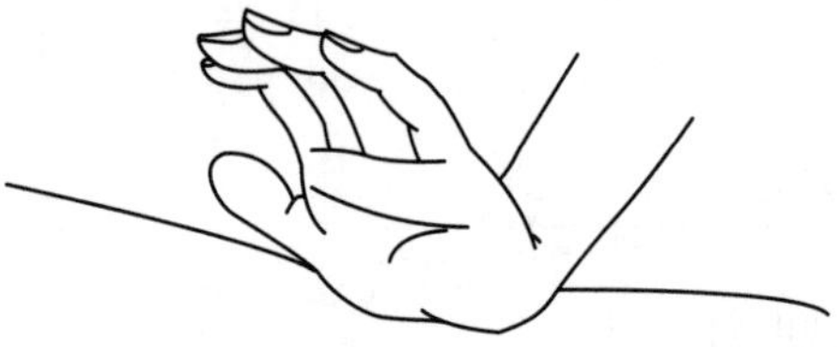

图 3-1-17　掌（根）揉法

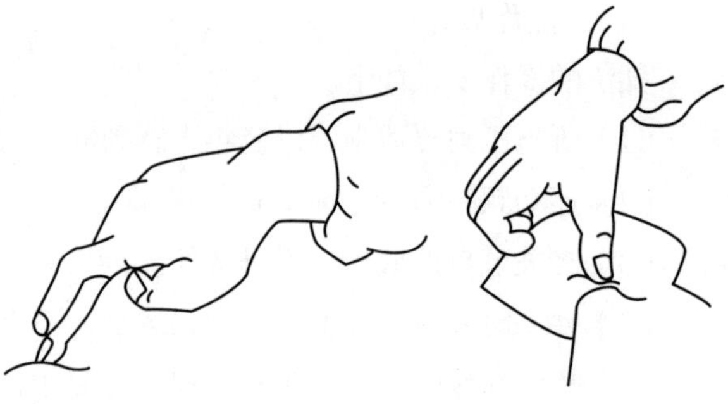

图 3-1-18　单指揉法

（4）双指揉法（图 3–1–19）：以拇指、食指或拇指与食指、中指二指指面为着力部，多用于头面、颈项两侧、脊柱两侧、胸腹及四肢关节部。

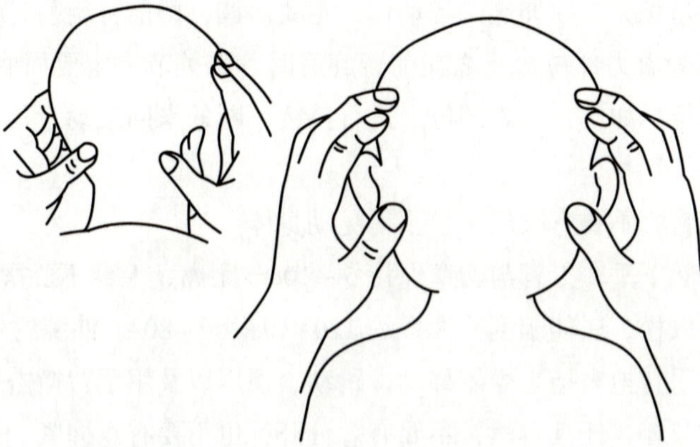

图 3-1-19　双指揉法

（5）肘揉法（图 3-1-20）：以肘后尺骨鹰嘴突起部为着力部，多用于健壮之人的腰骶部、臀部、背部及大腿部。

（6）前臂揉法（图 3-1-21）：以前臂尺侧为着力部，多用于背部、腰骶部。

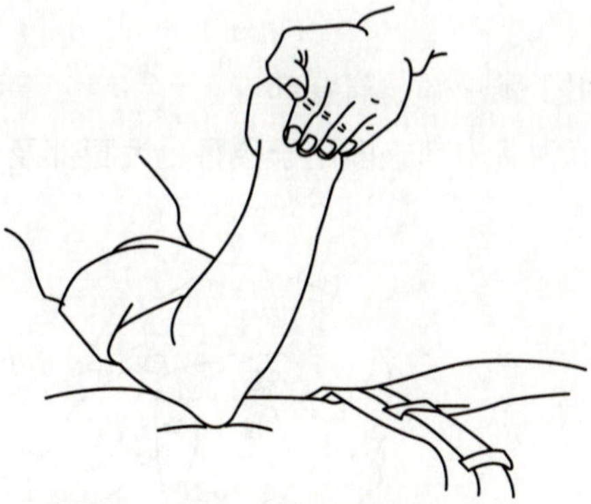

图 3-1-20　肘揉法

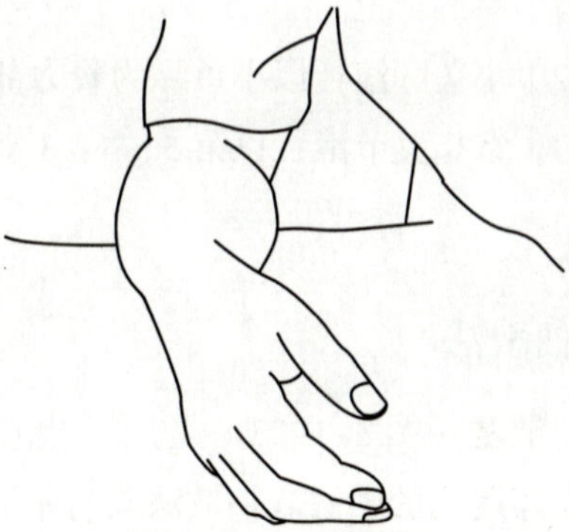

图 3-1-21　前臂揉法

三、滚法

滚法（图 3-1-22）是用手掌尺侧面的背部及掌指关节背侧突起处，在操作部位做来回翻掌、旋转动作的手法。滚法具有舒筋活血、滑利关节，缓解肌肉、韧带痉挛，增强肌肉、韧带活力，促进局部血液循环，消除肌肉疲劳等作用。

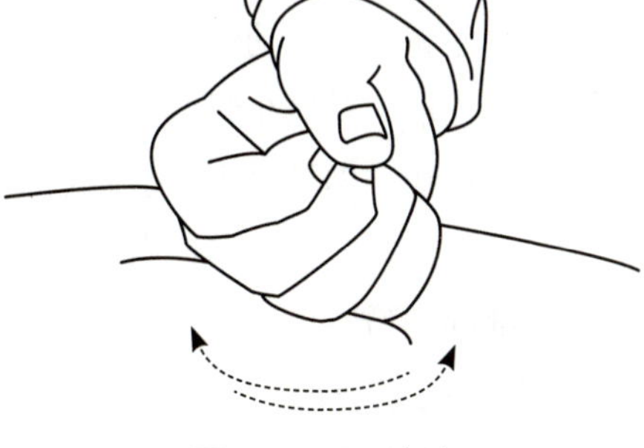

图 3-1-22　滚法

（一）操作要领

滚法的操作要领如下。

（1）前臂旋转与腕关节屈伸这二者动作一定要协调，即前臂旋前时，腕关节一定要伸展，以小鱼际肌为着力部位。反之在前臂旋后时，腕关节一定要屈曲，以第 5、4 掌骨的背侧为着力部位。如此在体表部位上进行持续不断的来回滚动，其滚动频率每分钟约 120～160 次。

（2）躯体要正直，不要弯腰屈背，不得晃动身体。

（3）肩关节自然下垂，上臂与胸壁保持 5～10cm 距离，上臂不要摆动。

（4）腕关节要放松，屈伸幅度要大，约 120°（屈腕约 80°，伸腕约 40°）。

（5）滚法忌用手背拖来拖去摩擦移动、跳动、顶压以及用手背撞击体表调理部位。

（6）手指均需放松，任其自然，不要有意分开，也不要有意握紧。

（二）技术应用

滚法刺激面积大，作用强，渗透作用明显。此法适用于半身不遂、周围神经麻痹、口眼㖞斜、各种慢性关节疾病、腰部疾病、腱鞘炎、肩关节周围炎症、颈椎病、腰椎间盘突出症、头痛、胸胁痛和颈、肩、腰背、臀及四肢关节等扭挫伤。具体应用时可分为以下三种操作方法。

（1）掌背滚：即通常所说的滚法，用手背近小指侧 1/2～2/3 部分为着力部，多用于肌肉丰厚的部位。

（2）小鱼际滚：以小鱼际为着力部，多用于颈项部、肩背部。

（3）掌指关节滚：以第 5、4、3 掌指关节为着力部，多用于腰臀、大腿部及关节凹陷部。

四、扫散法

扫散法（图 3-1-23）是用手指在颞部做往返摩擦运动的手法。扫散法具有平肝潜阳、醒脑安神、祛风散寒的功效。

（一）操作要领

扫散法的操作要领如下。

（1）手势：拇指伸直呈外展位，四指并拢微屈曲。

图 3-1-23　扫散法

（2）分解动作：拇指以桡侧面少商部为着力点，自前额发际向后至太阳穴做直线的往返摩擦移动，并做少量的上下的位移。其余四指以指端为着力点，根据足少阳胆经循行路线做弧线（即耳廓上缘、耳后至乳突范围）的往返摩擦移动。

（3）操作时，腕关节略背伸，以腕关节小幅度的左右摆动和肘关节少量的屈伸运动带动手部的扫散动作。

（二）技术应用

扫散法可调理头痛、头晕、高血压、失眠等病症。例如：对于高血压，采用扫散法，按揉百会穴，推桥弓穴；对于偏头痛，采用扫散法，指揉列缺穴。

使用扫散法时，应注意以下两个方面。

（1）动作要平稳，避免头部随手法操作而晃动。

（2）适用于头颞部。手法要贴于头皮操作，以免牵拉头发根而疼痛。

五、摩法

摩法（图 3-1-24）是操作者用食指、中指、无名指指面或大鱼际肌腹或手掌面，着力于一定调理部位，通过肩关节在前外方向的小幅度环转，使着力面在调理部位做有节奏的环形平移摩擦的手法。根据着力面不同，摩法可分为掌摩法、指摩法与鱼际摩法。摩法具有理气止痛、消积导滞、健脾和胃、调理胃肠蠕动、活血消瘀等作用。

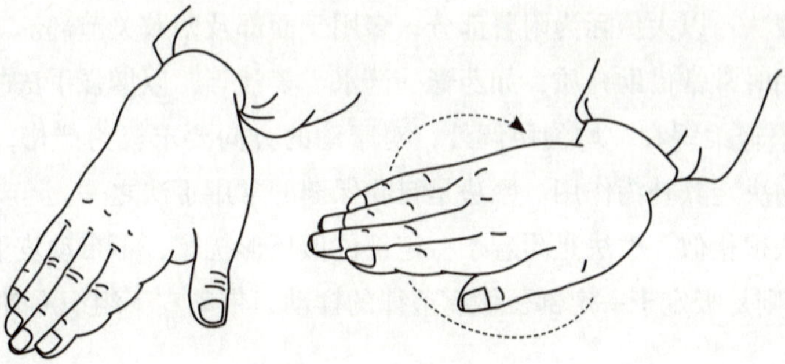

图 3-1-24　摩法

（一）操作要领

摩法的操作要领如下。

（1）肩关节放松，肘关节自然屈曲，以上肢自身重力作为预应力按放在调理部位。使用指摩法时，腕关节略屈并保持一定的紧张度，适合在面积较小的部位操作；而掌摩法适宜在面积较大的部位施术，以全掌贴压在调理部位。

（2）各式摩法在做圆周摩转时，要求在四周均匀着力，不能一边重一边轻。操作时，仅与皮肤表面发生摩擦，不宜带动皮下组织，这是摩法与揉法的主要区别。

（3）一般操作频率在 100 ~ 120 周 / 分，指摩法动作轻快，而掌摩法宜稍重缓。

（二）技术应用

摩法主要适用于胸胁、脘腹部，也可用于头面部，具有疏肝理气、温中和胃、健脾助运、消积导滞及调节肠胃蠕动、镇静安神等功效，常用于调理中焦虚寒、脘腹胀满、肠鸣腹痛、胸闷气滞、胁肋胀痛、泄泻、便秘、下元虚冷、面瘫、面肌痉挛等病症。在少腹部操作时，顺时针方向摩运可通调肠腑积滞，起到泻热通便的作用；而逆时针方向摩运则能温中止泻，发挥温补下元的功效。

（1）掌摩法（图 3-1-25）：以手掌面为附着部分，多用于腹部、腰背部及四肢部。

（2）指摩法（图 3-1-26）：又称三指摩法，以食指、中指、无名指指面为附着部分，常用于胸腹及头面部。

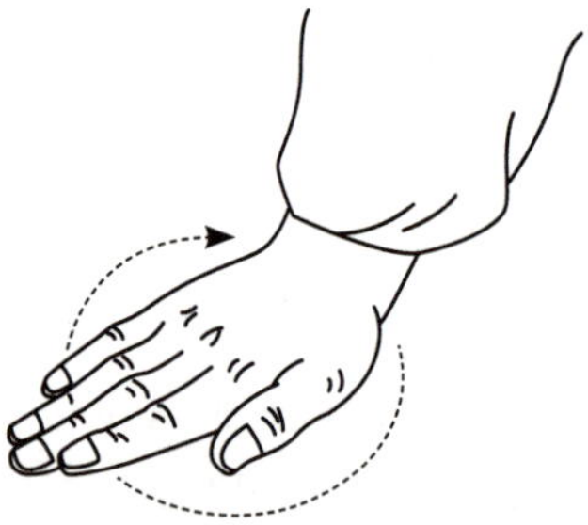

图 3-1-25 掌摩法

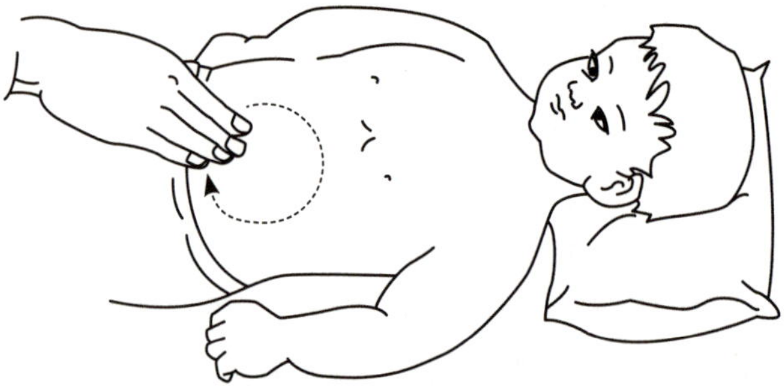

图 3-1-26 指摩法

（3）鱼际摩法：以大鱼际为附着部分，多用于面部及四肢关节部。

摩法在应用时常常借助介质，如药膏、药水、姜汁等，以增强手法的治疗功效。在应用中，除要求轻柔缓和、均匀协调外，对摩动的方向要求极为严格，并根据摩动的顺、逆时针方向决定其补泻作用。摩法是自我保健的常用手法之一。

摩法与揉法很相似，摩法是附着于一定部位做环形抚摩，不带动皮下组织（皮动、肉不动）；揉法则是吸定于一定部位做有节律的揉动，带动皮下组织（肉动、皮不动）。

六、擦法

擦法（图 3-1-27）是用手掌紧贴皮肤，稍用力下压并做上下向或左右向直线往返摩擦，使之产生一定的热量的手法。擦法有掌擦、鱼际擦和指擦之分。

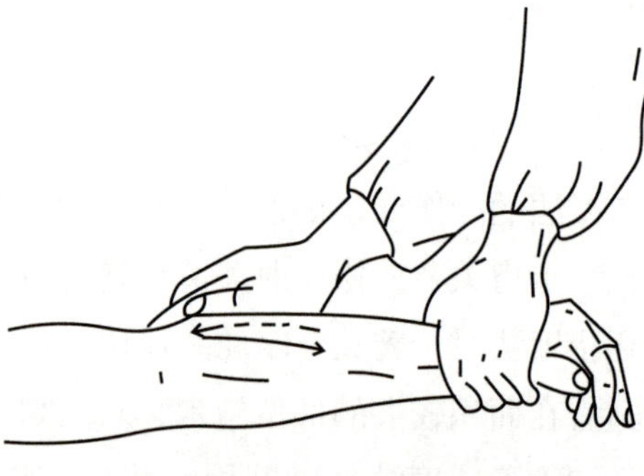

图 3-1-27 擦法

（一）操作要领

擦法的操作要领如下。

（1）上肢放松，腕关节自然伸直，用全掌或大鱼际或小鱼际为着力点，作用于调理部位，以上臂的主动运动，带动手做上下向或左右向的直线往返摩擦移动，不得歪斜。更不能以身体的起伏摆动去带动手的运动。

（2）摩擦时往返距离要尽量拉长，而且动作要连续不断，不能有间歇停顿。如果往返距离太短，容易擦破皮肤；如果动作有间歇停顿，就会影响到热能的产生和渗透，从而影响调理效果。

（3）压力要均匀而适中，以摩擦时不使皮肤起皱褶为宜。

（4）施法时不能操之过急，呼吸要自然调匀。

（5）摩擦频率一般为每分钟 100～120 次左右。

（二）技术应用

掌擦法主要用于胸腹、胁肋部；鱼际擦法主要用于四肢，尤以上肢为多用；侧擦法主要用于背部、腰骶部。

擦法有健脾和胃、温阳益气、温肾壮阳、祛风活血、消瘀止痛的作用，主治体虚乏力、脘腹胀痛、腰背风湿痹痛。例如：高血压，擦涌泉穴；脑瘫，擦肾俞穴、命门穴和八髎穴，以热为度。

七、搓法

搓法（图 3-1-28）是操作者用双手掌面着力，对称地夹住或托抱住老年人肢体的一定部位，双手交替或同时相对用力做相反方向的来回快速搓揉，并同时做上下往返移动。搓法属推拿手法中的一种辅助手法，经常作为四肢、胁肋部、腰背部推拿调理的结束手法，具有舒筋活络、调和气血、温通经脉、疏肝理气、放松肌肉等作用。

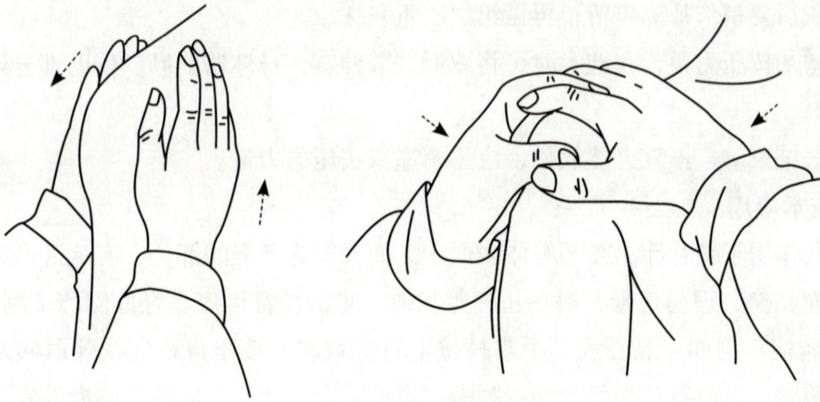

图 3-1-28　搓法

（一）操作要领

搓法的操作要领如下。

（1）搓动时双手动作幅度要均等，用力要对称。

（2）搓揉时频率要快，但在上下移动时要缓慢，做到快搓、慢移。

（3）双手夹住肢体时力量要适中。

（二）技术应用

搓法是较为温和的一种手法，是一种辅助手法，经常与抖法配合作为推拿调理的结束手法使用。搓法主要用于四肢、腰胁部，具有疏通经络、调和气血、放松肌肉的作用，经常用于配合调理肢体酸痛、关节活动不利及胸胁伤等病症，如肩周炎、颈椎病、退行性膝关节炎，在患肢行搓法以放松。

八、按法

按法（图 3–1–29）是以指、掌、肘尖着力，先轻渐重、由浅而深反复按压调理部位的手法。按法可分为指按法、掌（根）按法、叠掌按法、鱼际按法等。按法适用于全身各部位，具有行气止痛、解痉散结、通经活络、放松肌肉及矫正畸形等作用。

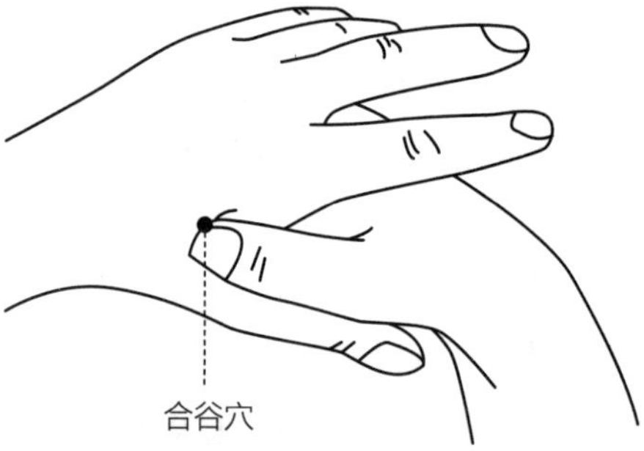

图 3–1–29 按法

（一）操作要领

按法的操作要领如下。

（1）按压力的方向要垂直向下。

（2）用力要由轻到重、稳而持续，使刺激感觉充分达到机体深部组织。切忌用迅猛的暴力。

（3）按压后要稍作片刻停留，再做第二次重复按压。

（4）为增加按压力量，在施术时可将双肘关节伸直，身体略前倾，借助部分体重向下按压。

（5）按法结束时，不宜突然放松，应逐渐递减按压的力量。

（二）技术应用

按法主要作用于腰背部、腹部等体表面积大而又较为平坦的部位，有疏通经络、温中散寒、活血祛瘀、理筋正骨、解痉止痛等功效，主治腰背疼痛、脊柱侧凸（侧弯）、脘腹疼痛等病症。例如：冠心病，手掌揉按上背部数次，按压身柱穴、肺俞穴及痛点处，使之有酸感，以放射到胸部为好；肿瘤，点按肾俞、命门、血海、膈俞等穴位，以提高人体的免疫功能。

（1）指按法（图 3–1–30）：以拇指或中指指面为着力部，用于全身各部位或穴位。

（2）掌（根）按法（图 3–1–31）：以全掌或掌根为着力部，多用于腰背、臀部及大

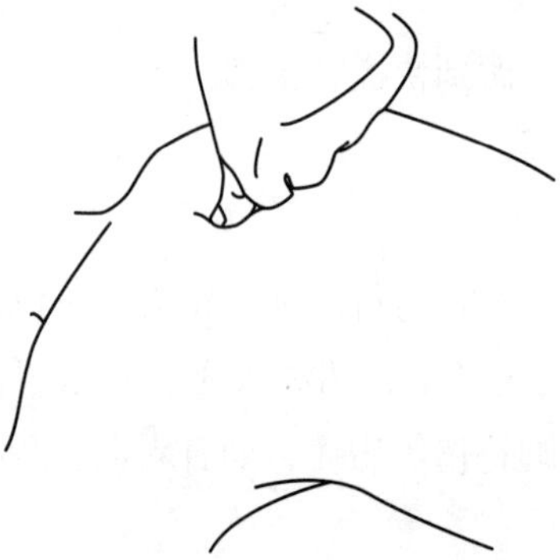
图 3–1–30 指按法

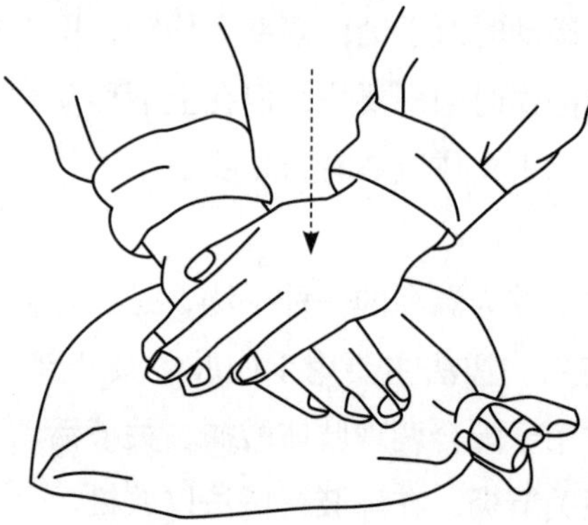
图 3–1–31 掌（根）按法

腿部，也可用于腹部。

（3）叠掌按法（图 3–1–32）：用双掌重叠按之，用于脊柱部。

（4）大鱼际按法（图 3–1–33）：以大鱼际为着力部，多用于头面及胸腹部。

（5）小鱼际按法（图 3–1–34）：以小鱼际为着力部，多用于颈肩部及四肢部。

按法在应用时，常常和揉法、压法等结合使用，组成按揉、按压等复合手法；按法也是自我保健推拿的常用手法之一。

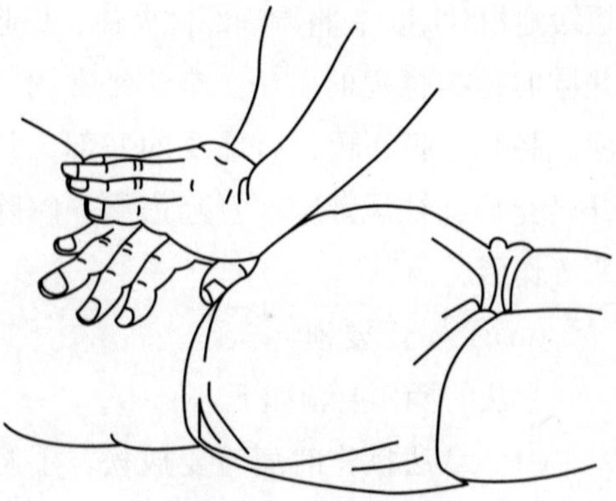

图 3-1-32　叠掌按法

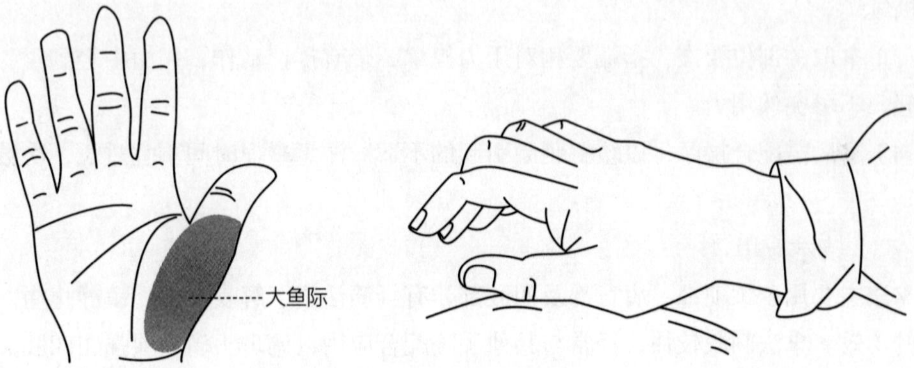

图 3-1-33　大鱼际按法

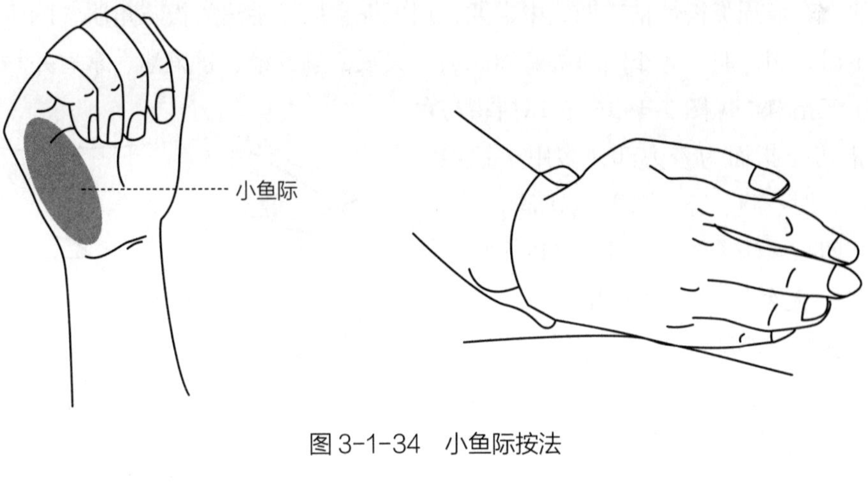

图 3-1-34　小鱼际按法

九、拿法

拿法（图 3–1–35）是指用拇指和食指、中指，或用拇指和其余四指的指腹，或全掌缓缓地相对用力，将调理部位夹住、提起，并同时捻搓揉捏的手法。拿法经常用于颈项、胁肋、腹、腰、肩部及四肢部，具有开窍止痛、祛风散寒、舒经通络、解除痉挛等作用。

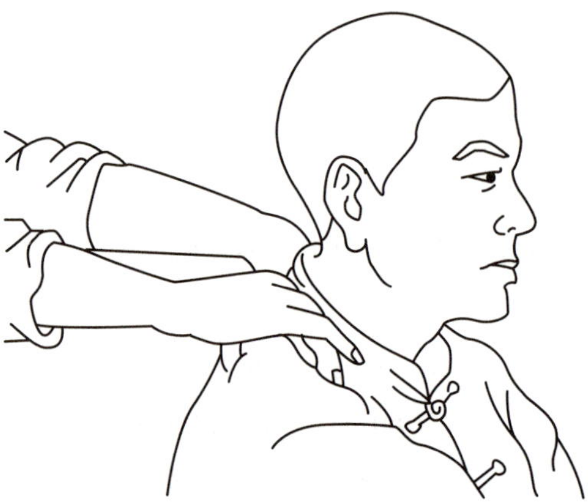

图 3-1-35 拿法

（一）操作要领

拿法的操作要领如下。

（1）拿法操作时肩臂要放松，手腕要灵活，以腕关节和掌指关节活动为主，以指峰和指面为着力点。

（2）操作动作要缓和，有连贯性，不能断断续续。

（3）拿取的部位要准，指端要相对用力提拿，带有揉捏动作，用力由轻到重，再由重到轻，不可突然用力。

（4）拿后需配合揉摩，以缓解刺激引起的不适。注意拿捏时间不宜过长，次数不宜过多。

（二）技术应用

拿法主要用于颈项部、肩背部及四肢部，有舒筋活络、解表发汗、镇静止痛、开窍提神的功效。拿法刺激较强，经常与其他手法配合应用，调理头痛、项强、四肢关节肌肉酸痛、落枕、软组织损伤、肩周炎、半身不遂、骨化性肌炎、运动性疲劳、腹痛。例如：颈椎病，提拿颈后、颈两侧及肩部的肌肉；肩周炎早期，宜采用轻手法，可用提捏拿肩周肌肉；肩周炎慢性粘连期或中末期，用提捏拿揉等手法放松三角肌、胸肌、冈上肌、冈下肌、斜方肌、大小圆肌等肩周肌肉；失眠，拿五经、拿风池、拿肩井。

（1）三指拿法（图 3-1-36）：以拇指与食指、中指两指指面为着力部，多用于颈项、肩部及肩、肘、腕、膝、踝等关节部。

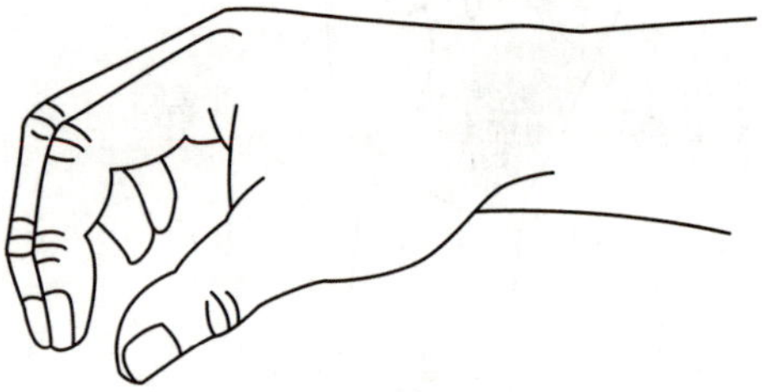

图 3-1-36 三指拿法

（2）四指拿法（图 3-1-37）：以拇指与食指、中指、无名指三指面为着力部，多用于上臂、大腿部及小腿后侧部。

（3）五指拿法（图 3-1-38）：以拇指与其余四指指面为着力部，多用于腰、腹、胁肋部及头部。

拿法在应用中经常作为调理的开始手法，并多与揉法结合使用，组成拿揉的复合手法。在具体应用时，其用力的大小因人、因病而定，同时还要随时观察老年人的反应，以防意外。

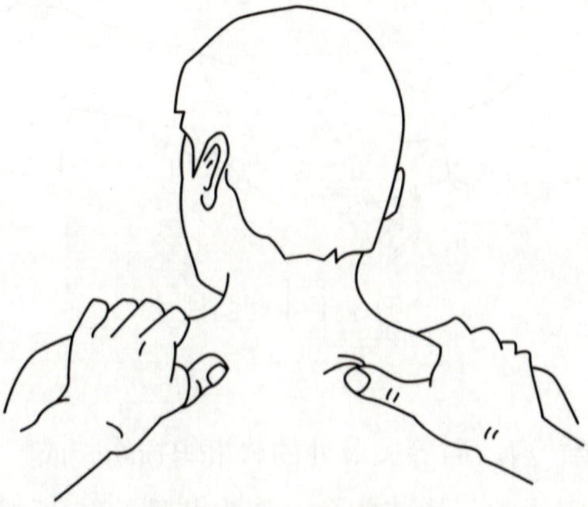

图 3-1-37　四指拿法

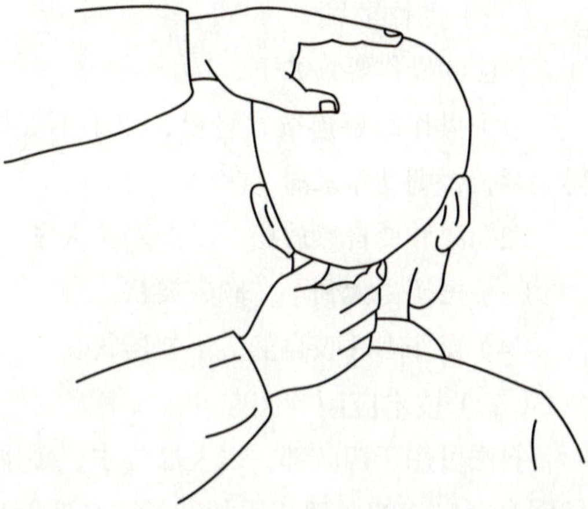

图 3-1-38　五指拿法

十、捏法

捏法（图 3-1-39）是用拇指和食指、中指两指相对，夹提皮肤，双手交替向前捻搓的手法，具有调和阴阳、增补元气、健脾和胃、疏通经络、行气活血的作用。

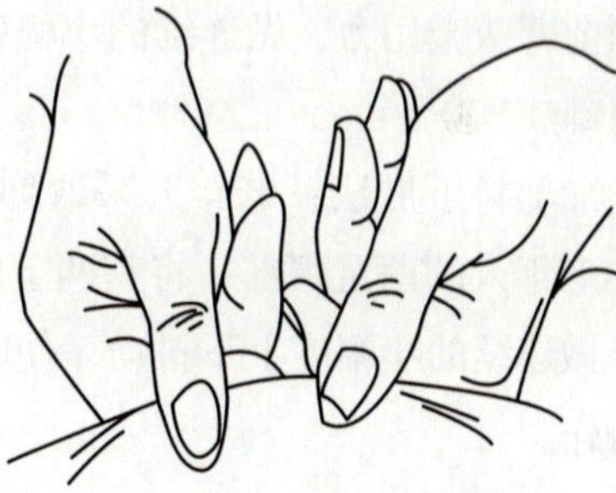

图 3-1-39　捏法

（一）操作要领

捏法的操作要领如下。

（1）捏动时以腕关节用力为主，指关节做连续不断、灵活、轻巧的挤捏，双手同时操作要协调。

（2）用力均匀柔和，动作连贯有节律性。捏法多用于脊椎部，故称之为“捏脊疗法”。应用时，有“捏三提一”的说法。提捏膀胱经有关穴位的方法是自尾椎至大椎穴止，捏脊 3～5 遍，并根据病情在有关穴位上进行提捏。

（3）两指相对不要拧转，不要抠掐。

（二）技术应用

捏法多用于脊椎部、背部膀胱经、督脉，具有调和阴阳、增补元气、健脾和胃、疏通经络、行气活血、解除疲劳的作用，经常用于调理颈椎病、肩周炎、四肢酸痛、面瘫、肌肉劳损、风湿痹痛、腹胀痞满等病症。例如：颈椎病，用双手拇指或小鱼际置于颈后两侧；肩周炎早期，宜采用轻手法，可用提捏拿肩周肌肉；肿瘤，捏脊，增加免疫力。

十一、抖法

抖法（图 3-1-40）是指用双手或单手握住患肢远端，做小幅度的上下连续颤动，使关节产生松动感的手法。

（一）操作要领

抖法的操作要领如下。

（1）操作时要连续、轻松，双手不要握得太紧，否则动作呆滞。

（2）患肢要自然放松，不要牵拉太紧。

（3）振幅由大到小，频率要快。

（4）操作者呼吸自然，不要屏气。

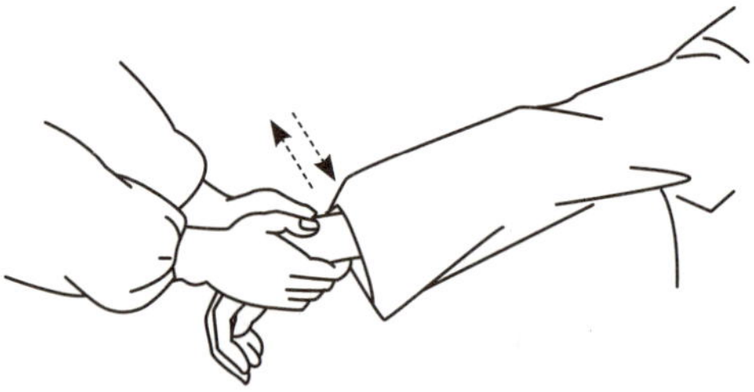

图 3-1-40　抖法

（二）技术应用

抖法可用于四肢部，以上肢为主，多用于腰、肩、肘等关节处的软组织损伤，或腰椎间盘突出症的调理与康复。抖法在实际应用中经常与搓法配合，作为调理的结束手法，如肩周炎和颈椎病用抖法以结束，调理作用与搓法相同。

（1）抖上肢法：老年人采取坐位或站立位，肩臂部放松。操作者站在其前外侧，身体略为前俯，用双手握住其腕部，慢慢地将被抖动的上肢向前外方抬起至 60° 左右，然后两前臂微微用力，做连续的小幅度上下抖动，使抖动所产生的抖动波如波浪般地传递到肩部。

（2）抖下肢法：老年人采取仰卧位，下肢放松。操作者站在其足端，用双手分别握住老年人的两足踝部，将其两下肢抬起，离开床面 30cm 左右，然后上、前臂同时施力，做连续的小幅度上下抖动，使其下肢及髋部有松动感。两下肢可同时操作，也可单侧操作。

十二、拍法

拍法（图 3-1-41）是指操作者用拇指指腹或手掌腹面着力，五指自然并拢，掌指关节微屈，使掌心空虚，然后以虚掌做节律地拍击调理部位。拍法可分为指拍法、指背拍法和掌拍法三种类型。

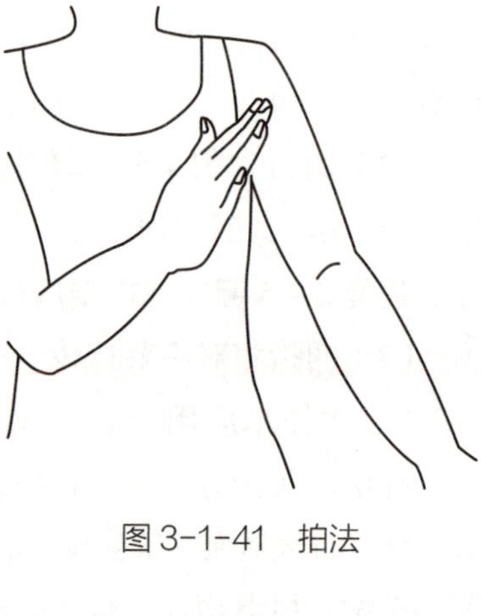

图 3-1-41　拍法

（一）操作要领

拍法的操作要领如下。

（1）指实掌虚，利用气体的振荡，虚实结合，要做到拍击声，声声清脆而不使老年人感到疼痛。

（2）拍法要以腕力为主，灵活自如。

（3）一般拍打 3 ~ 5 次即可，对肌肤感觉迟钝麻木者，可拍打至表皮微红充血为度。

（二）技术应用

拍法适用于肩背、腰骶、股外侧、小腿外侧等部位，有行气活血、舒筋活络功效，主治风湿酸痛、肢体麻木、肌肉痉挛等病症。拍法为调理各种疾病的辅助手法，也用于保健放松。例如：颈椎病，操作者握拳或用空心掌拍打、叩击项背部和肩胛部。拍法配合其他手法调理，具有舒筋活络、行气活血的作用。在后面的综合应用环节将重点介绍此法。

十三、摇法

摇法（图 3-1-42）是使关节产生被动性的环形运动的一种手法。根据部位不同，摇法又分为头颈部摇法、肩关节摇法、髋关节摇法、踝关节摇法、腰椎摇法、肘关节摇法、腕关节摇法、膝关节摇法等。摇法适用于四肢、颈部及腰关节，具有舒筋活络、通利关节、解除粘连的作用。

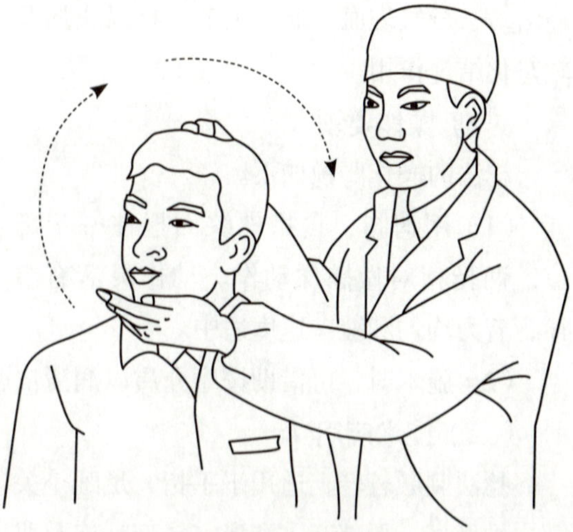

图 3-1-42　摇法

（一）操作要领

常见摇法的操作要领如下。

（1）托肘摇肩法：操作者一手扶住患肢肩关节上方，一手托住肘部，沿顺时针方向或逆时针方向环转摇动肩关节。

（2）握手摇肩法：操作者一手扶住患肢肩关节上方，另一手握住老年人的手，沿顺时针方向或逆时针方向环转摇动肩关节。

（3）握腕摇肩法：操作者一手扶住患肢肩关节上方，另一手握住腕关节上方，在拔伸牵引下按“前下—前上—后上—后下方”的顺序大幅度环转摇动肩关节。

（4）头颈部摇法：老年人采取坐位，操作者立于一侧，一手扶住老年人的头顶，另一手托其下颌，双手相对用力做同一方向的环形运动，使老年人的头颈得以环转摇动。

（5）肩关节摇法：老年人采取坐位，操作者一手扶住老年人的肩部，另一手托握住老年人的腕部或肘部，然后摇动肩关节，使之做顺时针方向或逆时针方向旋转运动。

（6）髋关节摇法：老年人采取仰卧位，操作者一手握老年人的踝部，另一手扶按在老年人的膝部，使老年人屈膝屈髋，此时操作者双手协调动作，使髋关节做环形运动。

（7）踝关节摇法：老年人采取仰卧位，操作者一手托住老年人的足跟，另一手握住老年人的踝趾关节处，使踝关节做顺时针方向或逆时针方向环转运动。

（二）技术应用

摇法主要适用于四肢关节、颈项、腰部等，具有滑利关节、舒筋活络、预防和解除粘连、改善关节运动功能等作用，经常用于颈椎病、落枕、肩周炎、四肢关节扭挫伤等各关节疼痛、屈伸不利等病症。例如：肩周炎和颈椎病，操作者用摇法帮助老年人做外展、上举、内收、前屈、后伸等动作；退行性膝关节炎，用摇法松解。

十四、捻法

捻法（图 3-1-43）是用拇指和食指指腹相对夹住一定部位的皮肉肌筋或关节部位，

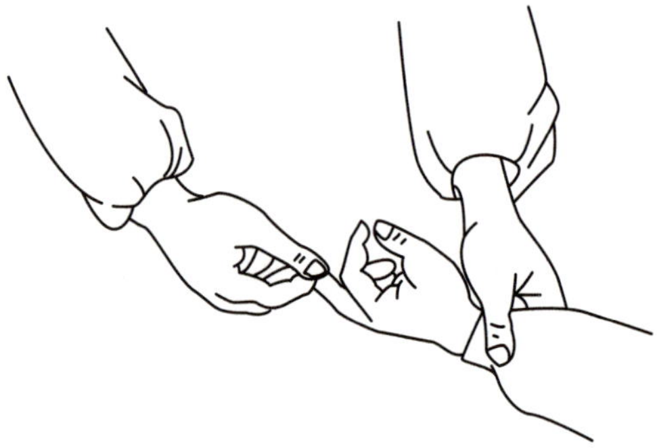
图 3-1-43 捻法

以两指的合力对称搓揉捻动，上下往返，捻而滑动的一种手法。捻法具有疏通皮部、通经活络、行气理血、通利关节、祛风止痛及软坚化结等作用。

（一）操作要领

捻法的操作要领如下。

（1）用拇指、食指螺纹面捏住一定部位，两指相对做搓揉动作。动作灵活有节律，着力均匀和缓，速度适中。

（2）施术时，可借助按摩介质以润滑皮肤，避免损伤。

（二）技术应用

捻法刺激较轻，适用于手指、足趾小关节及浅表肌肤处，可用于调理关节损伤、局部皮神经炎、局部麻木酸痛、局部粘连及肌肉萎缩等。

十五、弹拨法

弹拨法（图 3-1-44）是用拇指深按需要调理的部位，做如弹拨琴弦似的往返拨动的一种方法。弹拨法是解除软组织粘连的主要手法之一，多用于肩部、腰部、肘部、臀部等部位。

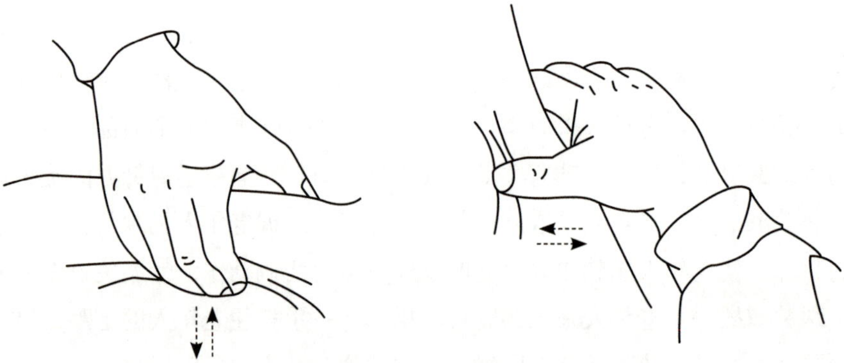
图 3-1-44 弹拨法

（一）操作要领

弹拨法的操作要领如下。

（1）操作时，老年人采取坐位或卧位，操作者将精神集中于拇指指端，用指端着力插入肌筋缝隙之间或肌筋的起止点，由轻而重、由慢而快地弹而拨之，如弹琴拨弦，一弹一放，反复施用。

（2）拇指深按的程度：一般要深按至所需调理的肌肉、肌腱或韧带组织，待出现有酸胀、疼痛的指感后，再做与上述组织呈垂直方向的往返拨动。若单手拇指指力不足时，可以双手拇指重叠进行弹拨。

（3）弹拨法对深部组织刺激较强，使用此手法后，应在局部施加轻快的揉摩手法，以缓解疼痛反应。

（二）技术应用

弹拨法适用于慢性软组织损伤及痛症、关节屈伸不利等病症。例如：落枕，可在压痛点处施以弹拨法，并辅以颈部屈伸、旋转、侧屈等被动运动；网球肘炎，除局部手法调理后，可在压痛点肌腱处施以弹拨法。

思考与练习

1．推法、揉法、滚法、扫散法、摩法、擦法、搓法、按法、拿法、捏法、抖法、拍法、摇法、捻法、弹拨法的定义分别是什么？

2．推法、揉法、滚法、扫散法、摩法、擦法、搓法、按法、拿法、捏法、抖法、拍法、摇法、捻法、弹拨法的操作要领分别包括哪些？

3．请说一说每种推法、揉法、滚法、扫散法、摩法、擦法、搓法、按法、拿法、捏法、拍法、摇法、捻法分别适用于哪些部位。

4．揉法与摩法有哪些异同点？

5．请简述抖上肢法和抖下肢法的具体操作方法。

6．请说一说弹拨法适用于哪些病症。

任务三　推拿疗法的综合应用

推拿疗法是提高老年人身体健康水平的重要方式之一。现结合老年人实际，主要介绍以下几种日常推拿按摩手法的综合技术应用。

一、老年人头面部按摩技术

（一）功能介绍

中医认为“头为诸阳之会，面为五脏之华”，经常按摩头部的腧穴有利于头皮的经络疏通与血液循环，有效缓解精神压力大、失眠、高血压、头痛、头晕等症状。

（二）操作要领

老年人头面部按摩技术的操作要领如下。

（1）施术前，操作者应剪修指甲，将手洗干净，避免损伤皮肤。

（2）老年人采取仰卧位，面部朝上；操作者采取端坐位。

（3）操作手法应均匀、持续、柔和、有力；要有悬劲，不可硬压、死按，以防推破皮肤。

（4）操作中，要随时遮盖不需要暴露的部位，防止受凉。

（三）操作步骤

步骤 1：四指并拢，双手指腹分别整齐地排列在头两侧，双手拇指从眉心中线沿眉弓向两侧推按 6 次，由攒竹穴开始轻轻地往两侧按压，一直到达鱼腰穴和丝竹空穴，重复 6 次。

“提示”穴位：攒竹穴、鱼腰穴、丝竹空穴（图 3–1–45）。

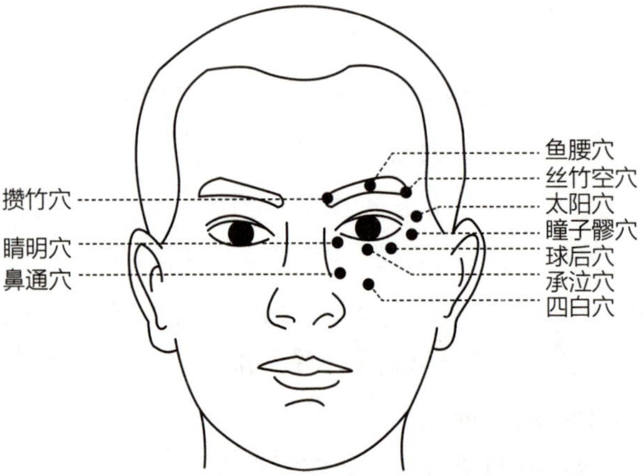

图 3-1-45　攒竹穴、鱼腰穴、丝竹空穴示意图

步骤 2：双手四指并拢，将指腹整齐地排列在头两侧，双手拇指从眉心开始，沿正中线一路推按至头部的神庭穴，推按 10 次。

“提示”穴位：神庭穴（图 3–1–46）。

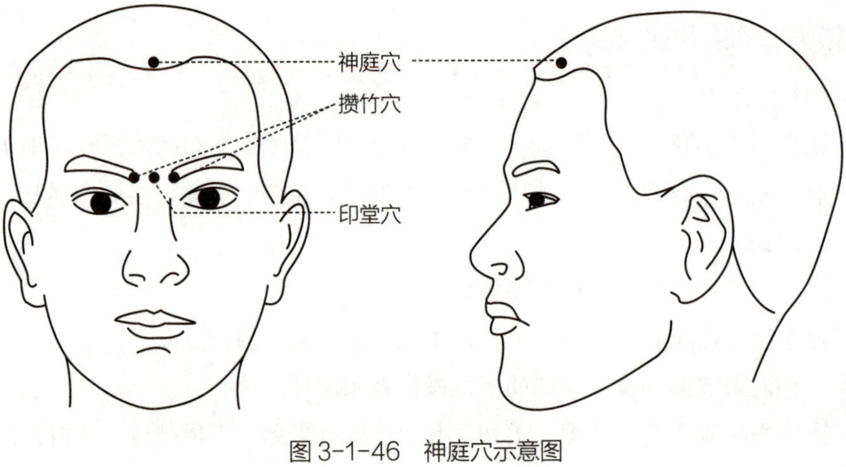

图 3-1-46　神庭穴示意图

步骤 3：手指合拢，中指按在太阳穴上，顺时针方向按揉 6 次，再逆时针方向按揉 6 次。如果受力较轻，可用双手大鱼际或小鱼际按揉。

“提示”穴位（部位）：太阳穴（图 3–1–47）、大鱼际或小鱼际（图 3–1–48）。

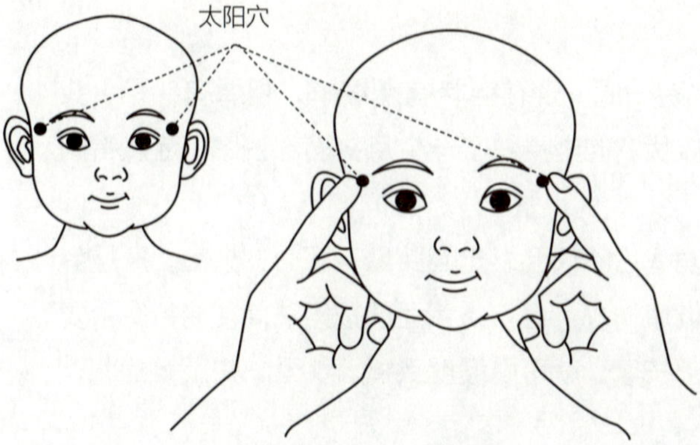

图 3-1-47　太阳穴示意图

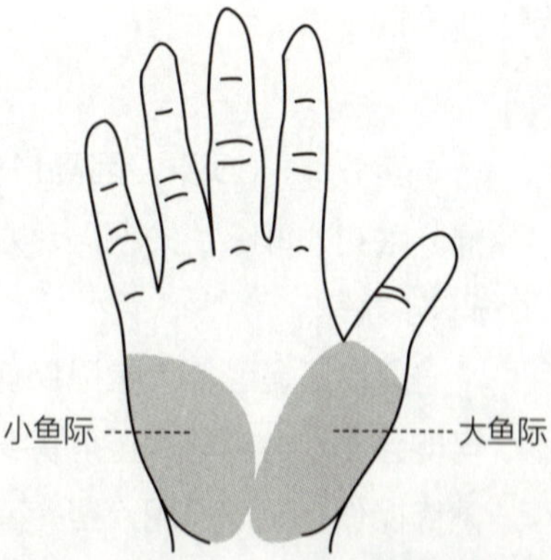

图 3-1-48　大、小鱼际部位示意图

步骤 4：双手四指并拢，将指腹放双侧脸颊，双手拇指从鼻根旁迎香穴开始向两侧推按 10 次。

“提示”穴位：迎香穴（图 3–1–49）。

步骤 5：用双手拇指指腹按揉百会穴、神聪穴，重复这个动作 15 次。

“提示”穴位：百会穴（图 3–1–50）、神聪穴（图 3–1–51）。

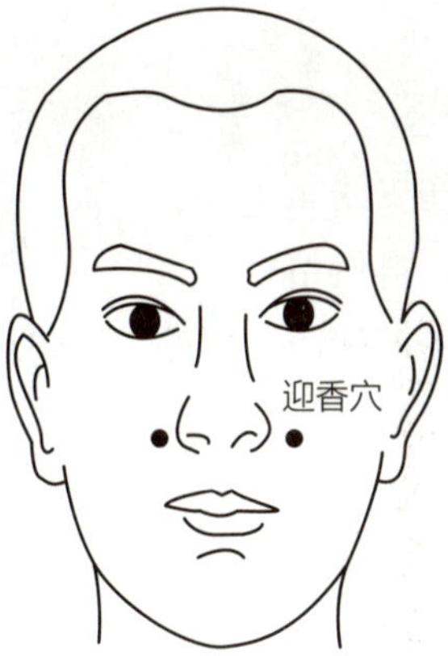

图 3-1-49　迎香穴示意图

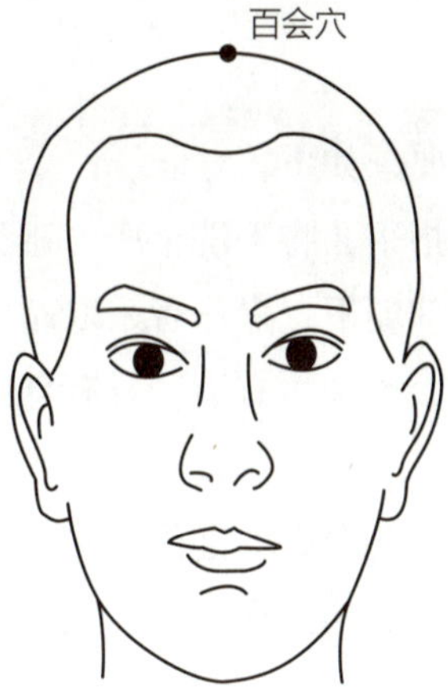

图 3-1-50　百会穴示意图

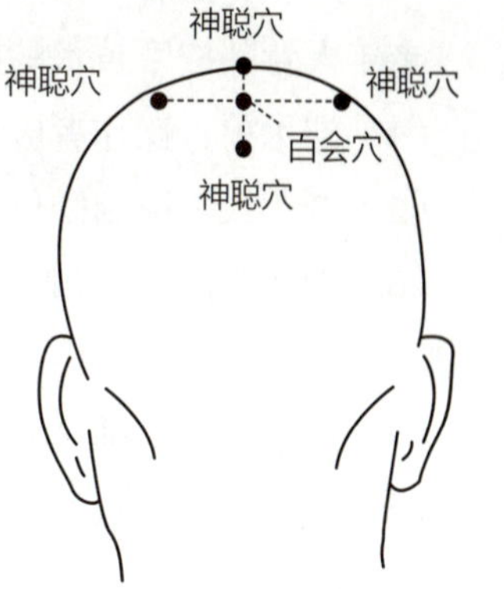

图 3-1-51　神聪穴示意图

（四）安全提示

在使用老年人头面部按摩技术时，应注意以下两点。

（1）老年人极度疲劳及空腹饥饿时，不宜推拿。

（2）有严重心 / 肝 / 肾病、结核病、出血性疾病、癌症、急性炎症及急性传染病者或皮肤破损部位、脊柱损伤严重者禁止按摩。

案例

李爷爷，65 岁，因高血压住院一周，现在症状有所缓解，但偶有头晕、头痛、眼花、耳鸣、失眠、乏力等症状。他坚持做了一个月头面部按摩，症状得到有效缓解。

高血压是老年人常见疾病，发病后不仅会感觉到头晕、恶心、想吐，严重者可能会出现瘫痪等严重危害身体健康情况。老年人头面部按摩法简便易行，只要熟练操作，灵活应用，坚持头面部按摩，就可以缓解头痛、头晕、失眠等症状，有益于老年人身体健康。

二、老年人背部按摩技术

（一）功能介绍

中医学认为：背为阳，腹为阴。人体背部的脊柱是主一身阳气的督脉所在。老年人背部的脊椎骨容易弯曲，而且背部在冬天很容易受寒，导致生病，因为背部紧贴着五脏六腑。老年人进行背部按摩，可达到疏风散寒、行气止痛、温补脾肾、通经活络的功效。此技术可以放松颈肩部肌肉，对缓解疲劳有很好的效果。此外，用轻柔的力量按摩背部还可以调理失眠。

（二）操作要领

老年人背部按摩技术的操作要领如下。

（1）施术前，操作者应剪修指甲，将手洗干净，避免损伤皮肤。

（2）老年人采取俯卧位，面部朝下；操作者采取站立位，自然站立。

（3）操作手法应均匀、持续、柔和、有力；要有悬劲，不可硬压、死按，以防推破皮肤。

（4）操作中，要随时遮盖不需要暴露的部位，防止受凉。

（5）背部按摩可选用滑石粉等常用的介质，起润滑、舒筋活血等作用。

（三）操作步骤

步骤 1：拿捏肩井（图 3-1-52）。以大拇指顶住肩井穴，其余四指扶于肩前，与大拇指相对用力，提拿起整个肩部肌肉，一拿一放地交替进行。

“提示”穴位：肩井穴（图 3-1-53）。

步骤 2：按揉腰背（图 3-1-54）。用手掌掌根或拳面放在老年人后背脊柱两侧肌肉

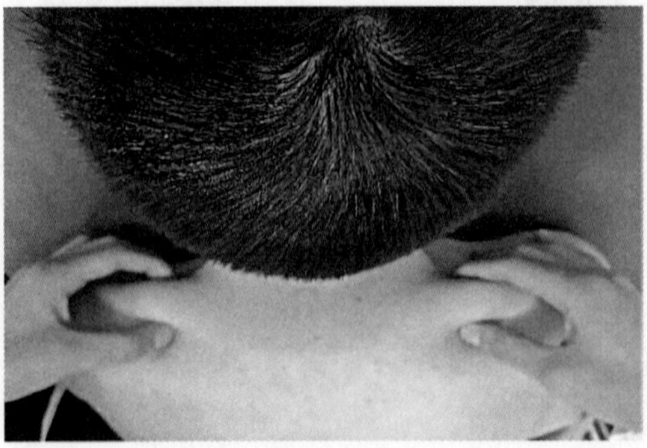
图 3-1-52　拿捏肩井

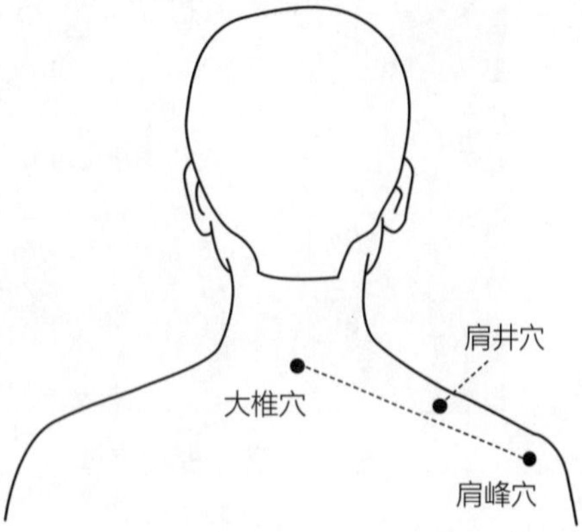

图 3-1-53　肩井穴示意图

上（先从左侧肌肉做起，再做右侧肌肉），做轻快、柔和的回旋运动。

注意，手要按住肌肉，施加一定压力，不要在皮肤上摩擦。在一固定点按揉数十秒后将手向下移一手掌宽，再重复此操作，直至按揉到臀部以上。

“提示”穴位：腰背穴位（图 3-1-55）。

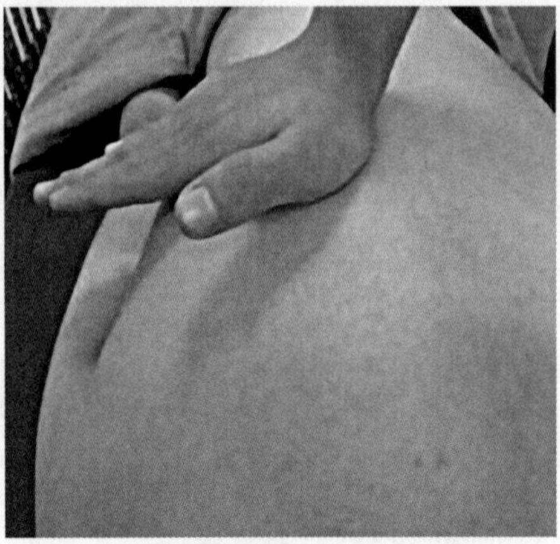
图 3-1-54　按揉腰背

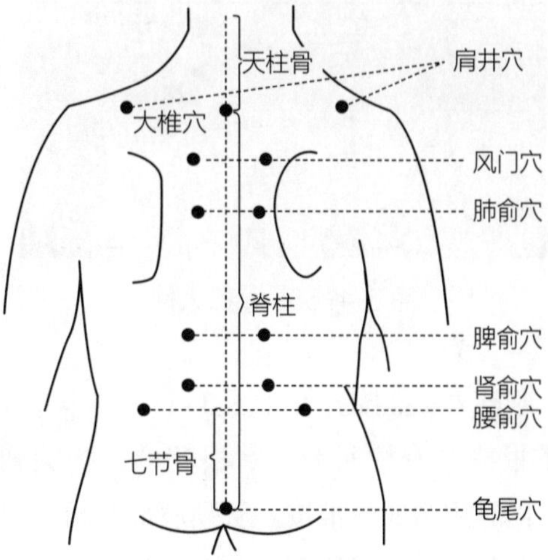

图 3-1-55　腰背穴位示意图

步骤 3：提捏夹脊（图 3-1-56）。用单手或双手的拇指与食指相对，将脊柱旁边的一条形肌肉用力提起，边移边提，边提边拿，先自上而下（从颈部以下做到臀部以上），再自下而上（从臂部以上做到颈部以下）操作。上下反复操作两遍。操作中注意对称提捏，不宜用力抓拧。

步骤 4：点按背俞（图 3-1-57）。将双手拇指指端放在大椎穴左右各旁开一横指的地方，用一定的力量点按并持续数秒钟，下移 1cm 左右的距离再点按，如此操作直至臀部以上。如果遇到疼痛敏感的部位，可以适当加长按压时间，疼痛点提示可能身体有某些不适，通过点按可以部分缓解这些不适。

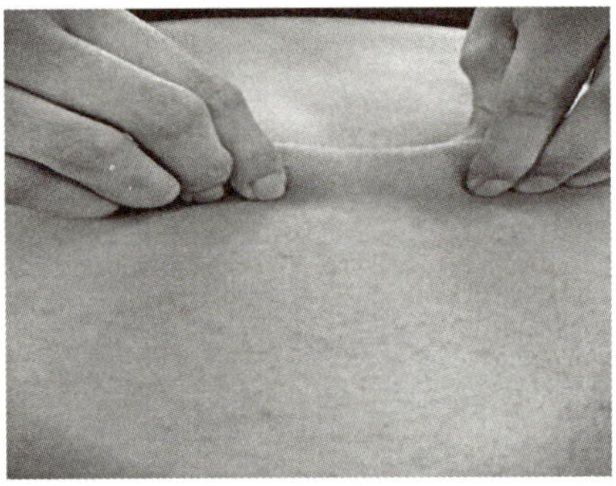

图 3-1-56　提捏夹脊

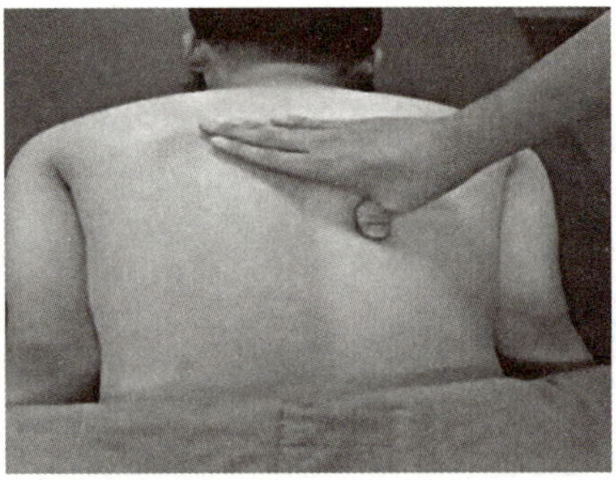

图 3-1-57　点按背俞

步骤 5：摩擦大椎（图 3-1-58）。用手掌放在大椎穴上反复摩擦（可左右手交替进行）20 ~ 30 次。此操作可以消除颈肩部肌肉疲劳，疏风散寒，预防感冒。

"提示"穴位：大椎穴（图 3-1-59）。

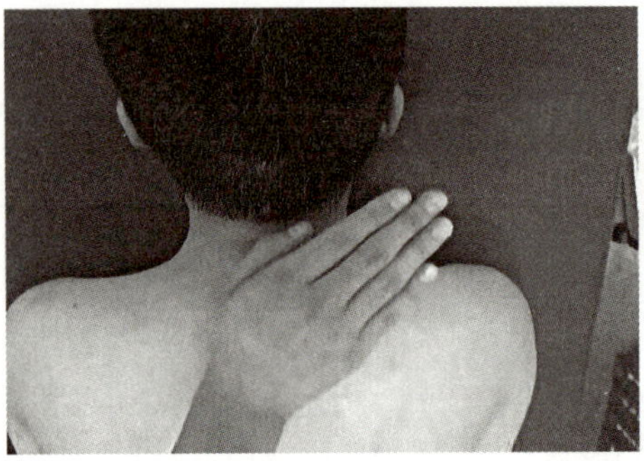

图 3-1-58　摩擦大椎

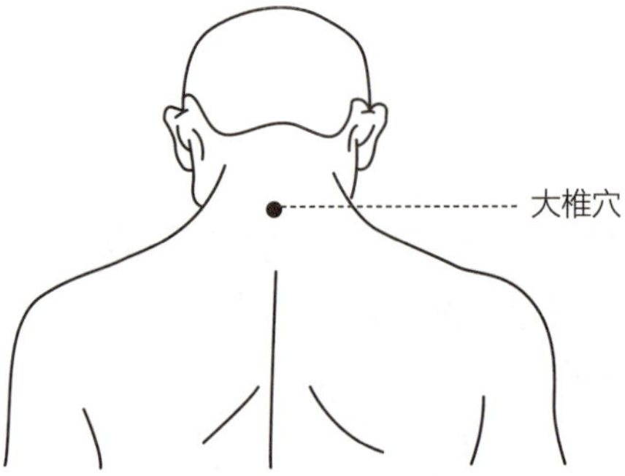

图 3-1-59　大椎穴示意图

步骤 6：推按脊背（图 3-1-60）。将双手掌根放在脊柱两旁，掌根朝内，指尖朝外，同时用力向外推按。从颈肩部开始，推至肩关节再回到脊柱两侧，在刚才出发点向下一点的位置开始重复上述操作，从背部一直操作到腰部。

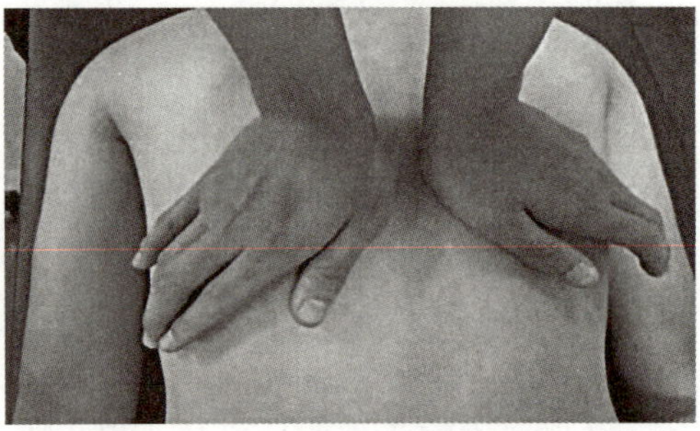

图 3-1-60　推按脊背

（四）安全提示

在使用老年人背部按摩技术时，应注意以下两点。

（1）老年人极度疲劳及空腹饥饿时，不宜推拿。

（2）有严重心 / 肝 / 肾病、结核病、出血性疾病、癌症、急性炎症及急性传染病者或皮肤破损部位、脊柱损伤严重者禁止按摩。

案例

张爷爷，70岁，是一位退休的体育教师，因长期运动、弯腰工作患有“腰肌劳损”，伴有失眠等症状。他退休后坚持做了3个月背部按摩，症状得到明显缓解。

腰酸背痛是老年人常见症状，经常按摩背部，能够促进血液循环，舒筋活络，从而达到预防疾病和保健的效果，可调节高血压，延长寿命。

三、老年人自我按摩技术——拍法

（一）功能介绍

中医认为：人有八虚，肺心有邪，其气留于两肘；肝有邪，其气流于两腋；脾有邪，其气留于两髀；肾有邪，其气留于两腘。

拍法就是用虚掌拍打体表某部位或穴位。拍法具有舒筋活络、行气活血、缓解痉挛、消除疲乏的作用，多用于肩背、腰臀及下肢部等。

（二）操作要领

老年人自我按摩技术——拍法的操作要领如下。

（1）施术前，老年人应剪修指甲，将手洗干净，避免损伤皮肤。

（2）老年人采取端坐位或站立位。

（3）操作时，手指自然并拢，手指关节微屈成虚掌，平稳、有节奏地拍打，拍到局部皮肤轻微充血为度。操作手法应均匀、持续、柔和、有力。

（三）操作步骤

步骤1：拍打腋窝。腋窝处的顶点上有个穴位称为极泉穴，经常按摩此穴可以宽胸宁神、调和气血。

按摩方法：左手上举，用右手手掌拍打左腋下，再上举右手，用左手手掌拍打右腋下，每遍拍打30～50次，反复操作5遍。

“提示”穴位：极泉穴（图3-1-61）。

步骤2：拍打腘窝。腘窝是膝后区的菱形凹槽，有个很重要的穴位称为委中穴。经常拍打委中穴有行气活血、缓解痉挛的功效，对常见的坐骨神经痛、小腿疲劳、脖子酸痛、臀部疼痛等疼痛性疾病有良好作用。

按摩方法：老年人采取坐位，自己用两手虚掌着力，连续拍打两侧腘窝。

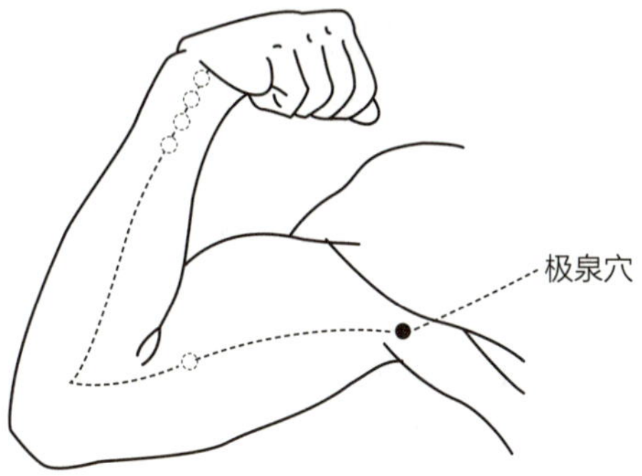

图3-1-61　极泉穴示意图

“提示”穴位：委中穴（图 3-1-62）。

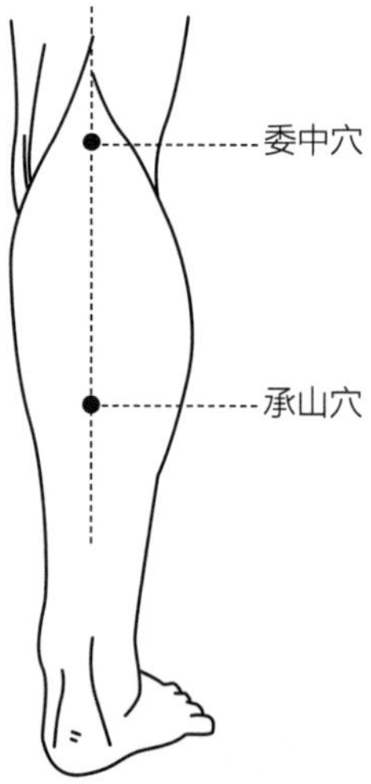

图 3-1-62　委中穴示意图

步骤 3：拍打肚脐。肚脐名为神阙穴，它内联十二经脉，被医家视为治病要穴。经常拍打肚脐可起到安神宁心、舒肝利胆、调和气血、通利三焦的作用。

按摩方法：老年人采取站立位，用左右手虚掌着力，以前臂发力，连续不断地轻轻拍打肚脐 100 次。

“提示”穴位：神阙穴（图 3-1-63）。

步骤 4：拍打肘窝（图 3-1-64）。肘窝是肘关节前方的一个三角形的凹陷，它是经络非常密集的地方，经常按揉肘窝可起到行气活血、散瘀祛毒的作用。

按摩方法：老年人采取站立位，一侧上肢伸直，肘窝向上，用另外一只手虚掌着力，两侧交替拍打各 100 次。

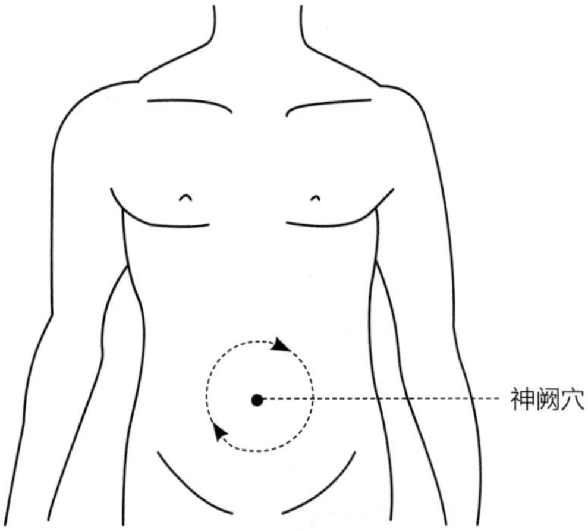

图 3-1-63　神阙穴

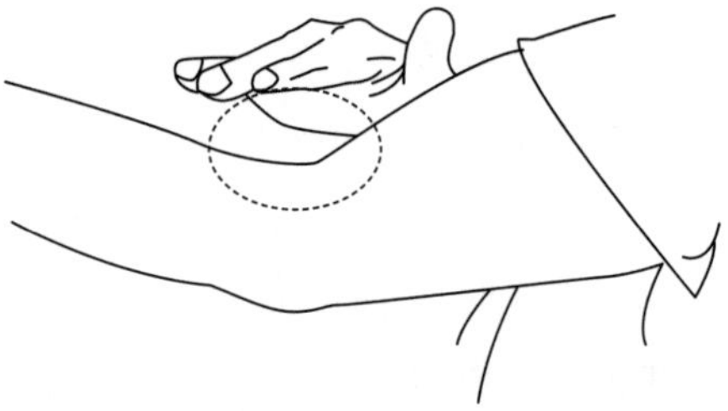
图 3-1-64　拍打肘窝

步骤 5：拍打腰骶窝。腰骶窝，俗称“腰眼”，是人体腰骶部的一个凹陷。人随着年龄的增长，很容易会因腰骶部的劳损而出现腰疼症状。经常按摩腰骶部有疏松筋骨、消除疲劳的效果。

按摩方法：老年人采取站立位，上身略前俯，用左右手虚掌着力，连续拍打腰骶部 5 ~ 10 次。

“提示”穴位：腰眼穴（图 3-1-65）。

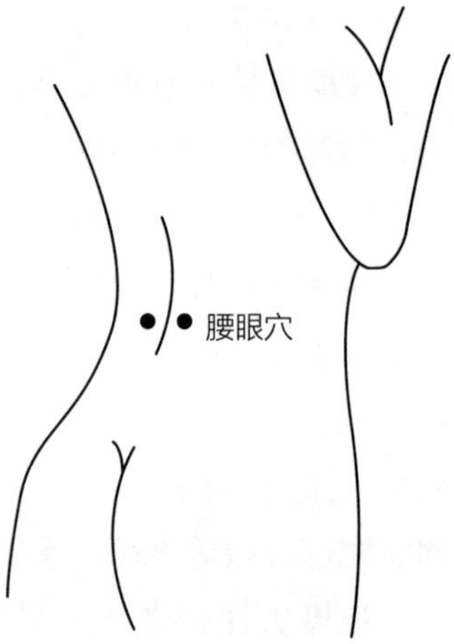

图 3-1-65　腰眼穴示意图

（四）安全提示

老年人在使用拍法进行自我按摩时，应注意以下四点。

（1）老年人极度疲劳及空腹饥饿时，不宜推拿。

（2）有严重心 / 肝 / 肾病、结核病、出血性疾病、癌症、急性炎症及急性传染病者或皮肤破损部位、脊柱损伤严重者禁止按摩。

（3）按摩时，力量要适度、频率要缓慢、手法要轻柔，以补法为主，方向以自然顺畅为好。

（4）老年人自我按摩时，频率以每天一次为宜，每次不超过 30 分钟。

案例

王爷爷，68 岁，是一位退休的工人，有冠心病病史，经常出现胸闷、胸痛、乏力、呼吸困难等，伴有出汗、恶心、呕吐等症状。他每天坚持 1 小时自我拍法练习，症状基本消除，精神状况明显好转。

把按摩手法融入家庭，方法简单，很容易掌握，也可节省按摩费用。长期按摩身体五大重点部位，既是治病保健的方法，又是科学养生的方法。长期按摩，会让老年人身心轻松，脏腑受益，从而达到延年益寿的效果。

四、老年人腹部按摩技术

（一）功能介绍

中医认为：腹部为“五脏六腑之宫城，阴阳气血之发源”。脾胃为人体后天之本，腹部按摩可起到加强排泄，防止和消除便秘，促进脂肪的吸收，起到减肥效果；对患有动脉硬化、高血压、脑血管疾病的人，能平肝火、心平气和、血脉流通，可起到良好的调理作用。

（二）操作要领

老年人腹部按摩技术的操作要领如下。

（1）施术前，操作者应剪修指甲，将手洗干净，避免损伤皮肤。

（2）老年人采取仰卧位，面部朝上；操作者采取站立位或端坐位。

（3）操作手法应均匀、持续、柔和、有力；要有悬劲，不可硬压、死按，以防推破皮肤。

（4）施术前，应要求老年人排空小便，操作中要随时遮盖不需要暴露的部位，防止受凉。

（三）操作步骤

步骤 1：摩中（图 3–1–66）。右手掌放于脐上 4 寸处，左手重叠于右手背，顺时针方向摩 50 ~ 100 次，以腹部温热为宜。

步骤 2：揉气海、关元（图 3–1–67）。右手掌心紧贴于脐下 1 寸半处气海穴，左手放于右手掌背，做顺时针方向揉动，再摸关元穴按揉，以小腹部发热为宜。

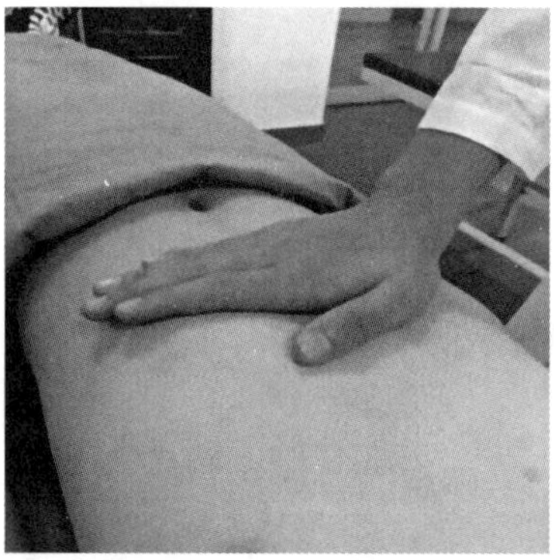

图 3-1-66　摩中

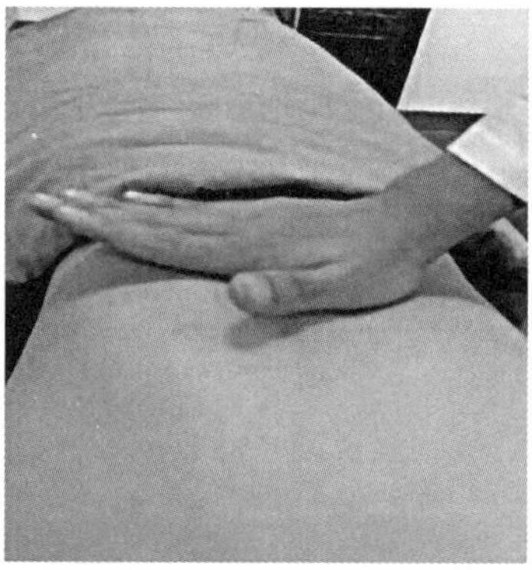

图 3-1-67　揉气海、关元

步骤 3：揉腹（图 3-1-68）。一只手掌心贴脐部，另一只手按手背，做轻快、柔和的揉动，每次 2 分钟。

步骤 4：擦两胁（图 3-1-69）。两手大鱼际紧贴两侧胁部，做前后往返擦动，快速有力，以透热为度。

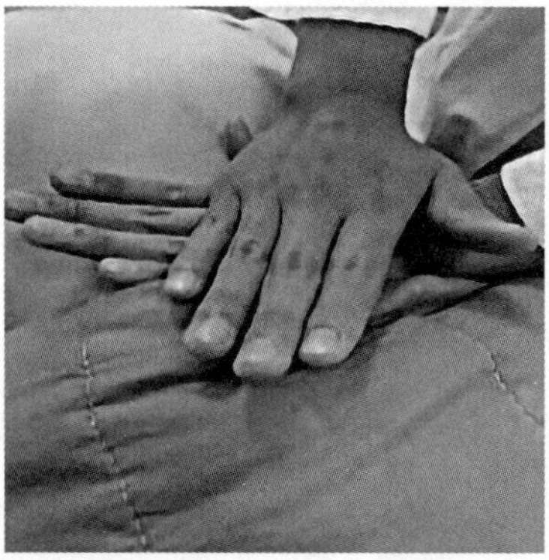

图 3-1-68　揉腹

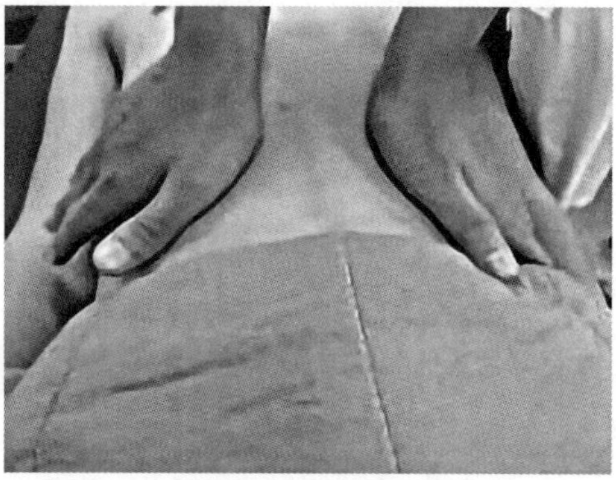

图 3-1-69　擦两胁

步骤 5：擦少腹（图 3-1-70）。两手小鱼际紧贴两侧天枢穴附近，做上下往返擦动，以透热为度。

步骤 6：揉天枢（图 3-1-71）。两手中指指腹按于两侧天枢穴，按揉 20 ~ 30 次。

（四）安全提示

在使用老年人腹部按摩技术时，应注意以下三点。

（1）老年人极度疲劳及空腹饥饿时，不宜推拿。

（2）皮肤有化脓性感染，腹部有肠炎、痢疾、阑尾炎等急性炎症，腹部有癌症，不宜按揉。

（3）出现腹内温热感、饥饿感，或产生肠鸣音、排气等，也属于正常反应，不必担心。

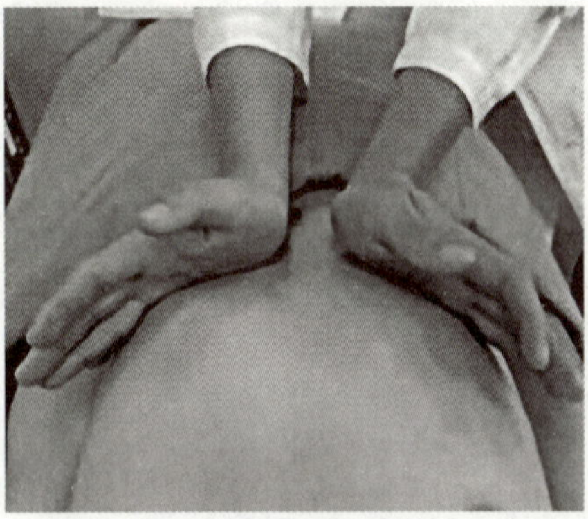

图 3-1-70　擦少腹

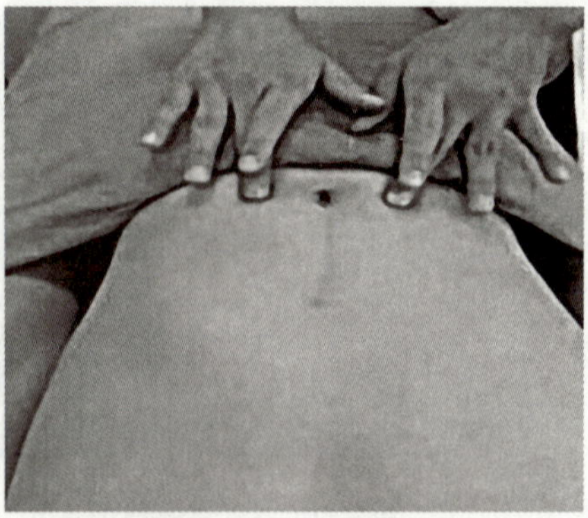

图 3-1-71　揉天枢

案例

周爷爷，66 岁，是一位退休干部，有多年胃病史，曾做过“胃大部切除”手术，偶有腹胀、腹痛、食欲缺乏、嗳气、恶心、呕吐等症状。他老伴坚持每天为他做腹部按摩，症状明显好转。

脾胃为后天之本，是人体气机升降的枢纽，只有升清降浊，方能气化正常。腹部按摩方法简便易行，只要持之以恒，可以让老年人健康、长寿、快乐。

五、老年人腿部按摩技术

（一）功能介绍

最常见的老年人疾病即腿脚无力、关节疼痛等。老年人适当进行腿部按摩，可达到通经活络、祛邪扶正的目的，也可以缓解身体疼痛。

（二）操作要领

老年人腿部按摩技术的操作要领如下。

（1）施术前，老年人应剪修指甲，将手洗干净，避免损伤皮肤。

（2）操作手法应均匀、持续、柔和、有力；要有悬劲，不可硬压、死按，以防推破皮肤。

（三）操作步骤

步骤 1：按揉臀部（图 3-1-72）。老年人采取俯卧位，用拳背侧按揉臀肌 1 分钟，再用并拢的四指推揉臀肌 1 分钟，可防治臀肌损伤等病症。

步骤 2：拿捏大腿（图 3-1-73）。老年人采取坐位，脚尖踮起，大腿后部肌肉松弛，用同侧手大把拿捏，自下而上反复 3～5 遍，可解除大腿疲劳和防治腿痛。

步骤 3：抱揉膝关节（图 3-1-74）。老年人采取坐立位，将膝搭于另一大腿上，或

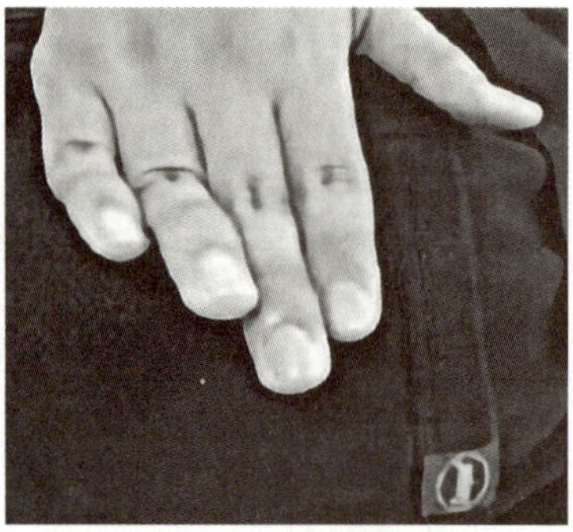

图 3-1-72　按揉臀部

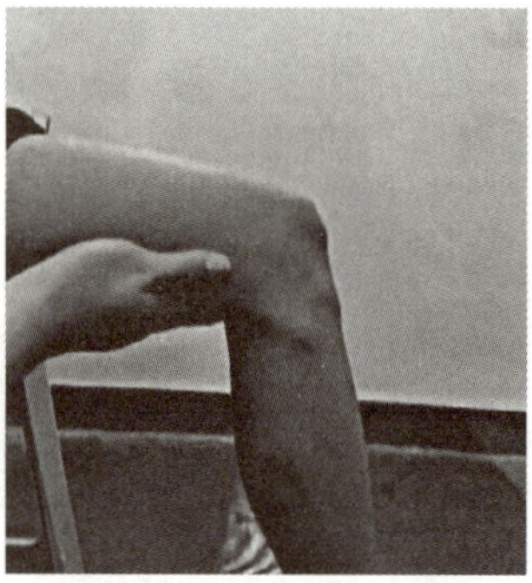

图 3-1-73　拿捏大腿

坐位屈膝，用双手掌抱揉膝关节 1 ~ 2 分钟，可防治膝痛。

步骤 4：拿捏小腿（图 3-1-75）。老年人采取坐位或卧位，一手扶膝，一手拿捏小腿后方的腓肠肌，自上而下、从轻到重拿捏 1 ~ 2 分钟，可解除小腿疲劳、增强腿力。

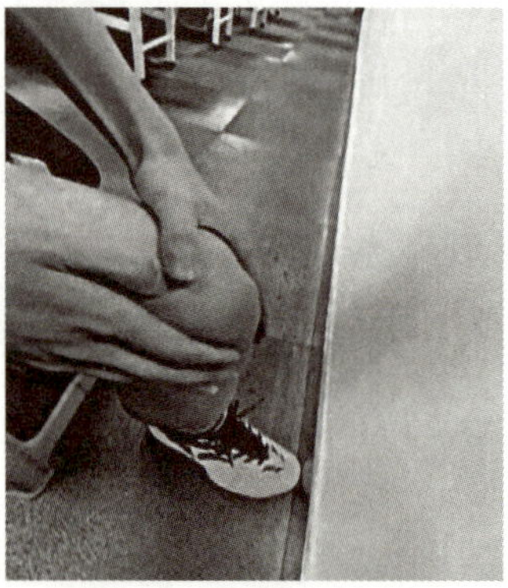

图 3-1-74　抱揉膝关节

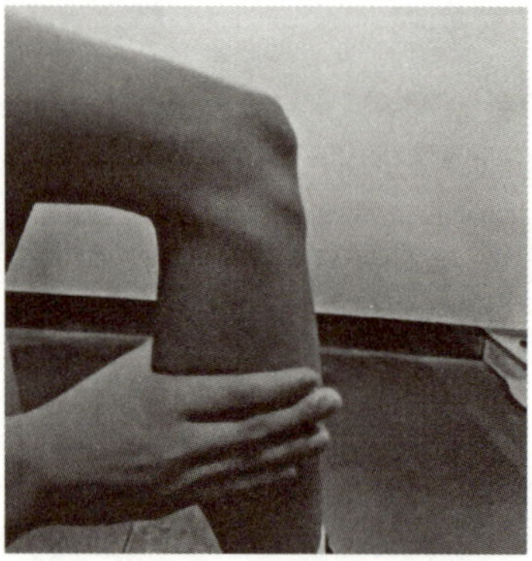

图 3-1-75　拿捏小腿

步骤 5：摩脚（图 3-1-76）。洗脚后，双手搓热，轻揉按摩双脚，也可局部按摩涌泉穴（足心）或太冲穴（一、二足趾关节后）或太溪穴（内踝高点与跟腱之间凹陷处），对头昏、失眠、厌食、面色晦暗、疲劳、高血压、便秘等有防治作用。

步骤 6：甩腿（图 3-1-77）。手扶物或扶墙，先向前甩动小腿，使脚尖向上翘起，然后向后甩动，使脚尖用力向后，脚面绷直，腿也尽量伸直。甩腿时，上身正直，两腿交换各甩数十次，可预防半身不遂、下肢萎缩无力及腿麻、小腿抽筋等。

（四）安全提示

老年人自己在做腿部按摩时，应注意以下三点。

（1）一般饭后 2 小时进行，老年人极度疲劳及空腹饥饿时，不宜推拿。

（2）有严重心 / 肝 / 肾病、结核病、出血性疾病、癌症、急性炎症及急性传染病者或皮肤破损部位、脊柱损伤严重者禁止按摩。

（3）力量不宜太重，轻柔舒服为主，按摩时间一般为 5 ~ 10 分钟。

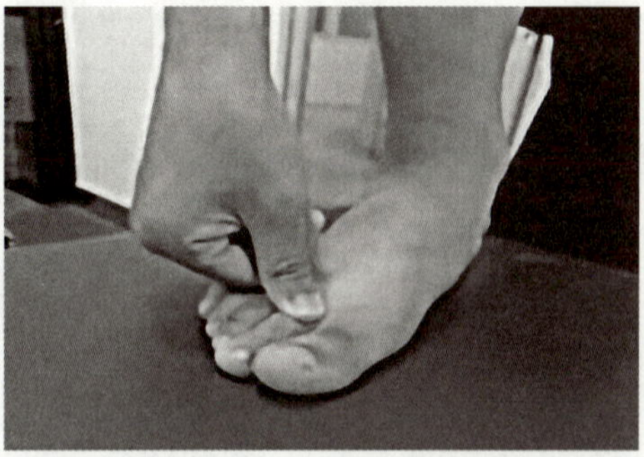

图 3-1-76　摩脚

图 3-1-77　甩腿

案例

高奶奶，65 岁，是一位退休的航运工人，有“老寒腿”病史，经常有下肢肌肉酸痛、肢体麻木等不适。近两年，她坚持每天做腿部按摩，症状基本消除，精神状态明显好转。

很多人上班忙于工作，退休后才关注自己的健康，越来越重视自己的腿部保健。社会上腿部按摩也越来越变得热门，老年人经常按摩腿部，可以起到通经活络、缓解身体疼痛的功效。

六、老年人耳部按摩技术

先分别在耳朵前后以及耳廓等部位涂抹适量的润滑油，增加按摩效果。

用拇指与食指的指腹相对，按揉耳屏前的听宫、听会、耳门 3 个穴位（图 3-1-78），进行点压式的按揉、提捏。

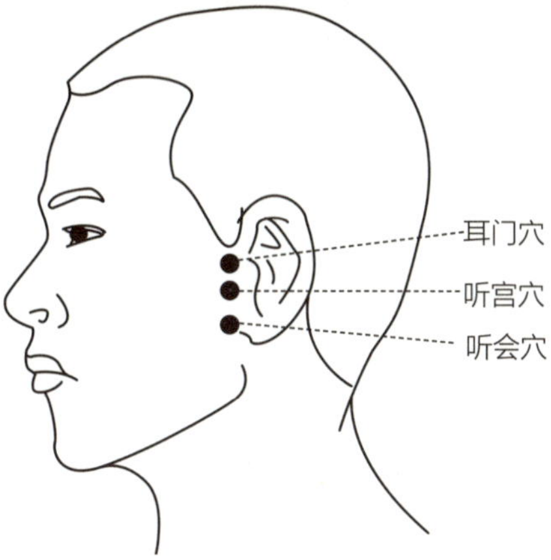

图 3-1-78　耳门穴、听宫穴、听会穴示意图

用同样的方法按揉耳廓，由上向下至耳垂部位，反复按揉60次左右。

画圆圈似地揉捏耳垂，以促进血液循环。

按摩结束，双手搓热，将手掌捂于耳朵处。耳部按摩有助于提高老年人的听力，改善耳鸣、耳聋的症状，每天可以操作2~3次。

案例

李爷爷，85岁，是一位退伍的军人，有“耳鸣”病史，伴有头晕、目眩等症状。近几年来，他坚持每天做耳部按摩，目前症状明显缓解。

老年人随着年龄增长，器官老化、意识衰减，特别是容易出现头部血脉流通减缓、耳部失聪等情况，坚持长时间按摩耳部，可改善、延缓、减轻一些功能性障碍和老化，使其增强生活信心、提高老年生活质量。

思考与练习

1. 老年人头面部按摩技术、老年人背部按摩技术、老年人自我按摩技术——拍法、老年人腹部按摩技术、老年人腿部按摩技术、老年人耳部按摩技术的操作要领分别包括哪些？

2. 请按照老年人头面部按摩技术、老年人背部按摩技术、老年人腹部按摩技术、老年人腿部按摩技术、老年人耳部按摩技术的操作步骤进行实操。

3. 请想一想，如何加强安全操作，增强关爱老年人的意识。

项目二　拔罐疗法

拔罐疗法（图3-2-1），是老年人日常康复调理的一种常用方法。随着医疗实践的不断发展，不仅罐的质料和拔罐的方法不断得到改进和发展，而且调理的范围也逐渐扩大，生活中人们常用抽气罐进行自我保健。

图3-2-1　拔罐疗法

任务一　拔罐疗法知识

一、概念

拔罐疗法，又称吸筒疗法、火罐气，古代称为“角法”，是指用燃火、抽气等方法使罐内的气压低于大气压，并使罐吸附于病痛部位、经穴处的体表，以调理疾病的方法。

二、功效与种类

（一）拔罐的作用原理及功效

拔罐的作用原理及功效如下。

（1）负压作用。中医学认为拔罐是一种良性刺激，使机体自我调整，产生行气活血、舒筋活络、消肿止痛、祛风除湿等功效，从而促进机体恢复平衡。

（2）温热作用。拔罐会对局部皮肤产生温热刺激，以火罐、水罐和药罐最为明显，从而起到温经散寒的功效。

（3）调节作用。拔罐的调节作用建立在负压作用或叠加温热作用的基础上，通过皮肤及血管感受器的反射途径传到中枢神经系统，发生反射性兴奋，调节了大脑皮层的兴奋与抑制过程，使之趋于平衡；同时加强了大脑皮层对身体各部分的调节功能。

（二）罐的种类

拔罐疗法具有通经活络、行气活血、消肿止痛、祛风散寒、散结拔毒、退热等作用，罐的种类很多，如竹罐、陶罐、玻璃罐和抽气罐等（图 3-2-2 至图 3-2-5）；生活中，抽气罐操作简便易行。

图 3-2-2 竹罐

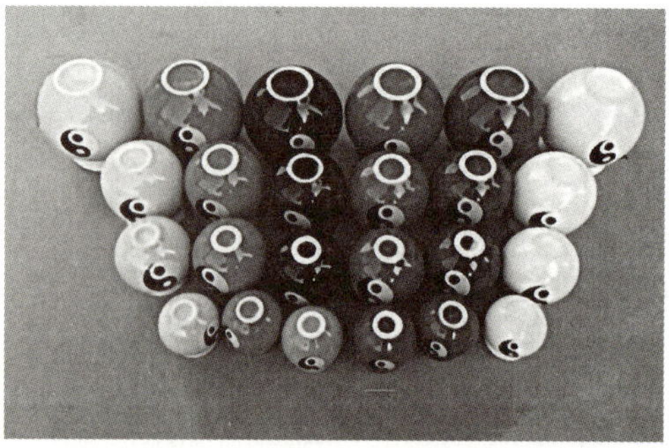

图 3-2-3 陶罐

图 3-2-4 玻璃罐

图 3-2-5 抽气罐

思考与练习

1. 拔罐疗法的定义是什么？
2. 拔罐疗法有哪些功效？
3. 罐的种类有哪些？

任务二 拔罐疗法技能

一、清洗消毒

按照“一人一用一清洗一消毒”的原则，防止交叉感染。

1. 手工清洗

罐具应在独立的区域手工清洗；应配备洗罐工具，如刷子、清洗液、滤水篮筐、浸泡桶等；应配备防水围裙、手套、护目镜等防护用品。

2. 消毒

手工清洗罐具后，需进行消毒。

（1）含氯消毒液消毒：清洗罐具后，将其完全浸泡于有效氯 500mg/L 的含氯消毒液中，加盖使其完全浸泡，浸泡时间大于 30 分钟，再用清水冲洗干净，干燥后保存备用。

（2）消毒剂消毒：清洗后完全浸泡于其他与含氯消毒液有同等作用且合法有效的消毒剂中，消毒后，再用清水冲洗干净，干燥后保存备用。

二、拔罐疗法的适应证及使用方法

拔罐疗法的适应证较广，多用于风湿痛、腰背肢体痛、胃痛、头痛、高血压、感冒、咳嗽、目赤肿痛、毒蛇咬伤以及丹毒等。

日常生活中，有以下几种拔罐方法。

（1）单罐法。此法适用于病变部位明确、范围局限，或有固定压痛点的病症，并根据病变范围大小选择口径适当的罐。例如：胃痛，拔中脘穴；牙痛，拔颊车穴；软组织损伤，拔阿是穴；虫蛇叮咬处，拔毒；疮痈部，排脓。

（2）多罐法。此法又称排罐法，指沿某一经脉或某一肌束的体表位置顺序成行排列吸拔多个罐具的方法，适用于病变范围广泛或选穴较多的病症。实际应用中，应根据病情与个人体质，在多个部位或多个穴位处拔罐。此法多用于神经肌肉疼痛、陈旧性组织损伤及气血瘀滞等病症。排罐间距要适当，疏密视病情与体质而定。

（3）留罐（图 3-2-6）。此法又称坐罐，即拔罐后将罐子吸附留置于施术部位 10 ~ 15 分钟，然后将罐起下。一般疾病均可应用此法，而且单罐、多罐皆可应用。

（4）走罐（图 3-2-7）。此法又称推罐，一般用于面积较大、肌肉厚的部位，如腰背部、大腿部等。可选用口径较大的玻璃火罐，罐口要平滑，先在罐口或欲拔罐部位涂一些凡士林油膏等润滑剂，再将罐拔住。然后，操作者用右手握住罐子，向上、下、左、右需要拔罐的部位往返推动，直至所拔部位的皮肤潮红、充血或瘀血时，将罐起下。

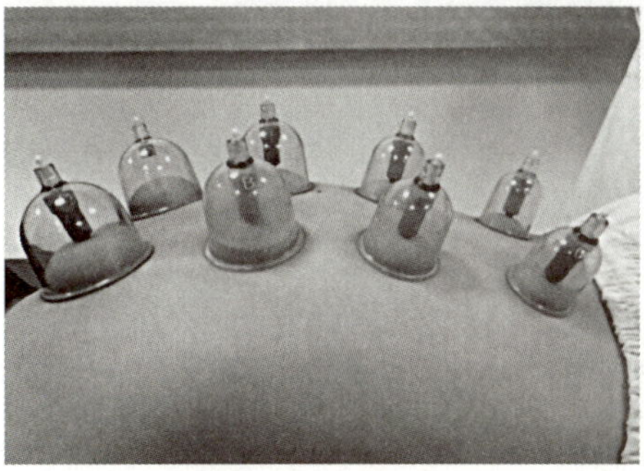

图 3-2-6　留罐

图 3-2-7　走罐

（5）闪罐（图 3-2-8）。采用闪火法将罐拔住后，又立即起下，再迅速拔住，如此反复多次地拔上起下，起下再拔，直至皮肤潮红为度。拔罐后，一般留罐 10 分钟左右，待局部皮肤充血，瘀血呈紫红色时即可取罐。取罐时，一只手扶罐身，另一只手的手指按压罐口的皮肤，使空气进入罐内，罐即可脱落，不可硬拉或拖动。

图 3-2-8 闪罐

温馨提示

（1）投火法：将酒精棉球或纸片点燃后，投入罐内，然后迅速将火罐罩在施术部位。此法适用于侧面横拔，否则会因燃烧物下落而烧伤皮肤。

（2）闪火法：用镊子或止血钳夹住燃烧的酒精棉球，在火罐内壁中段绕一圈后，迅速拿出，然后将罐罩在施术部位。此法较安全，不受体位限制，节约棉球。

（6）留针拔罐（图 3-2-9）。此法是将针刺和拔罐相结合应用的一种方法。即先针刺，待得气后留针，再以针为中心点将火罐拔上，留置 10 ~ 15 分钟，然后起罐拔针。

（7）刺血拔罐。此法又称刺络拔罐。即将应拔部位的皮肤消毒后，用三棱针点刺出血或用皮肤针叩打后再行拔罐，使之出血，以加强刺血的作用。一般行针后拔罐留置 10 ~ 15 分钟。

（8）药罐（图 3-2-10）。先在抽气罐内盛贮一定的药液，一般为罐子的 1/2 左右，药物常用生姜、辣椒液、风湿酒等，或根据需要配制。然后按抽气罐操作法抽去空气，使罐吸附在皮肤上。

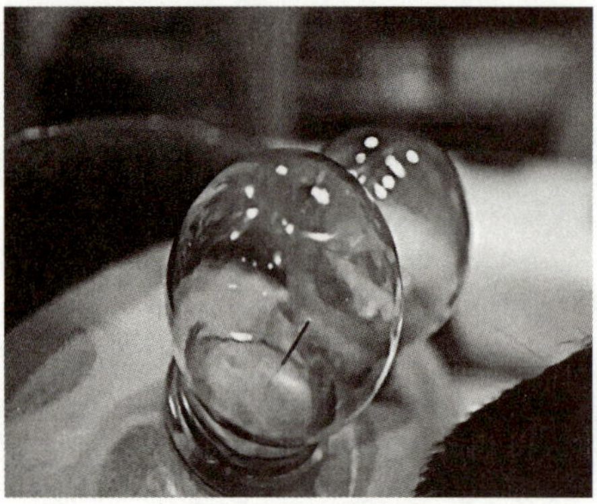

图 3-2-9 留针拔罐

图 3-2-10 药罐

三、操作要点

拔罐疗法的操作要点如下。

（1）要根据不同部位选择不同口径的罐。注意，要选择肌肉丰满、富有弹性、没毛发和骨骼凹凸的部位，以防掉罐。拔罐动作要做到急、准、快，才能使罐拔紧，吸附有力。

（2）起罐（图 3–2–11）又称启罐，即将吸拔稳牢的罐取下的方法。一只手握住罐体腰底部稍倾斜，另一只手的拇指或食指按住罐口边缘的皮肤，使罐口与皮肤之间形成空隙，当空气进入罐内，则罐自动脱落。起罐时，切不可硬拉或旋转罐具，否则会引起疼痛，甚至损伤皮肤。水罐起罐时，应防止水（药）液漏出，若吸拔部位呈水平面，应先将拔罐部位调整为侧面后再起罐。

（3）用火罐时，应注意勿灼伤或烫伤皮肤。若烫伤或留罐时间太长而使皮肤起水泡时（图 3–2–12），小的无须处理，仅敷以消毒纱布，防止擦破即可；水泡较大时，用消毒针将水泡刺破放出水液，涂以龙胆紫药水，或用消毒纱布包敷，以防感染。

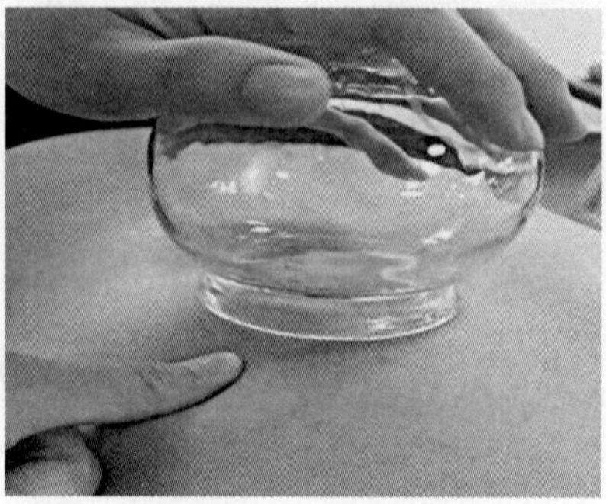

图 3-2-11　起罐

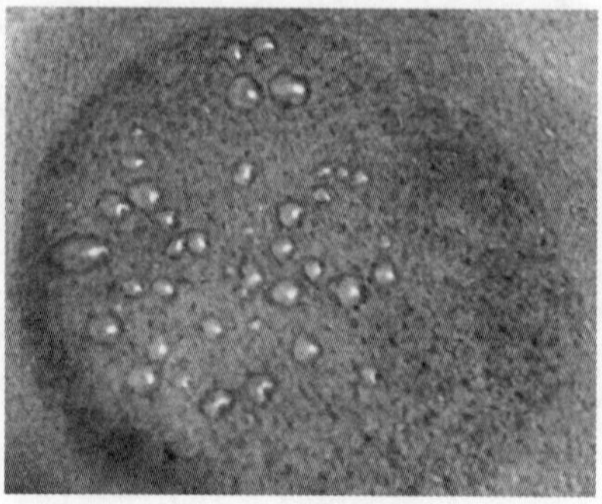

图 3-2-12　拔罐后出水泡

四、注意事项及禁忌证

（一）注意事项

使用拔罐疗法时，应注意以下几点。

（1）拔罐调理室应宽敞明亮、空气流通、室温适宜，要注意老年人保暖，并防止晕罐。

（2）根据病情与施术要求，选好体位，嘱老年人体位应舒适，勿移动体位，以防罐具脱落；施术时充分暴露应拔部位，有毛发者须剃去，拔针罐应消毒，防止感染。

（3）对于体质虚弱的老年人，施罐数量宜少，留罐时间宜短。初次拔罐者，除应消除其畏惧心理外，拔罐数量与时间也宜少宜短，待适应后再酌增。

（4）注意与老年人沟通，观察其局部和全身反应，并及时处理。拔罐后一般有下列反应：

①老年人感觉拔罐部位紧束、酸胀、温暖舒适或有凉气外出，罐斑呈红或紫斑样变，为正常反应。

②老年人感觉吸拔部位明显疼痛或烧灼、麻木，多为吸拔力过大；若老年人毫无感觉，多为吸拔力不足，此类情况均应起罐重拔。

③拔罐期间，如果老年人出现头晕恶心、面色苍白、四肢发凉、全身冷汗、胸闷心悸，甚至晕厥、脉细弱等晕罐征象，应及时起罐，并参照晕针处理。

（二）禁忌证

拔罐时，主要考虑病症和部位两个方面。

（1）病症禁忌：急重症、慢性全身虚弱性疾病及接触性传染病者；严重心脏病、心力衰竭者血小板减少性紫癜、白血病及血友病等出血性疾病者；急性外伤性骨折、瘰疬、严重水肿者；精神分裂症、抽搐、高度神经质及不合作者；精神紧张、疲劳、饮酒后，以及过饥、过饱、烦渴时禁用。

（2）部位禁忌：皮肤高度过敏、传染性皮肤病，以及皮肤肿瘤（肿块）部、皮肤溃烂部及疝气处；乳房部、前后阴部、心尖区、体表大动脉搏动部及静脉曲张部以及眼、耳、口、鼻等五官孔窍部禁用。

思考与练习

1. 请简述罐的清洗、消毒和使用方法。
2. 拔罐疗法的注意事项及禁忌证分别有哪些？

任务三 拔罐疗法的综合应用

一、颈椎部拔罐

颈椎部拔罐可以改善颈部痉挛状态，方法如下。

（1）血瘀型：多见颈骨硬痛、固定不移、痛若针刺，兼见肢体麻木。

选穴：肩贞穴（在肩部后面，正腋后纹头上方一横指）、天宗穴（肩胛骨冈下窝的中央）、阿是穴。

操作：上述穴位拔火罐 10 分钟，起罐后局部按摩，头部做旋转动作，隔天 1 次，3 次为 1 疗程。

（2）风寒湿痹型：多见肩臂疼痛、麻木，肌肉萎缩无力，颈项沉重酸痛，僵硬不能活动，恶寒畏风。

选穴：大杼穴（第 1 胸椎棘突下，旁开 1.5 寸）、风门穴（第 2 胸椎棘突下，旁开 1.5 寸）、阿是穴。

操作：吸拔在上述穴位上（图 3-2-13），留罐 10～20 分钟，每天或隔天 1 次，10 次为 1 疗程。

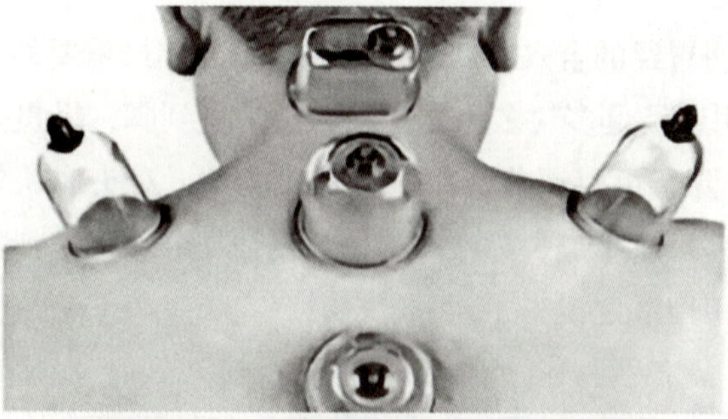

图 3-2-13　风寒湿痹型拔罐位置示意图

二、部分穴位拔罐

1. 涌泉穴拔罐

肾为"先天之本""生长发育之源"。涌泉穴（图 3-2-14）是肾经的第一个穴位，位于人体的最下部足掌心处，体内湿毒之邪重着黏腻，容易蕴积于下，不易排出，日积月累，阻塞经气，或随经气传至其他部位，造成多种疾病。所以，涌泉穴经常拔罐可排除体内的湿毒浊气，疏通足少阴肾经的经气，肾气旺盛，人体的精力充沛，有固齿乌发、聪耳明目、延缓衰老的作用。

2. 三阴交穴拔罐

三阴交穴位于内踝上三寸，是肝、脾、肾三条阴经的交会穴。肝藏血、脾统血、肾藏精，"精血同源"。肾为先天之本，脾为后天之本，先天赖后天的滋养，后天赖先天的促动。

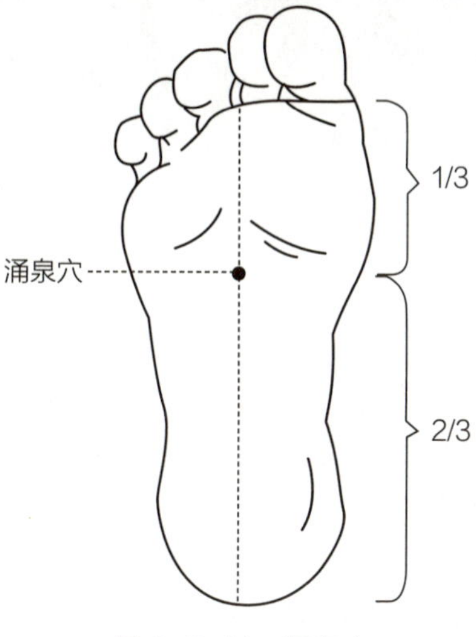

图 3-2-14　涌泉穴

经常拔三阴交穴，具有调血补血之功，可调补肝、脾、肾三经的气血，三经气血调和，则先天之精旺盛，后天气血充足，因而可以达到调补精血、健康长寿的目的。

3. 足三里穴拔罐

足三里穴是足阳明胃经的合穴，四总穴之一，是人体最重要的保健穴位，古人称之为“长寿穴”。足阳明胃经是多气多血之脉，从头一直到脚，纵贯全身。所以，足三里穴拔罐（图3-2-15）除了可以调节消化系统的功能外，对头痛、牙痛、精神失常、发热、鼻炎、口眼㖞斜、口唇生疮、哮喘、心悸、高血压、腹痛、泄泻等疾病都有一定的效果，故有“肚腹三里留”之说。

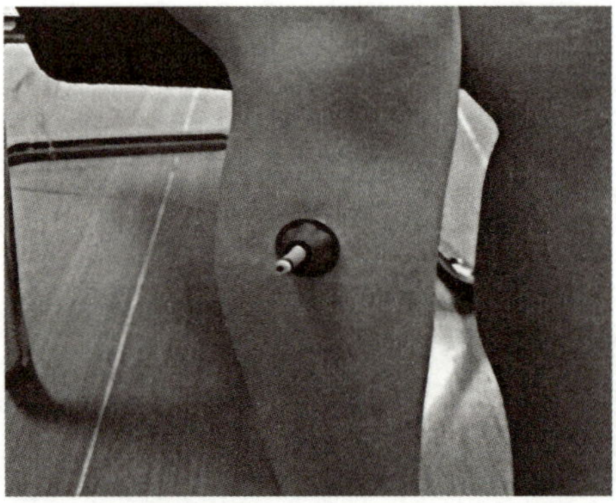

图3-2-15　足三里穴拔罐

思考与练习

1. 颈椎部拔罐疗法涉及哪些穴位？
2. 在涌泉穴使用拔罐疗法有什么作用？

项目三　刮痧疗法

刮痧疗法（图 3–3–1）是以中医经络腧穴理论为指导，通过特制的刮痧器具和相应的手法，蘸取一定的介质，在体表进行反复刮动、摩擦，使局部皮肤出现红色粟粒状，或暗红色出血点等“出痧”变化，从而达到活血透痧的作用。因其简、便、廉、效的特点，应用广泛，适合医疗及家庭保健。它还可配合拔罐、针灸等疗法使用，加强活血化瘀、祛邪排毒的效果。

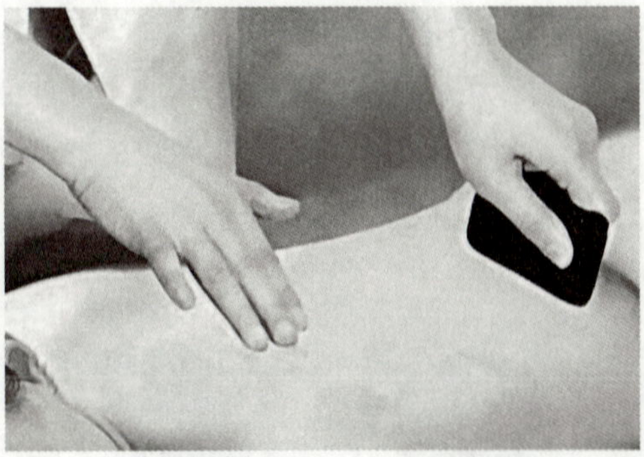

图 3-3-1　刮痧疗法

任务一　刮痧疗法知识

一、概念

刮痧疗法是指用边缘光滑的工具，在体表部位由上而下、由内向外反复刮动，使局部皮肤充血（形成痧斑），以达到扶正祛邪、防病治病作用的疗法。现代医学证明刮痧可以扩张毛细血管，增加汗腺分泌，促进血液循环，对高血压、中暑、肌肉酸痛等病症疗效显著。

二、功效与种类

（一）作用原理及功效

1. 调整阴阳

刮痧（图 3–3–2）通过刺激体表的经络穴位，改善和调整脏腑功能，从而促进机体的阴阳平衡。刮痧疗法作用部位是体表皮肤，如刮痧背俞穴、足三里穴等可增强卫气，卫气强则护表能力强，外邪不易侵表，机体自可安康。若风寒表证，可刮痧肺俞、

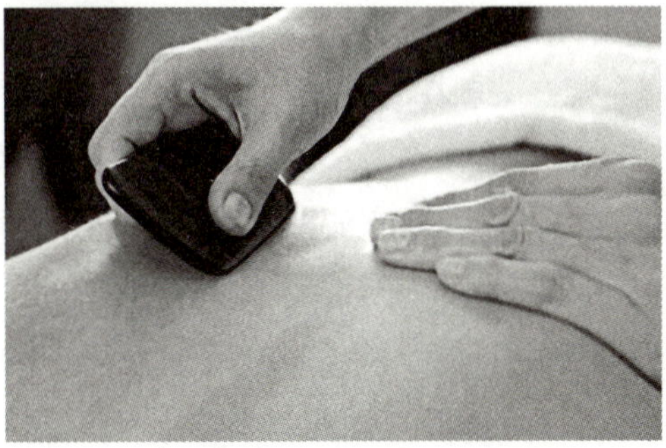

图 3-3-2　刮痧

中府等穴位。刮痧过程增强了全身抵抗力，可以减轻病势，促进康复。

2. 疏通经络

刮痧通过工具和力的作用，起到温煦经络且疏散瘀滞的作用，从而疏通经络、畅达气血。它是消除疼痛和肌肉紧张、痉挛的有效方法。

3. 活血止痛

刮痧改善了刮拭组织周围的血液循环，增加了人体组织的血流量，提高了局部组织的痛阈，从而起到活血止痛、祛瘀生新的作用。

（二）刮痧板的种类

刮痧是一种传统的绿色疗法，能改善人体血液循环，促进新陈代谢，增强人体免疫功能。刮痧板是一种治病、防病的非药物、无损伤的自然、健康疗法器具，是刮痧的主要器具。常用的刮痧板有半圆形、鱼形、肾形、椭圆形等形状（图 3-3-3）。

图 3-3-3 常用刮痧板形状

刮痧所用工具有瓷器类（碗、盘、勺、杯的边缘）、金属类（铜、银、铝币及金属板）、生物类（蚌壳）等。最早的刮痧工具则是铜钱，蘸水便可刮痧。现在最常见的是砭石和水牛角。水牛角在中药上本就有清热解毒、活血化瘀的效果，其他如玉石应该会更好，但其价格比较昂贵，且易碎。

1. 牛角刮痧板

牛角刮痧板（图 3-3-4）是常用的刮痧器具，材质有水牛角、黄牛角、牦牛角等，其中以水牛角最为广泛。水牛角味辛、咸、寒，辛可发散行气、活血润养，咸能软坚润下，寒能清热解毒，具有发散行气、清热凉血解毒以及活血化瘀等作用。

图 3-3-4 牛角刮痧板

2. 玉石刮痧板

玉石有清音哑、止烦渴、定虚喘、安神明、滋养五脏六腑的作用，是具有清纯之气的良药，可避秽浊之病气，具有滋阴清热、养神宁志、健身祛病的作用。玉石刮痧板（图 3-3-5）有助于行气活血、疏通经络而没有副作用。

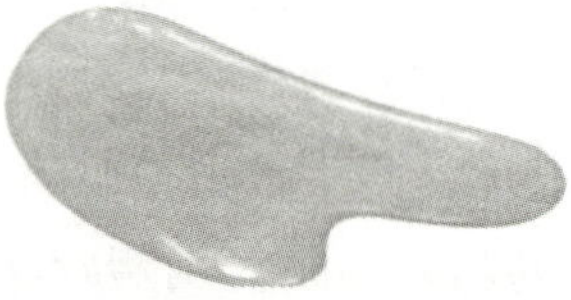

图 3-3-5 玉石刮痧板

3. 砭石刮痧板

砭石刮痧板（图 3-3-6）又称砭板，是用泗滨砭石（泗滨浮石）制成的，可用作刮痧的保健砭具。砭板直接或间接接触人体，均可以改善人体微循环，起到活血化瘀、调理疾病的作用。

图 3-3-6　砭石刮痧板

4. *磁疗刮痧板*

磁疗刮痧板是结合传统工艺与现代磁疗技术于一体的刮痧器具，以水牛角磁疗刮痧板使用最为广泛。“磁”是一种金属氧化物，我国用磁治病已有悠久历史。它可引起人体神经、体液代谢等一系列变化，具有活血、化瘀、消肿、止痛、消炎、镇痛等作用。

思考与练习

1. 刮痧疗法的概念与功效分别是什么？
2. 请简述刮痧板的种类及材质。

任务二　刮痧疗法技能

一、刮痧板消毒

刮痧板，应做到“一人一板一用一消毒”，以免交叉感染。水牛角刮痧板经常用75%的医用酒精进行擦拭消毒（图3-3-7）。砭石、陶瓷、玉石刮痧板除了可采用以上消毒法外，还可以进行高温、高压或煮沸消毒。

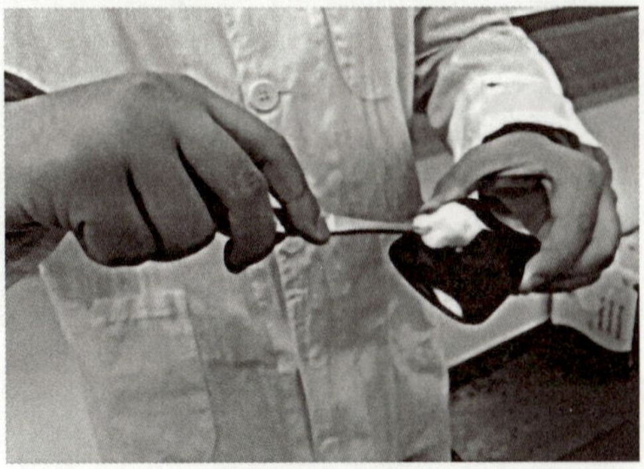

图 3-3-7　刮痧板消毒

二、操作要点

刮痧疗法的操作要点如下。

（1）老年人采取舒适体位，充分暴露其施治部位，并用温水洗净局部皮肤。

（2）操作者用手握住刮板，刮板的底边横靠在手掌心部位，大拇指及其余四指呈弯曲状，分别放在刮板两侧（图 3-3-8）。使用刮痧板时，关键在于力度与速度的掌握和控制。“重而不板，轻而不浮”是力度的要求。刮痧时，要不停地询问老年人的主观感

图 3-3-8　刮痧板用法

受，并注意观察局部皮肤的情况。“快而不滑，慢而不滞”是速度的要求。速度过快，则不能渗透；速度过慢，则达不到效果。

（3）在刮痧时，刮痧板应与人体皮肤呈 60° 或 90° 角。刮痧板在刮拭时先涂抹介质，再以施术部位为中心，并尽量向外周扩大其范围。或用边缘光滑的汤匙（或调羹、铜币等）蘸上麻油（菜籽油、花生油、豆油或清水均可），在需要刮痧的部位单向重复地刮。每处大约需要刮 20 下，直至局部皮肤出现深红色斑条即止。

（4）刮拭方向、顺序：一般原则是自上而下，或由身体中间刮向两侧，或每次都由内向外，不得来回刮动。

（5）刮痧部位：通常在背部或颈部两侧。根据具体情况，有时也可在颈前喉头两侧、胸部、脊柱两侧、臂弯两侧或膝弯内侧等处刮痧，也可按照病情需要选择适合的部位刮痧。

（6）每一部位可刮 2～4 条或 4～8 条“血痕”。按部位不同，“血痕”可刮成直条或弧形。

（7）应用较小的刮匙，可在穴位处刮痧。常刮痧的穴位有足三里穴、天突穴、曲池穴及背部的一些腧穴。在穴位处刮痧，除了具有刮痧本身的效果外，还可疏通经络、行气活血。

（8）在穴位处刮痧适用于腹痛、胃肠型感冒、暑热恶心，以及因痧所致的肌肉或全身酸痛。

（9）各部位操作要点如下。

①头部：不涂刮痧润滑剂，为增强刮拭效果，可使用刮板薄面边缘或刮板角部刮拭，每个部位刮 30 次左右，刮至头皮有发热感为宜。

②背部：背部由上向下刮拭，一般先刮后背正中线的督脉，再刮两侧的膀胱经和夹脊穴（图 3–3–9）。

③肩部：肩部应从颈部分别向两侧肩峰处刮拭。

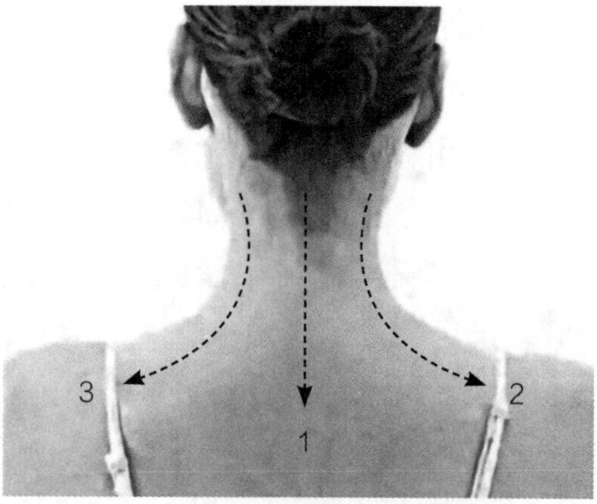

图 3–3–9　背部刮痧走向示意图

④胸部：胸部正中线任脉天突穴至膻中穴，用刮板角部由上向下刮拭。胸部两侧以身体前正中线任脉为界，分别向左右（先左后右）用刮板整个边缘由内向外沿肋骨走向刮拭，注意隔过乳头部位。中府穴处宜用刮板角部由上向下刮拭。

⑤腹部：腹部由上向下刮拭，可用刮板的整个边缘或 1/3 边缘，自左侧依次向右侧刮。有内脏下垂者，应由下向上刮拭。

⑥四肢：四肢由近端向远端刮拭，下肢静脉曲张及下肢浮肿者，应从肢体末端向近端刮拭，关节骨骼凸起部位应顺势减轻力度。

三、刮痧疗法的种类及适应证

（一）刮痧疗法的种类

1. 刮痧法

刮痧法是指用刮痧板或其他工具（光滑的硬币、瓷碗、药匙等），蘸取油性介质（如刮痧油、香油或中药提取浓缩液等）或水，在体表特定部位按一定顺序反复刮拭的调理方法。刮痧法是最常用的一种刮痧方法。

2. 撮痧法

撮痧法是指在一定部位，用大拇指与食指（或食指与中指）用力提扯皮肤，使扯痧部位表皮出现紫红色或暗红色的痧点，以达到调理疾病的方法，又称扯痧疗法。如果用手指挤压皮肤出痧则称为挤痧法。

3. 拍痧法

拍痧法是指用虚掌拍打或用刮痧板拍打身体某部位，使之出痧的方法，一般拍痧的部位多为痛痒、胀麻的部位，此法民间常用。

（二）刮痧疗法的适应证

刮痧疗法的适应证较为广泛，应用于各科病症。

（1）内科病症：感受风寒暑湿引起的感冒发热、咳嗽、中暑、哮喘、心脑血管疾病、急/慢性胃肠炎、便秘、失眠、糖尿病、甲状腺疾病、胆囊炎、各种头痛、神经痛等。

（2）骨科及外科病症：以疼痛为主要症状的各种外科病症，如急性扭伤、感受风寒湿邪导致的各种软组织疼痛、各种骨关节疾病、落枕、痔疮等。

（3）五官科病症：牙痛、鼻炎、咽喉肿痛、近视、急性结膜炎、耳聋、耳鸣等。

（4）其他各科病症：皮肤瘙痒症、荨麻疹、痤疮、湿疹等。

四、刮痧疗法的注意事项及禁忌证

（一）注意事项

老年人在接受刮痧疗法时，应注意以下几个方面。

（1）刮痧时应避风，注意室内保暖，尤其在冬季应避风寒，夏季刮痧时，应避免风扇和空调直吹刮拭部位；应选择既能充分暴露所刮的部位（便于操作），又能使老年人感到舒适，有利于刮拭的部位肌肉放松，可以持久配合的体位；室温较低时应尽量减少暴露部位。

（2）初次刮痧时，应先让老年人了解刮痧的一般常识，消除其精神紧张情绪。空腹、过度疲劳、过度紧张、熬夜后不宜用刮痧疗法；对体质弱、出汗、吐泻过多、失血过多等虚症，用补刮手法。

（3）刮痧板应边缘光滑，边角钝圆。刮痧前应仔细检查其边缘有无裂纹及粗糙处，以免伤及皮肤。刮痧板在刮痧后应用卫生纸擦拭干净后，再放入消毒液中消毒，最后擦干备用。水牛角刮痧板若长时间置于潮湿位置或浸泡在水里，或长时间暴露在干燥的空气中，均会发生裂纹，影响使用寿命。

（4）刮痧手法应由轻到重，顺序由上而下，并使用适当润滑剂，以免刮伤皮肤。刮痧时间一般每个部位刮 3 ~ 5 分钟，最长不超 20 分钟，出痧后 1 小时内忌凉水，刮痧后一般等约 3 小时方可洗浴。

（5）刮痧体位可根据需要而定，一般有仰卧位、俯卧位、侧卧位或坐位等，以老年人舒适为佳。

（6）前一次痧斑未退之前，不宜在原处再次刮痧，一般间隔 3 ~ 6 天，以皮肤痧退为准。

（7）出痧后适当饮用温开水为佳（也可饮用淡糖盐水），并休息 15 ~ 20 分钟；刮痧次数一般是第一次刮完等 3 ~ 5 天，痧退后再进行第二次刮治。

（8）刮痧后应擦干油性介质或水，也可在青紫处涂抹少量驱风油，让老年人休息片刻，出痧处应避免风寒。如果刮痧后，病情反而加重者，应及时送至医院诊治。

（9）刮痧过程中，要及时发现晕刮先兆。

①晕刮的症状：发生晕刮时，轻者出现精神疲倦、头晕目眩、面色苍白、恶心欲吐、出冷汗、心慌、四肢发凉，重者血压下降、神志昏迷。

②晕刮的处理：应立即停止刮痧，消除紧张，帮助其平卧，注意保暖，饮温开水或糖水。马上拿起刮痧板用角部点按水沟穴，力量宜轻，避免重力点按后局部水肿。对百会穴和涌泉穴施以泻刮法，老年人病情好转后，继续刮内关穴、足三里穴。采取以上措施则可立即缓解。

（10）刮痧后的正常情况如下。

①刮痧后局部皮肤可出现不同颜色、不同形态的痧。皮肤表面的痧有鲜红色、暗红色、紫色及青黑色。痧的形态有散在、密集或斑状或结块状，湿邪重者皮肤表面可见小疱样痧。皮肤下面深层部位的痧多为大小不一的包块状或结节状。深层痧表面皮肤隐约可见青紫色。刮痧时，出痧局部皮肤有明显发热的感觉。

②刮痧半小时左右，皮肤表面的痧逐渐融合成片。深部包块样痧慢慢消失，并逐渐由深部向体表扩散。在 12 小时左右，包块样痧表面皮肤逐渐呈青紫色或青黑色。深部结节状痧消退缓慢，皮肤表面 12 小时左右逐渐呈青紫色或青黑色。

③刮痧后 24 ~ 48 小时，出痧表面的皮肤在触摸时有疼痛感，重者局部皮肤表面微热。

④刮出的痧一般 5 ~ 7 天可消退，消退的时间与出痧部位、颜色和深浅有密切的关系。

（二）禁忌证

刮痧疗法的禁忌证如下。

（1）凡危重病，如急性传染病、脑卒中等，应立即送至医院调理，慎用或禁用本疗法。

（2）心脏病、出现心力衰竭、肾功能衰竭者，肝硬化腹水、全身重度浮肿者禁刮。

（3）有出血倾向的疾病和血栓性静脉炎的疾病，如血小板减少症、白血病症、过敏性紫癜症等禁刮。

（4）饱食后或饥饿时，以及对刮痧恐惧者禁用。

（5）表皮破损处和疮疡、痈疽、癌变的局部以及烧伤、烫伤等开放性外伤者禁刮。

（6）肌断、骨折、脱位、发热者禁刮。

（7）患有活动性结核病、艾滋病等法定传染病者禁刮。

（8）急性软组织损伤、局部肿胀严重者、需进行外科手术者慎刮。

（9）患有严重心 / 脑 / 肺 / 肾 / 肝疾病者、高血压者禁刮，或患有其他严重疾病经不起刮痧的或诊断不明的较严重疾病者禁刮。

（10）糖尿病、下肢静脉曲张、局部及下肢浮肿者慎刮。

思考与练习

1. 刮痧板如何进行消毒？
2. 刮痧疗法的操作要点是什么？
3. 刮痧疗法的注意事项及禁忌证分别有哪些？

任务三　刮痧疗法的综合应用

刮痧疗法适用于感冒、发热、高温中暑、神经痛、肩周炎、落枕、慢性腰痛、风湿性关节炎等，还适用于预防疾病、强身健体、减肥等。现根据以下病症，介绍常见的刮痧部位及方法（表 3–3–1）。

表 3–3–1　刮痧疗法适应证及方法

病症	刮痧部位及方法
痧症	多发于夏秋两季，微热形寒，头昏、恶心、呕吐，胸腹或胀或痛，甚则上吐下泻，多起病突然，取背部脊柱两侧自上而下刮治，如见神昏可加刮印堂穴、太阳穴
中暑	取脊柱两旁自上而下轻轻顺刮，逐渐加重
伤暑表证	取老年人颈部痧筋（颈项双侧）刮治

续表

病症	刮痧部位及方法
伤暑里证	取背部刮治，并配刮胸部、颈部等处
湿温初起	取背部自上而下顺刮，并配用苎麻蘸油在腘窝、后颈、肘窝部刮拭
感冒	先刮擦前额、太阳穴，然后刮背部脊柱两侧，也可配刮肘窝、腘窝。如有呕恶者，加刮胸部，可取生姜、葱白各10g，切碎和匀布包，蘸热酒刮拭效果更佳
风热喉痛	取第7颈椎至第7胸椎两旁（蘸盐水）刮治，并配拧提颈部前两侧肌肉（胸锁乳突肌）约50次
发热咳嗽	取颈部向下至第4腰椎处顺刮，同时刮治肘部、曲池穴。如果咳嗽明显，再刮治胸部
呕吐腹泻	取脊柱两旁自上而下至腰部顺刮，如胸闷、腹胀剧痛，可刮拭胸腹部
眩晕	取颈背部顺刮，或按揉太阳穴等配合刮治
下肢痉挛疼痛	例如，小腿三头肌痉挛，可取脊椎两旁（第5胸椎至第7腰椎）刮治，同时配刮腘窝

一、中暑

（一）原理

夏季风湿热较重，较易出现痧症，人们也称之为中暑。刮痧是刮拭人体不同部位的皮肤来刺激经络，可使毛细血管扩张、血液循环通畅，从而达到增强身体免疫力、祛病强身的功效。它对感冒、发烧、肠胃不适、中暑、高血压、肌肉劳损等多种病症均有良好疗效。通过刮痧将暑湿之邪及时祛除，起到解表清暑、宁心开窍的功效。

（二）刮痧部位

选穴：风府穴、哑门穴、大椎穴、足太阳膀胱经背部穴位、合谷穴、内关穴。

（1）风府穴：后发际正中直上1寸，枕外隆凸直下凹陷中。

（2）哑门穴：位于项部，当后发际正中直上0.5寸，第1颈椎脊突下。

（3）大椎穴：后正中线上，第7颈椎棘突下凹陷中。

（4）足太阳膀胱经背部穴位：常选风门、肺俞、心俞等穴位。

（5）合谷穴：位于手背，第1、2掌骨间，当第2掌骨桡侧的中点处。

（6）内关穴：位于前臂正中，腕横纹上2寸，在桡侧腕屈肌腱同掌长肌腱之间。

（三）操作要求

（1）材料用具：刮痧一般使用水牛角制成的刮痧板，民间也有用杯盖、调羹或小碗，也有使用玉石的。为防止刮痧过程中皮肤破损，刮痧时通常会使用润滑剂来保护皮肤，如由多种药和植物油炼制而成的“活血润滑剂”，民间也用食用油替代。

（2）刮痧顺序：先刮风府穴、哑门穴，然后用三棱针放痧大椎穴，再刮背部膀胱经，最后刮前臂内关穴、合谷穴。

（3）刮痧方法：在需要刮痧的部位涂抹适量刮痧油，先刮颈后部风府穴至哑门穴，由上至下，宜用刮板角部，刮 30 次，以出痧为度；然后刮拭膀胱经穴，分别为背部正中线旁开 1.5 寸和旁开 3 寸二线，用刮板角部由上至下刮拭 30 次，直至出痧；最后分别刮上肢内侧内关穴和手背部合谷穴各 30 次，以出痧为度。

（4）中暑不宜刮痧人群如下。

①凡体表有疖肿、破溃、疮痈、斑疹和不明原因包块处，禁止刮痧。

②急性扭伤、创伤的疼痛部位或骨折部位，禁止刮痧。

③有严重心脑血管疾病、肝肾功能不全、全身浮肿者，禁止刮痧。

④接触性皮肤病传染者，忌用刮痧。

二、眼睛疲劳

缓解眼睛疲劳，可用刮痧板由内眼角顺眉棱骨沿眉毛刮动，也就是由眉毛头的攒竹穴经中段的鱼腰穴，刮到眉毛的鱼尾，然后轻闭眼睛，在眼皮上轻刮，不可用力，以免眼珠受害。

三、紧张

缓解紧张，可用刮痧板沿耳后粗筋（胸锁乳突肌）直至肩部朝单方向刮动，特别加强大椎穴和肩井穴的方式改善。

四、失眠

失眠，可刮头顶的百会穴（由前向后）、神门穴、涌泉穴等效果显著。

思考与练习

1. 请简要说一说中暑的刮痧疗法。
2. 眼睛疲劳、紧张、失眠时，如何使用刮痧疗法？

项目四 艾灸疗法

艾灸疗法（图 3-4-1），具有调理气血和调整脏腑的功能，从而达到“扶正祛邪”“治病保健”的目的。艾灸疗法在人类保持健康方面发挥着越来越重要的作用。

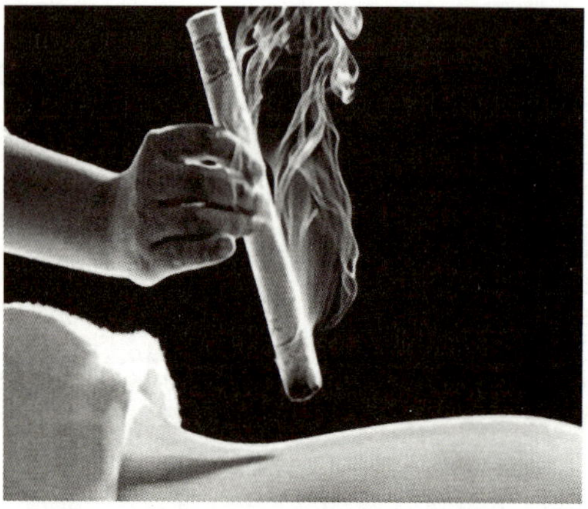

图 3-4-1 艾灸疗法

任务一 艾灸疗法知识

一、概念

艾灸疗法一般指灸法，又称灸焫（ruò）、攻法、火法，是指采用艾绒或其他药物制成的艾柱或艾条，点燃后熏熨，或采用光、电等其他刺激体表的一定部位，给人体以温热性刺激以起到防治疾病作用的方法。最常用的施灸材料是艾叶，此外还有桑枝、灯草等。

二、功效与种类

（一）作用原理与功效

1. 局部温热刺激效应

借助灸火的温热及药物作用，通过经络传导，使局部皮肤充血，增强血液循环与淋巴循环，缓解和消除平滑肌痉挛，促进炎症、粘连、渗出物、血肿等病理产物的消散吸收；同时，还有降低神经系统的兴奋性，发挥镇静止痛作用。

2. 经络调节作用

在穴位上施灸时，由于艾火的温热刺激，通过腧穴、经络传导，起到温通气血、扶正祛邪的作用。因此，灸法不仅能调理疾病，而且能增强体质，预防疾病。

艾灸除调理作用外，还有预防疾病和保健的作用。例如：灸足三里穴、中脘穴，可使胃气常盛；灸命门穴，可固人体之根本；灸关元穴、气海穴，可藏精蓄血，增强人体抵抗力，达到防病保健之功。

（二）艾灸疗法的分类

灸法历史悠久，单纯的艾灸出现最早，随后衍化出多种灸法，一般可分为艾灸和非艾灸两大类。艾灸类如艾柱灸、艾条灸和温针灸等；非艾灸类如灯火灸、药物灸、电热灸等（表 3–4–1）。

表 3–4–1　灸法的类型

艾柱类	艾条类	其他类
直接灸：化脓灸（瘢痕灸）、非化脓灸（无瘢痕灸）	悬起灸：温和灸、回旋灸、雀啄灸	温针灸
间接灸：隔姜灸、隔蒜灸、隔盐灸、隔药饼灸（附子、胡椒）	实按灸：太乙针、雷火针、百发神针、三气合痹针	温灸器灸：各种温灸器

思考与练习

1. 艾灸疗法的概念是什么？
2. 艾灸疗法的作用原理与功效是什么？
3. 艾灸疗法有哪几种类型？

任务二　艾灸疗法技能

一、艾柱的制作

去药店买艾绒或现成的艾条［图 3–4–2（a）］，将纯净的艾绒放在平板上，用手指搓捏成圆柱形状，称为艾柱［图 3–4–2（b）］。每燃烧一个艾柱称为一壮。

（a）艾条　（b）艾柱

图 3–4–2　艾条、艾柱

艾柱的规格：小柱如麦粒大小；中柱如半截枣核大小；大柱如半截橄榄大小，大柱高 1cm、柱底直径 1cm。艾柱无论大小，柱底直径与高度大致相等。

小柱，可先将艾绒搓成大小适合的艾团，夹在左手拇指、食指指腹间，食指在上、拇指在下，再用右手拇指、食指将艾团向左挤压，即可将圆形艾团压缩成上尖下平的三棱形艾柱；中柱、大柱，须将艾绒置于平板上，用拇指、食指、中指三指边捏边旋转，将艾绒捏成上尖下平的圆锥体即可。

二、常用艾灸疗法的操作方法与适应证

艾灸的适应证广，涉及各种类型，一般以虚寒证和阴证为主，通常应用于慢性久病以及阳气不足之证，如骨科之风寒湿痹等证；内科之外感风寒、呕吐、腹泻、内脏脱垂等证；外科之瘰疬、疽痈疖疔、疮疡未溃或溃久不愈等证。

（一）艾柱灸

艾柱灸分为直接灸和间接灸两类。

1. 直接灸

将艾柱直接放在皮肤上施灸称为直接灸，根据灸后有无化脓，又分为非化脓灸和化脓灸。

（1）非化脓灸（图 3-4-3）又称无瘢痕灸，是灸后产生温热效应，但不形成灸疮的直接灸方法。

图 3-4-3　非化脓灸

①操作方法：在施灸部位涂抹少量蒜汁或凡士林，放上小艾柱并点燃，在艾火未烧及皮肤但有灼痛感时，立即用镊子夹去，更换艾柱再灸，一般灸 3 ~ 7 壮，以局部皮肤出现轻度红晕为度。因不留瘢痕，本法易被接受。

②适应证：适用于虚寒轻证。

（2）化脓灸（图 3-4-4）又称瘢痕灸，是指用黄豆或枣核大小的艾柱放在一定部位施灸，局部组织经烫伤后，产生无菌性炎症的一种疗法。本法能改善体质，增强抵抗力，从而起到调理和保健作用。应用中，将采用麦粒大小的艾柱放在穴位上直接灸称为麦粒灸。

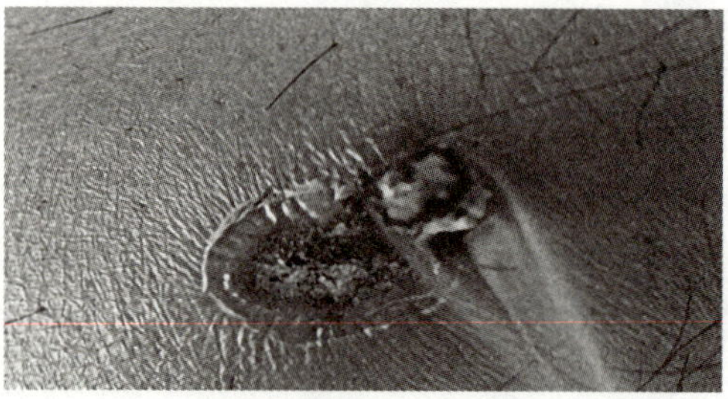

图 3-4-4　化脓灸

①操作方法：在施灸部位上涂抹少量蒜汁或凡士林，放上艾柱并点燃。每灸完一壮，继续放艾柱再灸，老年人感到灼痛时，可轻轻拍打施灸部位以减轻灼痛感，一般可灸 7 ~ 9 壮。灸后可在施灸部位敷贴玉红膏。数天后，灸处出现无菌性化脓反应，经 30 ~ 40 天，灸疮结痂脱落，局部留有疤痕。在灸疮化脓时，局部注意清洁，避免感染。麦粒灸方法与化脓灸相同，但因其艾柱小，灼痛时间短，老年人易于接受，一般可灸 3 ~ 7 壮，灸后无须使用膏药。

②适应证：常用于调理哮喘、肺痨、慢性胃肠炎、瘰疬等慢性顽疾。麦粒灸通常用于调理气血虚弱、眩晕和皮肤疣等。

2. 间接灸

间接灸又称间隔灸或隔物灸，是在艾柱下垫衬隔物施灸的方法。本法火力温和，又具有艾灸和药物的双重作用，适用于慢性疾病和疮疡等。间接灸分为以下几种。

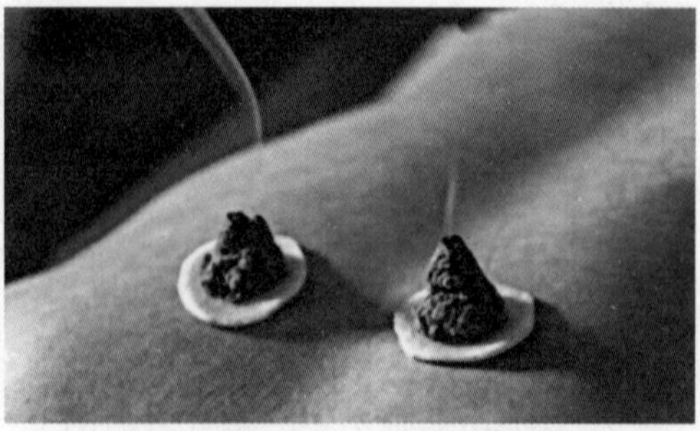

图 3-4-5　隔姜灸

（1）隔姜灸（图 3-4-5）：将新鲜生姜切成直径 2 ~ 3cm、厚 0.2 ~ 0.3cm 的薄片，并刺数孔，将姜片置于施术部位，然后放上艾柱点燃，以皮肤潮红为度。当老年人感到灼痛时，可将姜片上提片刻，或在姜片下垫纸片再灸。此法多用于调理外感表证和虚寒性疾病，如咳嗽、呕吐、泄泻、风湿痹痛、腹痛等。

图 3-4-6　隔蒜灸

（2）隔蒜灸（图 3-4-6）：将新鲜大蒜头切成厚 0.2 ~ 0.3cm 的薄片（也可用蒜泥），并刺数孔，置于施灸部位（如未溃脓肿的脓头处），然后放上艾柱点燃，灸 4 ~ 5 壮，换蒜片，每个部位一次可灸 5 ~ 7 壮。因大蒜液对皮肤有一定刺激作用，灸后易起泡，应注意防护。此法多用于调理肺痨、腹中积块或未溃疮疖等。

图 3-4-7　隔附子饼灸

（3）隔附子饼灸（图 3-4-7）：将附子研成粉末，用黄酒调和，制成直径约 3cm、厚约 0.5cm 的附子饼，中间刺数孔，置于施术部位，然后放上艾柱点燃，以皮肤红晕为度。此法常用于调理各种阳虚证，如外科疮疡、瘘管窦道久不收口等。

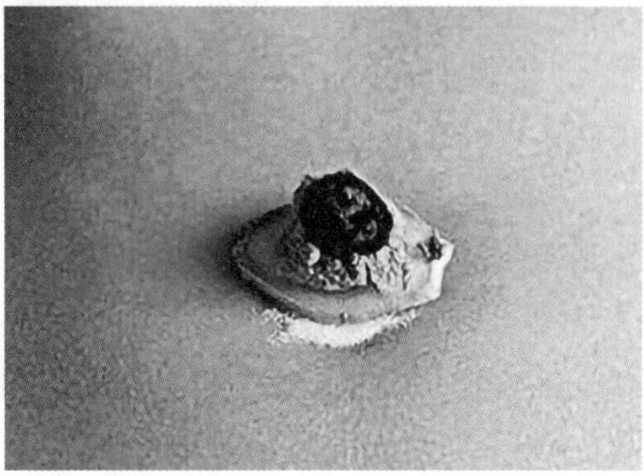

图 3-4-8　隔盐灸

（4）隔盐灸（图 3-4-8）：又称神阙灸，本法只适用于脐部。操作方法：老年人仰卧屈膝，操作者用干燥的食盐填满脐部，再放一片薄姜片，然后放上艾柱点燃。如果老年人脐部凸出，可用湿面条围绕肚脐后，在面条圈内填盐，如上法施灸。此法具有回阳救逆的功效，多用于急性腹痛、痢疾、吐泻、四肢厥冷和虚脱等。

（5）隔豆豉饼灸：将淡豆豉研成粉末，用黄酒调和，制成直径约为疮孔大小、厚约 0.5cm 的饼，放在疮孔周围，然后放上艾柱点燃，勿使皮肤破溃，每天 1 次，以疮愈为止。此法用于调理疮疽发背、恶疮不溃、疮口不敛等，疮色黑暗者效更甚，本法可促进疮口愈合。

（6）隔胡椒饼灸：用适量白胡椒末、面粉和水调和，制成直径约 3cm、厚约 0.5cm 的饼，中间凹陷，将适量丁香、肉桂等药末放于凹陷处填平，然后置于施术部位，上面再放艾柱点燃，以局部温热舒适为度。此法适用于胃寒呕吐、腹痛泄泻、风寒湿痹及麻木等。

（二）艾条灸

把艾条点燃后，放在选好的穴位的上方大约 1 ~ 3cm 处进行熏灸或灼灸即可，每个穴位可以连续艾灸 10 分钟左右。也可以把 3 ~ 6 根艾条用胶带捆起来，保持一定距离来回熏灸。

艾条是取艾绒 24g，平铺在 26cm 长、20cm 宽、质地柔软疏松而又坚韧的桑皮纸上，将其卷成直径为 1.5cm 的圆柱形封口而成。也有在艾绒中掺入其他药物粉末的，称为药条。药条调制方法：肉桂、干姜、丁香、独活、细辛、白芷、雄黄、苍术、没药、川椒各等分，研为细末，每根药条在艾绒中掺药 6g。

艾条灸分为悬起灸和实按灸。

1. 悬起灸

悬起灸是将点燃的艾条悬于施灸部位上的一种灸法，分为温和灸、雀啄灸和回旋灸。

（1）温和灸（图 3-4-9）。

①操作方法：将艾条点燃，距施术部位皮肤约 2 ~ 3cm 左右，进行熏烤，使老年人局部皮肤有温热而无灼痛感，以局部皮肤出现红晕为度，一般每处灸 10 ~ 15 分钟。操作者可将食指、中指置于施灸部位两侧感受局部温度，以便调节施灸距离，防止烫伤。

②适应证：艾灸适应证均可用本法，多用于调理各种慢性病。

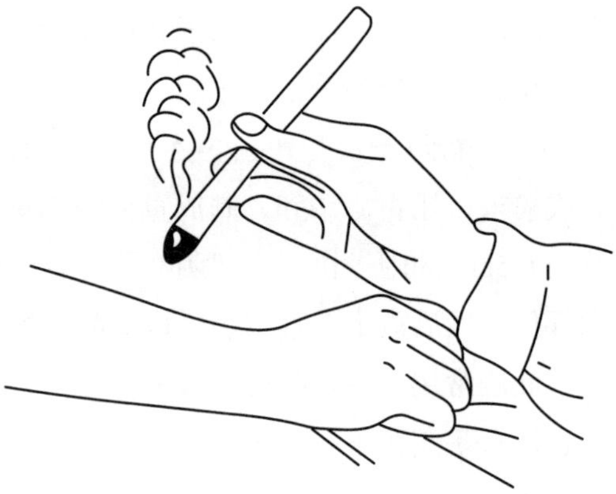

图 3-4-9 温和灸

（2）雀啄灸（图 3-4-10）。

①操作方法：点燃的艾条端与施灸部位的皮肤不固定在一定距离，像鸟雀啄食一样，一上一下活动地移动施灸。

②适应证：艾灸适应证均可用本法，多用于调理急性病症。

（3）回旋灸（图 3-4-11）。

①操作方法：点燃的艾条端与施灸部位的皮肤虽然保持一定的距离，但不固定，而是均匀向左右方向移动或反复旋转施灸。

②适应证：艾灸适应证均可用本法。

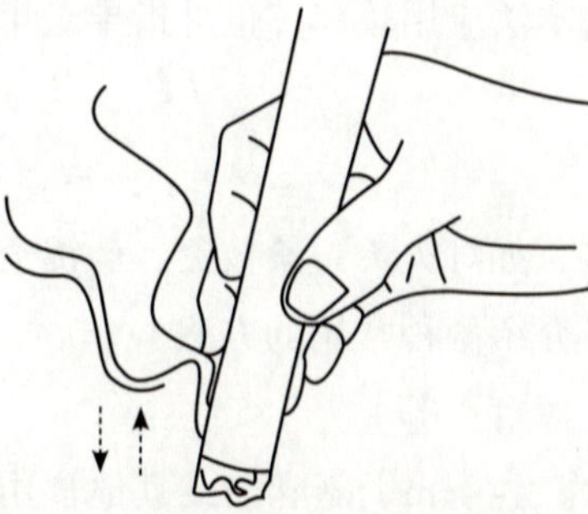

图 3-4-10　雀啄灸

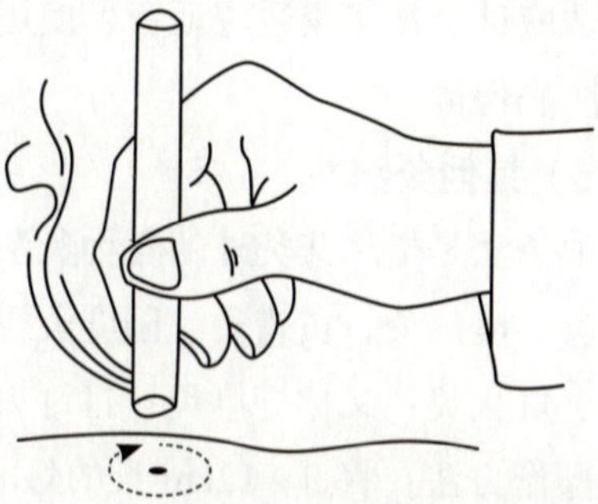

图 3-4-11　回旋灸

2. 实按灸

实按灸（图 3-4-12）是指在施灸部位垫布或纸数层，然后将药物艾条点燃，趁热按到施术部位上，使热力透至深部的方法。根据艾绒中加入药物的不同，又有太乙神针、雷火神针、百发神针等之分。

（三）温针灸

温针灸（图 3-4-13）是针刺与艾灸结合的一种方法，适用于既要针刺留针同时需要施灸的疾病。操作时，在针刺得气后，在留针的针柄上穿置一段长度约 1.5cm 的艾条施灸，或在针柄末端搓捏少许艾绒点燃施灸，燃尽后去除灰烬，再起针。在施灸过程中，应防止艾火脱落烧伤皮肤或烧损衣物，施灸时嘱老年人不要改变体位，并可在皮肤上方垫一层纸片，防止灼伤、烫伤。

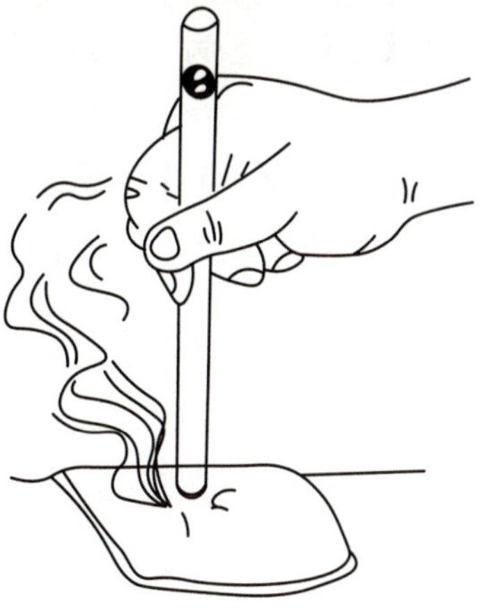

图 3-4-12　实按灸

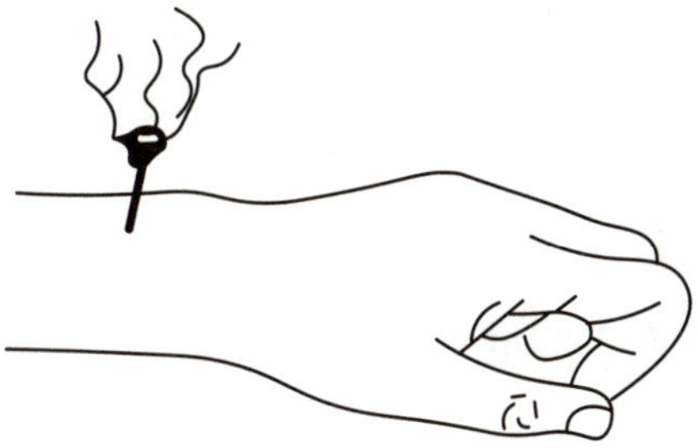

图 3-4-13　温针灸

（四）温灸器灸

温灸器是专门用于施灸的器具，用温灸器施灸的方法称为温灸器灸。目前常用的温灸器，有灸架、灸筒、灸盒等。

①操作方法：将艾条或艾绒放于温灸器的容器内点燃，然后将温灸器置于施术部位皮肤上方固定；或将温灸器在需要施术部位上来回熨烫，以局部皮肤潮红为度。

②适应证：凡艾灸适应证皆可使用本法，目前本法应用较广，也可指导老年人长期自灸以防病保健。

（五）其他灸法

其他灸法是指除艾灸外的各种灸法，种类繁多，如灯火灸、桑枝灸、药锭灸、药捻灸、天灸、电热灸、黄蜡灸、阳燧灸等，这里主要介绍两种常用的方法。

（1）灯火灸：又称灯草灸、打灯火、灯草焠、爆灯火等。

①操作方法：将 9 ~ 12cm 长的灯心草一端（约 3 ~ 4cm）蘸麻油或其他食用油后点燃，对准施术部位快速接触后迅速离开，可听到“叭”的爆淬声，如无此声可重复一次，灸后皮肤微发黄，有时可起小泡，注意蘸油不可过多，必要时将所蘸浮油擦去，以免油滴下烫伤皮肤。

②适应证：本法可疏风解表、行气化痰，主要用于痄腮、消化不良、疟疾、胃痛等证。

（2）桑枝灸：将新鲜桑枝（或桑木）劈成手指大小，点燃后，吹熄火焰，以火头灸患处，火尽再换。此法温阳祛寒、拔毒止痛、去腐生肌，主治一切疮疡肿毒、瘰疬、流注、臁疮、顽疮。

三、艾灸疗法的禁忌

施灸时，应注意安全，防止艾灰掉落，烧损皮肤或衣物。主要考虑病情和部位两个方面。

（1）病情方面，阴虚阳亢及邪热内炽者一般不宜用灸或慎用灸，如阴虚劳瘵、咯血吐血、肝阳头痛、脑卒中闭证、高热神昏、抽风或极度衰竭呈恶病质状态之人，均应慎用灸法。

（2）部位方面，面部穴位不宜直接灸，以免烫伤形成瘢痕；关节活动处不宜用化脓灸，以免化脓溃烂，不易愈合；心脏、眼球等重要脏器部位，乳头、大血管处、肌腱等浅在部位，不宜直接灸。

四、艾灸疗法应用注意事项

（一）施灸的量与疗程

1. 艾柱大小

艾柱分为大、中、小三种，小者如小麦粒、中者如半枣核、大者如蒜头。

2. 壮数多少

施灸时每燃烧1个艾柱为"1壮"。按规定的壮数一次灸完称为"顿灸"；若分多次施灸称为"报灸"。灸的壮数应当因人、因病和因穴而异。

（1）因人而异：初病或体质强壮者壮数宜多；久病体弱及老年人壮数宜少。

（2）因病而异：陈寒痼冷、阳气欲脱者，宜大柱且多壮；而风寒感冒、痈疽痹痛宜少壮，否则易导致邪火内郁。

（3）因穴而异：一般头面部、胸部、四肢皮薄多筋骨处，不宜多灸，而腰背部、腹部、肩部、两股部可多灸。直接灸，多用麦粒大小的艾柱，根据实际情况，少则3~5壮，多则数十壮，甚至数百壮；但在一般情况下，成人每穴可灸5~7壮，每次可灸3~5穴。

3. 疗程长短

施灸的疗程根据病情而定。急性病一般少灸，1~2次即可，需要时可一天灸2~3次；慢性病可灸数月乃至1年以上，需要长期施灸者可隔3~7天灸1次。

（二）施灸的程序与补泻

1. 施灸程序

应用中一般遵循先上后下、先阳后阴的顺序，即先腰背部（图3-4-14）后胸腹部，先头身躯干后四肢；壮数先少后多，艾柱先小后大。应用中还应结合病情，因病制宜。

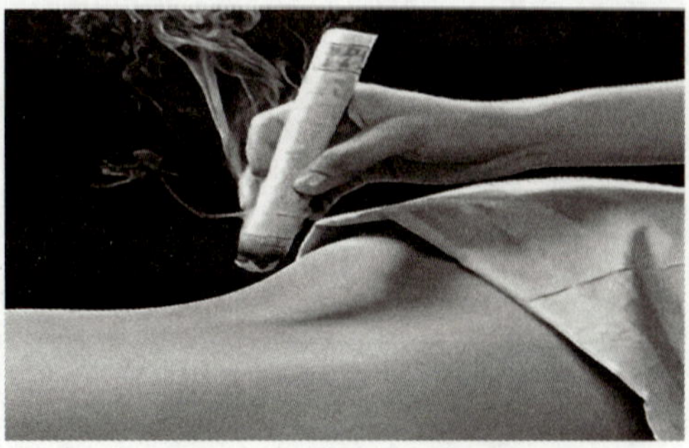

图3-4-14　艾灸腰背部

2. 施灸补泻

艾灸补泻一般遵循慢火为补、急火为泻的原则。实际应用中也不必拘泥于此，可根据老年人的具体情况，结合腧穴性能酌情运用。

3. 防止烧灼痛的方法

由于化脓灸疼痛剧烈，为防止疼痛，现代有人使用1%普鲁卡因皮下注射。

（三）关于直接灸的烧伤程度及灸疮

直接灸分为化脓灸与非化脓灸，但因烧伤程度不同一般分为3度。Ⅰ度烧伤：灸后皮肤发红发热，一般非化脓灸属于Ⅰ度烧伤。Ⅱ度烧伤：灸后局部皮肤发热发痛，经久不消或起水泡。Ⅲ度烧伤：局部皮肤真皮灼伤、灸后烧黑、结痂或化脓，化脓灸一般属于Ⅲ度烧伤。

灸后化脓者称为灸疮，多为无菌性，若溃疡面不弥漫扩大则可连续施灸；如果化脓多且溃疡扩大，脓汁变为黄绿色或疼痛流血且有臭味则提示发生继发感染，按外科常规方法处理即可。灸疮一般不加调理，经30天左右可自愈。如果化脓灸面积扩大，可用敷料保护，以防灸疮破溃，发生继发感染；也可贴淡膏药保护疮面，每天换药1次。关于灸后瘢痕，一般灸后3～4周左右，灸疮结痂，出现赤褐色疮面，逐渐缩小变成白斑，形成永久性平滑的瘢痕组织。这种瘢痕对身体无害，但应提前向老年人说明，征得老年人同意才可进行化脓灸。

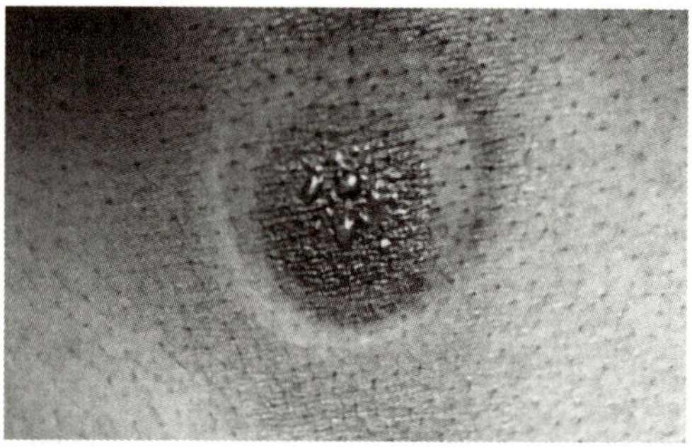

图3-4-15 灸后出水泡表现

施灸后，局部皮肤出现微红灼热，属正常现象，无需处理，很快即可自行消失。如果因施灸过量、时间过长，局部出现小水泡（图3-4-15），只要注意不擦破，可任其自然吸收。如果水泡较大，可用消毒毫针刺破水泡，放出水液，或用注射器抽出水液，再涂以龙胆紫，并以纱布包裹。行化脓灸者，灸疮化脓期间，要注意适当休息，保持局部清洁，防止污染，必要时可用敷料保护灸疮，待其自然愈合。如果因护理不当发生继发感染，灸疮脓液呈黄绿色或有渗血现象者，可用消炎药膏或玉红膏涂敷。

思考与练习

1. 艾灸疗法的适应证是什么？
2. 按照艾柱灸与艾条灸的操作方法进行实操。
3. 艾灸疗法有哪些注意事项？

任务三 艾灸疗法的综合应用

一、日常应用

艾灸疗法的日常应用如下。

（1）艾灸有温经通络、行气活血、祛湿散寒的作用，可用来调理风寒湿邪为患的病症及气血亏虚引起的眩晕、贫血等病症。

（2）艾灸有温补中气、回阳固脱的作用，可用于调理久泄、久痢、遗尿、脱肛及寒厥等。

（3）艾灸有消瘀散结的作用，对于瘰疬、痈肿未化脓者，有一定疗效。

（4）经常灸关元、气海、足三里等穴位，可增强抗病能力，起防病保健的作用。

（5）隔姜灸有解表散寒、温中止呕的作用，可用于调理外感表证、虚寒性呕吐、泄泻、腹痛等。

（6）隔蒜灸有清热、解毒、杀虫的作用，可用于调理痈肿疮疡、蠹虫咬伤，对哮喘、脐风、肺痨、瘰疬等也有一定疗效。

（7）隔附子饼灸有温肾壮阳作用，可用于调理命门火衰而导致的阳痿、早泄等。

（8）隔盐灸有温中散寒、扶阳固脱的作用，可用于调理虚寒性呕吐、泄泻、腹痛、虚脱等。

（9）温针灸具有针刺和艾灸的双重作用，一般针刺和艾灸的共同适应证均可运用。

二、特殊穴位应用

1. 百会穴

（1）功效：用于调理头痛、头重脚轻、痔疮、高血压、低血压、宿醉、目眩失眠等。百会穴为人体督脉经络上的重要穴道之一，是调理多种疾病的首选穴。

（2）用法：温灸。温灸该穴位，时间为 3 ~ 5 分钟，让罐体的温热、红外线及磁场刺激该穴位。每天坚持，有保健长寿的功效。

2. 肩井穴

（1）功效：用于调理肩背痹痛、手臂不举、颈项强痛、脑卒中、瘰疬、肩酸痛、头酸痛、头重脚轻、眼睛疲劳、耳鸣、高血压、落枕等；现代又多用于调理颈淋巴结结核、脑卒中偏瘫等。

（2）用法：寒则温之或先泻后补或灸之，热则泻针出气或水针。灸法：艾柱灸 3 ~ 5 壮，艾条灸 10 ~ 20 分钟。

3. 大椎穴

艾灸大椎穴能够起到保健作用，具有通阳解表、清热解毒、疏风散寒、清脑宁神、肃肺调气等功效。

4. 风门穴

艾条灸该穴位具有祛风解表、宣肃肺气、宣肺解表、益气固表的作用，同时具有调理感冒、伤风、咳嗽、发热头痛、颈椎病、胸背痛、肩膀酸痛等功效。

5. 肺俞穴

（1）功效：灸此穴可调补肺气、补虚清热，用于调理咳嗽、气喘、吐血、潮热盗汗、鼻塞等。

（2）用法：使用艾条悬灸，取穴时采取俯卧位或低头正坐。将艾条点燃后放于穴位上方，距离皮肤 2 ~ 3cm 左右进行熏灸，使皮肤有舒适温热感而无灼痛感为宜，一般每次灸 10 ~ 15 分钟，以局部皮肤潮红为度。每天或隔天灸 1 次。

6. 心俞穴

（1）功效：用于调理失眠、心悸、心痛、心绞痛、梦遗、盗汗、肋间神经痛、痫症、精神病等。

（2）用法：灸法。艾柱灸 3 ~ 5 壮，艾条灸 5 ~ 10 分钟。

7. 肝俞穴

（1）功效：灸此穴可疏肝利胆、理气明目，用于调理肝胆、神志、眼目、血证等疾患，如脘腹胀痛、胸胁支满、黄疸结胸、吞酸吐食、饮食不化、目赤痒痛、胬肉攀睛、目生白翳、雀目、青盲、癫狂、痫症、脊强反折、头痛眩晕、颈项强痛、腰背痛、咳逆短气、瘰疬等。

（2）用法：灸法。艾柱灸 3～5 壮，艾条灸 5～10 分钟。

8. 脾俞穴

灸此穴可利湿升清、健脾和胃、益气壮阳。现代常用于调理胃溃疡、胃炎、胃痉挛、神经性呕吐、肠炎等。

9. 胃俞穴

灸此穴可调理胃痛、呕吐、呃逆、腹胀、腹痛等。

10. 肾俞穴

灸此穴可调理腰痛、肾脏病、高血压、低血压、耳鸣、精力减退等。

11. 腰俞穴

灸此穴可调理腰脊强痛、腹泻、便秘、痔疾、脱肛、便血、癫痫、下肢痿痹等。

12. 膻中穴

灸此穴可调理胸痹、心痛、心烦、心律不齐、心绞痛、咳嗽气喘、气管炎、支气管炎、哮喘、胸膜炎等。

13. 神阙穴

灸此穴可调理腹胀、肝郁、消化不良等，适宜肝气郁结、抵抗力较差的人使用，也可用于健康老年人日常养生保健。

14. 内关穴

灸此穴可调理心痛、心悸、胸闷、胸痛、胃痛、呕吐、失眠、癫痫、上肢痹痛等（图 3-4-16）。

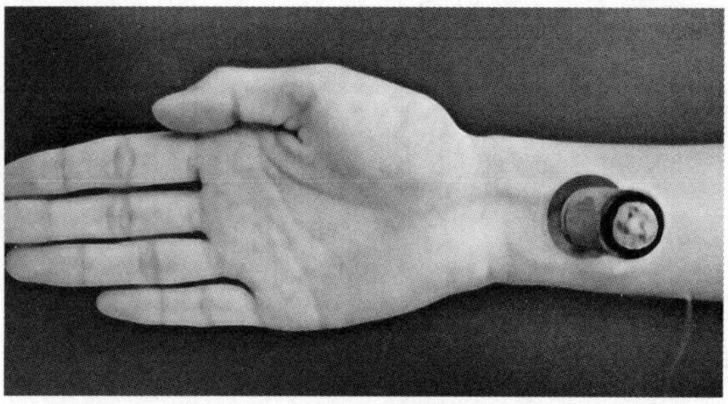

图 3-4-16　灸内关穴

15. 列缺穴

灸此穴可调理咳嗽、气喘、偏头痛、颈项强直、落枕、三叉神经痛、颜面神经麻痹、桡骨部肌炎、哮喘、感冒、支气管炎、鼻炎、齿痛、脑贫血、惊悸、半身不遂、神经性头痛等（图 3-4-17）。

16. 合谷穴

灸此穴可调理头痛、牙痛、肠胃疾病、脑卒中、高血压等（图 3-4-18）。

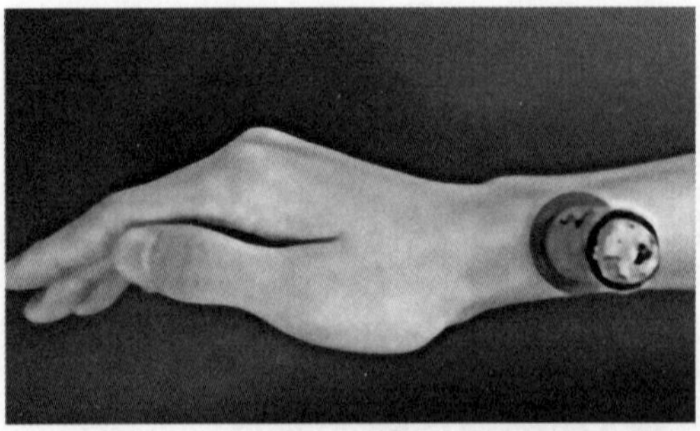

图 3-4-17　灸列缺穴

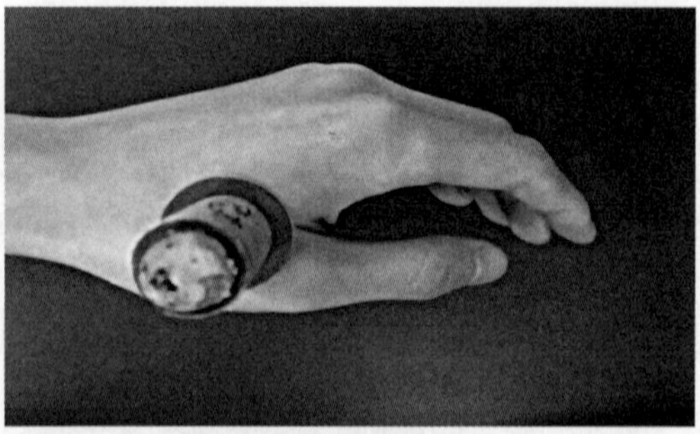

图 3-4-18　灸合谷穴

17. 阳陵泉穴

灸此穴可调理膝关节炎、腰痛、脚麻痹、下肢瘫痪、关节筋迟缓或痉挛肿痛、抽筋、麻痹、坐骨神经痛、腰腿疲劳、踝扭伤、肩周炎、落枕、腰扭伤、臀部肌肉痛；缓解消化不良、胃溃疡、胆囊炎、肝炎、胆结石、胆绞痛、胆道蛔虫症、习惯性便秘；缓解高血压病、遗尿、肋间神经痛（图 3-4-19）。

18. 足三里穴

灸此穴，能增强免疫力、缓解疲劳、强壮筋骨、延缓衰老，对结核病、伤风感冒、高血压、低血压、动脉硬化、冠心病、心绞痛、风心病、肺心病、脑溢血及其他病症都有防治作用；调理耳鸣、眩晕、腰痛、尿频、遗尿、小便不通、哮喘等；调理胃肠虚弱、食欲不振、肠鸣、腹泻、便秘、消化吸收不良、急 / 慢性胃炎、急 / 慢性肠炎、胰腺炎、腹水膨胀、肠梗阻、痢疾、胃下垂等（图 3-4-20）。

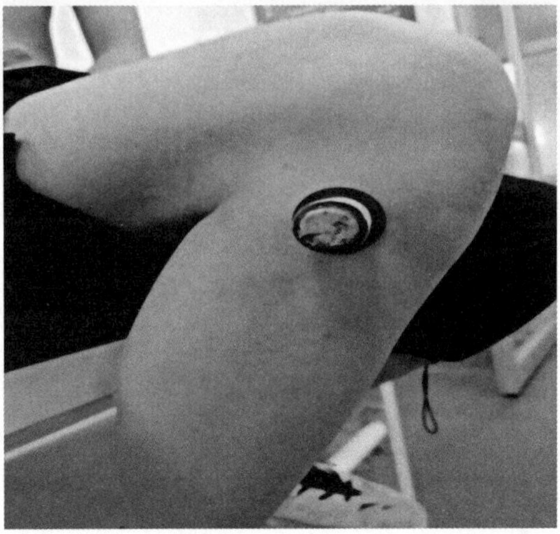

图 3-4-19　灸阳陵泉穴

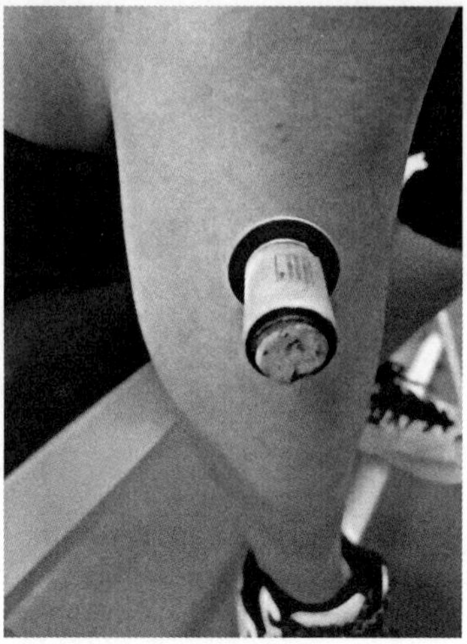

图 3-4-20　灸足三里穴

19. 三阴交穴

灸此穴可调理小便不利、遗尿、脚气、失眠、神经性皮炎、高血压、脾胃虚弱、腹泻等（图 3-4-21）。

20. 涌泉穴

灸此穴可调理昏厥、中暑、癫痫等急症及神智病症，如头痛、头晕、小便不利、便秘、足心热、咽喉肿痛等；还用于调理休克、高血压、失眠、癫痫、遗尿、神经性头痛等。药物敷贴涌泉穴是现代医疗中常用的调理方法之一（图 3-4-22）。

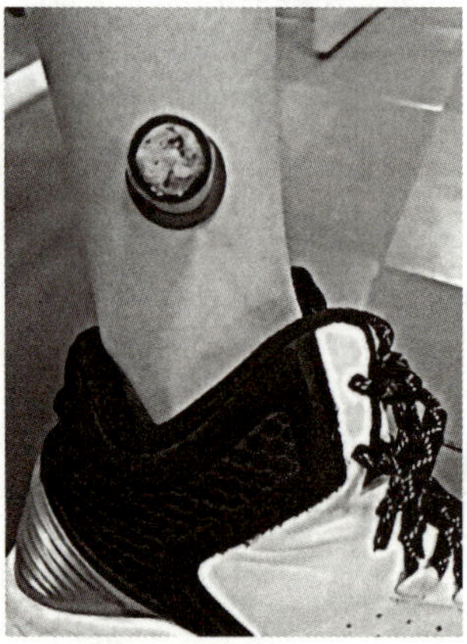

图 3-4-21 灸三阴交穴

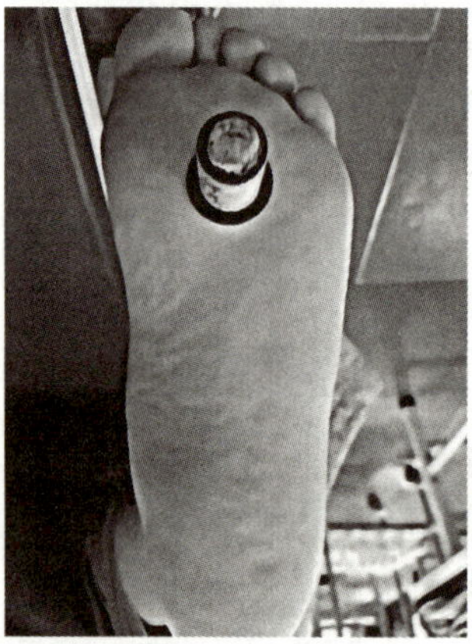

图 3-4-22 灸涌泉穴

思考与练习

请想一想，在特殊穴位使用艾灸疗法，应注意哪些方面？

项目五　热熨疗法

热熨疗法（图 3–5–1），是中医独特、有效的外调理方法之一，具有操作简单、取材方便、费用低廉、疗效迅捷、安全无痛苦等特点。

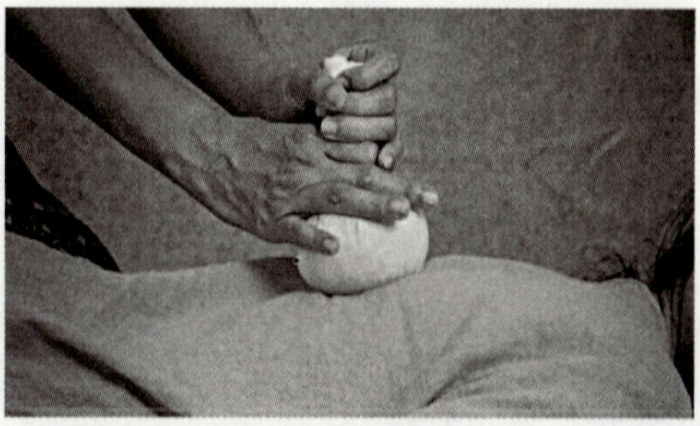

图 3–5–1　热熨疗法

任务一　热熨疗法知识

一、概念

热熨疗法是采用药物和适当的辅料经过加热处理后，敷于患部或腧穴的一种方法，是利用吸热的物体，或加入某些药物，加热后放置在皮肤或特定穴位上，适当地移动位置，以达到行气活血、散寒定痛、祛瘀消肿的功效。此法可借助温热之力，将药性由表达里，通过皮毛腠理、循经运行、内达脏腑、疏通经络、温中散寒、畅通气机、镇痛消肿、调整脏腑阴阳，从而达到治病的目的。

二、功效与种类

1. 作用原理与功效

热熨疗法是联合热力与中药药力作用于肌表，通过经络血脉输布全身，直达病所，以调理疾病的一种传统方法，具有温经通络、镇痛消肿、祛湿散寒、调整脏腑阴阳的作用。热熨疗法可以促进血液循环，增加局部药物浓度，并改善周围组织营养代谢，从而达到调理疾病的目的。

2. 分类

热熨疗法根据其制材方式不同，可分为以下几种类型。

（1）药包热熨：将选好的药物在砂锅内或铝锅内加热，用布包裹，贴敷患病部位或穴位。每次热熨时间不宜超过 30 分钟，每天 2 次。

（2）药饼热熨：将药物研成极细的粉末，加入适量面粉，做成饼状，或蒸或烙；或直接用面粉做成饼状，或蒸或烙，将药物细末置于热饼之上，贴敷患病部位或穴位，凉后即换。

（3）药末热熨：将选定的药物研成细末，或将所选用的药物捣烂，直接放置在一定的部位或穴位上进行贴敷。

（4）药液热熨：将药物煮熬，用纱布吸取药液，直接贴敷于患病部位。

（5）药渣热熨：将选好的药物煮熬，去汁存渣，用其药渣热熨于患处，并盖上纱布等物，或用热药汁滴沾，以防散热太快。

思考与练习

1. 热熨疗法的概念是什么？
2. 请简要说一说热熨疗法的作用原理与分类。

任务二 热熨疗法技能

一、操作要点

1. 药包热熨

药包热熨是一种根据老年人实际情况辨证选用一定的方药，水煮后制作成药包，在患病部位热熨、烫熨的方法，在各类热熨疗法中制作较为简便，应用广泛。

（1）将选好的药物装入药包，并用绳子把药袋口扎紧（防止药渣外漏）后放在水中或高浓度酒中完全浸泡半小时；可根据实际情况延长时间，将药包放在锅中隔水蒸热 15 ~ 20 分钟或者放在微波炉中进行加热（使用微波炉一般高温加热 5 ~ 8 分钟即可，避免长时间加热、水分过度蒸发，使药物干燥，引起药材燃烧）。

（2）根据调理部位，老年人采取舒适体位，充分暴露患处。操作者取出药袋，晾至 60℃ ~ 70℃，操作者用轻快的手法将药包放在患处来回揉擦，当药袋温度降低至老年人能耐受的温度后，揉擦速度可适当减慢。

（3）热熨过程中应询问老年人温度是否合适，若温度偏高，可在患处周围快速来回烫熨，待药包温度降低至老年人感觉适合的温度后，可将药包直接贴敷在患处。

（4）观察皮肤情况，局部皮肤出现潮红即可，每次热熨时间不宜超过 30 分钟，每天 2 次。

（5）对于痛温觉减退的老年人（糖尿病、神经系统疾病等），热熨时可用温度计探测药包温度，贴敷时药包内温度高于体表温度 2℃ ~ 3℃ 即可。密切观察施术部位皮肤情况，避免药包温度过高或贴敷时间过长导致皮肤烫伤起泡而导致感染。

2. 日常应用方法

（1）盐熨法——关节酸痛：将食盐放入锅内，用小火炒至极热，将其分别装入两个布袋内，系好袋口，其中一个放在患处热熨，待凉后换另一个布袋，每次热熨 1 小时，每天 1～3 次，至痊愈止。此方法常用于调理风寒腹痛、冷痛、慢性腹泻、风湿腰痛、关节酸痛等病症。

（2）麸熨法——食积胃痛：将麦麸 500～1000g 炒热后装入布袋内，敷在胃脘处。此方法常用于调理食积胃痛、胸膈胁痛等病症。

（3）葱盐熨法——肚腹寒痛：取葱（切碎）、盐各 500g，一起放入锅内，微炒热，装入布袋内，敷于腹部。此方法常用于调理肚腹寒痛、小便癃闭、腹泻、跌打损伤等病症。

（4）生姜熨法——寒湿痹痛：取生姜 500g，捣烂后装入布袋内，敷于患处，上置热水袋热熨 1～2 个小时。此方法常用于调理心胸痞满、胃气虚寒、痰饮积滞、消化不良、呕吐腹泻、寒湿痹痛等病症。

二、适应证

热熨疗法适用于以下病症：骨科或脑卒肢体关节活动不利、痉挛僵硬等；风湿、类风湿关节炎、肩周炎、强直性脊柱炎等风湿类疾病；腰椎间盘突出症、退行性骨关节病、各种急 / 慢性软组织损伤等痛症；银屑病、硬皮病、皮肤瘙痒症、脂溢性皮炎等皮肤病；感冒、咳嗽、糖尿病、失眠、神经官能症、血栓闭塞性脉管炎、慢性肠炎等内科疾病；近视、远视、泪囊炎、过敏性鼻炎、鼻窦炎等五官疾病。

三、注意事项

使用热熨疗法时，应注意以下几个方面。

（1）严格掌握热熨的温度和手法力量的大小。热熨温度以老年人能够耐受为宜，熨剂温度过高容易熨伤皮肤，温度过低则影响药效的渗透。热熨手法有推、揉、擦、按等，力度应恰当，温度高时，手法应轻快；温度稍低时，手法稍重。

（2）操作过程中应经常询问老年人的感受，如果出现头晕、头痛、心悸、恶心等不适及皮肤烫伤、擦伤、过敏等现象，应及时停止调理。

（3）重点询问老年人有无糖尿病或者有无神经系统疾病，此类老年人皮肤敏感性、耐受性差，要适当降低热熨温度；皮肤感染、皮损处不得施予本法，以防感染。

（4）由于调理时要充分暴露患处或调理部位，寒冷季节应该有取暖设备，以免着凉感冒，热熨后避风保暖，静卧休息。

（5）老年人热熨后适当饮温开水。

（6）热熨时，如果患处出现水泡，小的水泡应避免刺破或者挤压，应待其自然吸收即可。若水泡较大，则要消毒后用无菌毫针在水泡底部刺破放水，保护创面，可在局部涂抹烧伤膏防止感染。

思考与练习

1. 请简要说一说热熨疗法的操作要点。
2. 热熨疗法有哪些注意事项?

任务三　热熨疗法的综合应用

热熨疗法适用于下列病症。

一、急性阑尾炎

盐熨方：粗盐 500g，放铁锅内炒至频频发出爆裂声时，加入食醋少许，然后装入事先缝好的布袋内，趁热熨右下腹压痛明显处，每天 1～2 次，布袋凉则更换，7 天为 1 疗程。

功能：温经通络、理气止痛，可调理阑尾周围脓肿。

二、胃脘痛

胃痛热熨方：连须葱头 30g、生姜 15g，一起捣烂炒烫，装入布袋，热熨胃脘部，药袋凉则更换，每天 2 次，每次 30 分钟，或以疼痛缓解为度。

功能：温胃散寒，可调理寒性胃痛。

三、腹痛

腹痛热熨方：食盐 1000g，或麸皮 250g，或姜渣 500g，任选一种放入锅内炒热，装入布袋，遍熨腹部。一般先由上而下、由右至左，布袋凉则更换。

功能：温经通络，可调理寒性腹痛。

四、呃逆

呃逆热熨方：羌活 15g、附子 15g、茴香 10g、木香 10g、干姜 10g、食盐 250g，一起炒热，装入布袋，频熨天枢穴处，布袋凉则更换，每天 1 次。

功能：温中降逆、止呃，可调理寒呃。

五、胁痛

胁痛热熨方Ⅰ：青皮适量，打碎，拌醋炒烫，装入布袋，热烫胁痛处。布袋凉则更换，每天 2 次，每次 30 分钟。

功能：理气止痛，可调理胁下瘀积所致的疼痛。

六、头痛腰痛

盐熨法：取粗盐 500g、艾叶 20g，在锅内拌炒，使其受热均匀，炒热后立即放入缝好的布袋内。

功能：热熨腹部，可调理虚寒性胃脘痛；热熨腰背，可调理肾虚腰背痛；热熨肩部，可调理肩周炎；热熨前额，可调理头痛。

七、风湿关节痛

姜熨法：取生姜 250g，洗净捣烂，挤出姜汁，备用。将姜渣炒热，装入布袋，热熨患处。待生姜凉后，加入姜汁再炒热，熨之。

功能：可调理因过食生冷、油腻而引起的脘腹痞满、胀痛等，还可以调理风湿性关节炎以及扭伤、挫伤引起的局部肿痛。

八、老寒腿

醋盐熨法：取粗盐 300g，炒热，然后加入姜汁、醋各 20mL，边炒边撒，撒完后，再炒一会儿，将炒好的粗盐用布袋装好。

功能：热熨下肢，可调理小腿抽筋及“老寒腿”。

九、关节痛

葱熨法：取生葱 250～500g，捣碎，放入热锅内炒至极热，加少许白酒，搅拌均匀，装入布袋，热熨脘腹或腰腿患处。

功能：可调理因消化不良引起的胃脘痞满、关节痛、腰酸困等。

十、颈肩腰腿痛

麸皮熨法：取小麦麸皮500g，炒热，洒入白酒少许，搅拌均匀，装入布袋，热熨患处。

功能：可调理颈肩腰腿痛。

十一、腰背痛

热水熨法：在以上材料缺乏的情况下，也可以直接用热水。取热水袋，装入热水，塞紧盖子，然后热熨患处。

功能：可用于胃脘痛、腹痛、腰背痛以及局部扭伤的调理。

思考与练习

1. 针对不同疾病选择不同的方法熟练地进行热熨。
2. 能正确处理热熨过程中的相关事宜。

项目六 熏洗疗法

熏洗疗法，历代习用，并逐渐发展，应用范围不断扩大。

任务一 熏洗疗法知识

一、概念

熏洗疗法，是将药物煎汤，趁热在皮肤或患处进行熏蒸、淋洗的方法（一般先用药汤蒸气熏，待药液的温度合适时再洗）。此方法是借助药力和热力，通过皮肤、黏膜作用于肌体，促使腠理疏通、脉络调和、气血流畅，从而达到调理和预防疾病的目的。

二、功效与分类

（一）作用原理及功效

熏洗疗法是利用药物加水煮沸后产生的蒸气熏蒸患处，通过热疗、药疗的双重作用而取效。热疗能疏松腠理、开发汗孔、活血通经、松弛痉挛的肌筋；药疗能对症调理。两者配合使用，能发挥散寒除湿、发汗祛风、温经通络、镇痛止痒的作用，可以加速血液、淋巴液的循环，促进新陈代谢，加快代谢产物的清除，同时利用热能的作用，促使皮肤、黏膜充血，有利于对药物的吸收，提高体内药物浓度，适用于关节痉挛僵硬、运动系统疾病、慢性风湿类疾病、皮肤类疾病、痛症、周围血循环障碍及内科普通疾病等。

（二）分类

1. 全身熏洗法

（1）室内熏洗法：密闭调理室或者调理舱，将药物加热煮沸，蒸发气体。老年人裸露身体，或坐或卧，室温从30～35℃，渐增至39～42℃。熏蒸15～30分钟，熏蒸后安静卧床休息，隔天调理一次，5～10次为1疗程。

（2）简易熏洗法：将加热煮沸的中药煎剂倒入较大容器内，容器上置木板，老年人裸坐其上，用被单包裹全身，仅暴露头面进行熏蒸。

2. 局部熏洗法

将加热煮沸的中药煎剂倒入适当大小的容器中，使药液占容器体积的1/2左右，将患处置于容器中，距离药液一定距离，以感觉皮肤温热舒适为宜，也可以在容器上覆盖毛巾，不使热气外透，进行熏蒸。

思考与练习

1. 熏洗疗法的概念是什么？
2. 熏洗有哪些功效？
3. 熏洗疗法可以分为哪几种类型？

任务二　熏洗疗法技能

一、操作方法

熏洗疗法可分为全身熏洗法、局部熏洗法两种。下面介绍局部熏洗法的操作方法。

1. 手熏洗疗法

（1）根据病症确定用药调理方法，准备好脸盆、毛巾、布单。

（2）将煎好的药汤趁热倒入脸盆，老年人先把手臂搁在盆口上，上覆布单不使热气外泄。待药液不烫手时，再将患手浸于药液中泡洗。

（3）熏洗完毕后用干毛巾轻轻擦干，避风。

2. 足熏洗疗法

（1）按照病症确定用药调理方法，准备好木桶或铁桶、椅子、小木凳、布单、毛巾。

（2）将煎好的药汤趁热倒入木桶或铁桶中，桶内放置一张小木凳，略高出药汤面。老年人坐在椅子上，将足搁在桶内小木凳上，用布单将桶口及腿盖严，进行熏疗。待药汤不烫足时，取出小木凳，将患足没于药汤中泡洗。根据需要，药汤可浸泡至踝关节或膝关节部位。

（3）熏洗完毕后，用干毛巾擦干患处皮肤，注意避风。

3. 眼熏洗疗法

（1）按照病症确定用药调理方法，准备好脸盆或保温瓶、消毒药棉或消毒纱布、布单、毛巾。

（2）将煎好的药汤趁热倒入脸盆，老年人采取端坐姿势，向前微微弯腰，面向药汤，两眼紧闭，然后用布单将脸盆口盖严，勿使热气外泄；或将煎好的药汤趁热注入保温瓶内，将患眼对准瓶口先熏，待药液降温至不烫手时，用消毒药棉或消毒纱布蘸药液频频热洗患眼；也可用洗眼杯盛温热药汤，老年人先低头，使洗眼杯口紧扣在患眼上，接着紧持洗眼杯随同抬头，不断开合眼睑，转动眼球，使眼部与药汤接触。如果患眼分泌物过多，应用新鲜药液多洗几次。

（3）熏洗完毕后，用干毛巾轻轻擦干眼部（图3-6-1），然后闭目休息5～10分钟。

图3-6-1　擦干眼部

4. 坐浴熏洗疗法

（1）按照病症确定用药调理方法，准备好脸盆、横木架或坐浴椅、毛巾。

（2）将煎好的药汤趁热倒入脸盆，在盆上放置横木架，老年人暴露臀部坐在横木架上进行熏疗；或用坐浴椅，把盆放在椅子下熏疗。待药汤不烫手时，把臀部浸入盆中泡洗。

（3）熏洗完毕后，用干毛巾擦干，更换干净内裤。一般每天熏洗1～3次，每次20～30分钟。其疗程视调理效果较佳为准。

二、禁忌证及注意事项

（一）禁忌证

熏洗疗法的禁忌证如下。

（1）大范围感染性病灶且已化脓破溃时，禁止使用局部熏疗。

（2）有过敏性哮喘病者禁用香包熏法。

（二）注意事项

使用熏洗疗法时，应注意以下几个方面。

（1）冬季熏蒸时，应注意保暖，避免吹风，暴露部分尽可能加盖衣被。

（2）熏蒸时应注意与药液保持一定的距离，以感觉皮肤舒适为宜，掌握药液温度，避免被蒸气烫伤。

（3）熏蒸前不宜过饱、过饥。

（4）全身熏蒸时间不宜过长，不宜超过20分钟。熏蒸过程中，如老年人发生恶心、呕吐、胸闷、气促、头晕、心跳加快及不适时，应立即停止熏蒸，让老年人在通风处卧床休息，并给予对症处理。

（5）使用局部熏洗法时，药物置于熏管内时务必压紧、压牢，防止点燃的药物脱落灼伤皮肤、烧坏衣物。居室熏烟时，点燃的药物要远离易燃物，防止失火。

（6）熏蒸时若发现皮肤过敏，应立即停止熏蒸，并给予对症处理。

（7）对于被包扎的患部，熏洗时应揭去敷料，熏洗完毕应更换敷料，重新将患部包扎好。

（8）应用熏洗疗法，如果无效或病情加重者，应停止熏蒸，改用其他调理方法。

（9）急性炎症、肺心病、高血压不能控制者等禁全身熏蒸。

（10）凡年老体弱、病情较重较急者，熏蒸时要有专人陪护，避免烫伤、着凉，或发生意外受伤。

思考与练习

1. 常见熏洗疗法的操作方法分别是什么？
2. 熏洗疗法的禁忌证及注意事项分别有哪些？

任务三　熏洗疗法的综合应用

中药熏洗疗法（图 3-6-2）具有无痛苦、无危险的特点，药物直接作用于病变局部，具有活血化瘀、通络止痛、清热解毒、利湿消肿、改善肢体微循环等多种功能。中药熏洗疗法适用于下列病症。

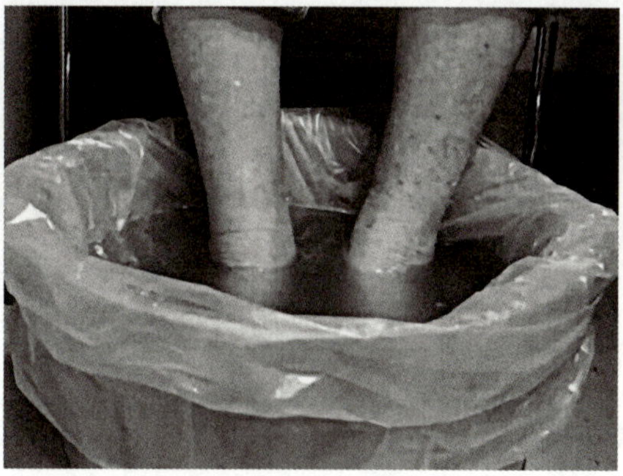

图 3-6-2　中药熏洗

一、外伤疼痛

活血止痛洗剂：艾叶、土细辛、川桂枝、甘松、山柰、炙川乌、炙草乌、伸筋草、海桐皮各 10g，红花 9g，川椒目 30g，茜草 15g，将以上药材放入锅内，多加些水，煎滚后置于盆内，先以热气熏患处，待药液温度合适后外洗患处，每天 2 次，7 天为 1 疗程。

功能：活血、化瘀、止痛，主治外伤疼痛。

二、痛风

马钱子洗剂：马钱子、生半夏、艾叶各 20g，红花 15g，王不留行 40g，大黄、海桐皮各 30g，葱须 3 根，上药煎汤 2000mL，置于桶内，先以热气熏蒸患部，待药液温度合适后，浸洗患处，每天 2 次，7 天为 1 疗程。

功能：活血止痛，主治痛风、关节痛。

三、腰痛

活血通络汤：桃仁、红花、乳香、没药、五倍子（砸碎）、黑豆各 20g，赤芍 15g，甘草 15g，白酒 30g，上药加水 3000mL，煎至水液减少到一半时，加入白酒趁热熏患处，待药液温度合适后，便可用毛巾浸液洗患处。在药液尚有余热时停止熏洗，用干毛巾擦干患处，一次熏洗 30 分钟，1 剂药洗 4 次。

功能：活血化瘀、通络止痛，主治外伤或急性扭伤导致的腰痛。

四、面肌痉挛

防风汤：防风 12g、羌活 12g、川芎 15g、白僵蚕 10g、当归 12g，上药煎水，先熏后洗患侧面部，每天 2～3 次，每次 20～30 分钟，10 天为 1 疗程。

功能：活血祛风，主治面肌痉挛。

五、关节脓肿

公英地丁汤：夏枯草 30g、蒲公英 60g、地丁 40g、金银花 30g、丹皮 15g、黄连 12g、白芷 15g、黄芪 20g，水煎外洗，每天熏洗 1～2 次，5～7 次为 1 疗程。

功能：清热排脓，主治关节脓肿已化脓者。

六、足癣

苦参汤：苦参、菊花各 60g，蛇床子、银花各 30g，白芷、黄柏、地肤子、大菖蒲各 20g，射干、胡黄连、白藓皮各 15g，上药混合煎汁适量，先熏后洗 30 分钟，15～20 天为 1 疗程。

功能：清热燥湿，主治以皮损、瘙痒为主的足癣。

七、神经性皮炎

牛皮癣洗剂：蛇床子、苦参、牛蒡子、防风、芥穗、泽兰、赤芍、川椒、白蘚皮、鹤虱、生川乌、生草乌、皂角各15g，丹皮10g，大枫子25g，上药共为粗末，用纱布包扎好，加水煎煮后，过滤去渣，以药液趁热熏洗患处，每天2次，每次1～2小时，直至痊愈。

功能：清热燥湿、活血祛风，主治神经性皮炎。

八、痔疮

却毒汤：五倍子、花椒、防风、侧柏叶、枳壳、葱白、苍术各10g，瓦松、马齿苋、甘草各15g，芒硝30g，用水3000mL，煎至1500mL，先熏后洗，每天3次。

功能：祛风活血，主治痔疮。

当归地榆汤：当归30g、生地榆30g、大黄30g、黄柏30g、芒硝60g，将上药加水2000mL，煎煮后，去渣，加入芒硝，置盆内，坐浴熏洗，每晚1次，严重者每天2～3次。

功能：清热、活血、祛风，主治痔疮。

思考与练习

1. 针对不同疾病选择不同的方法熟练地进行熏洗。
2. 能正确处理熏洗过程中的相关事宜。

4

工作领域四

老年人其他日常康复调理方法

学习导读

本领域重点介绍传统运动疗法、饮食疗法、情志疗法。

运动、饮食、情志等对老年人的健康生活有着不可或缺的影响。适度的运动有助于加快血液的循环，增强消化和吸收功能，缓解腹胀、腹痛、便秘、反酸、烧心、消化、吸收不良的情况，对于消化系统的健康、心血管疾病的预防、神经系统功能的改善有着显著影响；对常见的心、脑、肾等各个脏器生理功能减退，代谢功能紊乱，免疫功能低下，高血压、糖尿病、冠心病及运动障碍等各种慢性疾病有预防和恢复效果。适当保持运动量的老年人，心梗和脑梗死的猝死率相对较低。

老年人合理的饮食可以满足身体营养、发育、生理、活动所需，增强抵抗力；通过饮食调理可以在一定程度上预防疾病，使老年人保持健康的状态，进而延长老年人寿命。此外，通过情绪疏导，使老年人保持乐观、积极、稳定、向上的情绪，有助于老年人形成良好的精神面貌，减少情绪诱发的各类疾病。

学习目标

能正确认识传统运动对老年人健康的重要意义。

熟悉老年人传统运动的主要内容与老年人合理膳食的原则。

能科学运用情志疗法提高老年人健康水平。

学习实施

本领域共有三个项目。学生通过自主学习、合作学习、实践练习等方式，熟知传统运动疗法、饮食疗法、情志疗法对老年人健康的重要意义，熟知老年人运动与老年人日常膳食搭配的原则，能够协助老年人进行运动与合理膳食，并适时地为老年人提供情绪疏导。

项目一　传统运动疗法

老年人身体的各项机能开始减退，基础疾病增多，适当的运动可以强身健体，预防各种疾病的侵袭。体育运动不仅可以给老年人的生理带来正面效益，如稳定血压、调理肠胃、控制体重、对抗衰老等，还能够给老年人的心理带来一种愉悦的情绪和体验，提高老年人对焦虑、沮丧等心理负面情绪的免疫能力，对老年人保持心理健康具有积极影响。

任务一　老年人传统运动疗法知识

传统运动疗法又称传统体育疗法，是指进行具有我国特色和优良传统的运动锻炼形式，通过练意、练息、练形，以调养老年人的精、气、神，进而促使其身心康复的一类方法。

一、传统运动的内容

老年人传统运动具体包含以下内容。

（1）步行：是最适合老年人的运动，经常步行锻炼，能调节各器官功能，增强腰腿肌力。

（2）体操：如广播操、保健操、医疗体操等。

（3）慢跑：一次不超过 30 分钟。

（4）健身操、健身舞、太极拳、各种棋类活动、唱歌、跳舞等。

二、传统运动疗法的特点

1. 注重体验，不求争先

老年人不宜进行引体向上、俯卧撑等强度过大的运动，应尽量选择那些强度较小的运动，如以慢走替代跑步等。传统运动疗法大多不是竞技型运动，没有争夺输赢的目的。比如八段锦、太极拳、五禽戏等，注重的是自身的精神状态、形体动作与自然界融为一体，讲究的是身体内部功能的融合、圆通。

2. 三才兼修，融会贯通

老年人要将自己的身体放在天、地之间，个人的形体、精神、气息都要和自然界进行信息交换，以达到信息互通、状态同步，形成天、地、人三位一体。传统运动要练形、练气、练意，也要养精、调神；也就是形、神、息并调，精、气、神并练。

三、传统运动疗法的原则

1. 因人制宜

老年人的运动强度要轻，动作要柔，频率要慢，时间要短。坚持有氧运动，即中等强度的体育活动，严格来说，运动时的心率达到本人最高心率的70%~75%即可，如慢跑、快步走、游泳、舞蹈、登山、爬楼梯、骑自行车以及某些球类项目。这些项目的特点是时间长短、强度大小可根据老年人的身体状况灵活掌握，呼吸比较均匀，锻炼时还可以与同伴交谈。

2. 因时制宜

一般早晨运动较好，因为早晨的空气较新鲜，但冬天的锻炼不宜太早。此外，稍微剧烈的运动，不要在吃饭前后进行，因为人体在饭前呈现饥饿状态，血液中葡萄糖含量低，易发生低血糖症；饭后剧烈运动，大部分血液流到肌肉里去，胃肠的血液相对减少，不仅影响消化，还可能引起胃下垂、慢性胃肠炎等疾病。总之，许多运动要因时制宜，有益健身。

3. 持之以恒

老年人可以通过运动，达到机体功能的逐步提高，但老年人的运动量和强度应以自己的体能和健康状况为基础，循序渐进，并持之以恒，才可达到增强老年人的体质、防治疾病的目的。运动养生不仅是身体的锻炼，也是意志和毅力的锻炼。锻炼身体并非一朝一夕之事，要持之以恒，要把坚持运动当作每天的习惯去培养，长此以往，受益终生。

4. 循序渐进

运动强度要适当。如果运动时感到发热、微汗，运动后轻松、舒畅，说明运动适当。但如果运动时出现头昏、胸闷、心悸，运动后食欲减退、睡眠不好、明显疲劳，说明运动量过大，需及时调整运动量。

四、传统运动疗法的注意事项

老年人在进行传统运动时，应注意以下几个方面。

（1）合理选择。老年人应根据自己的年龄、体质状况、身体素质、兴趣爱好、所处环境条件等选择合适的运动项目。运动的方式、方法须与老年人的生理、心理相适应，不宜参加激烈、速度快、强度大、迅速改变体位、带有身体接触、竞争性强的运动。老年人应选择轻量、安全的重量训练，如举小沙袋、握小杠铃、拉轻型弹簧带等，而且每次训练不宜时间过长，以免受伤。一定要正确把握运动量，做到适度锻炼。

（2）要排除杂念，放松精神，排净二便，宽衣松带。

（3）坚持安全第一。运动前，先进行5~10分钟的热身和整理运动，以防突发疾病，造成损伤。运动后给予充足时间拉伸恢复；运动要适当，要有规律和计划。切忌在思未静、体未松、肢未动的情况下，便立即进入运动状态。

（4）锻炼后，依次放松意念和肢体。每次锻炼之后应以机体舒适自然为度，不应产生胸闷、头晕、疲乏、食欲不振、睡眠不安等现象。老年人锻炼后，一般在 24 小时内得到恢复是正常现象，最长不超过 2～3 天。老年人一般每天能坚持 1 小时的体力活动，或走步累计 5000～6000 步，就可以达到健身的目的。

思考与练习

1. 老年人传统运动具体包含哪些内容？
2. 老年人传统运动疗法具有哪些特点？
3. 老年人传统运动疗法有哪些注意事项？

任务二　老年人传统运动疗法

老年人传统运动疗法内容丰富，除散步、慢跑、游泳、健身操等项目外，这里重点介绍八段锦、太极拳、广场舞、五禽戏。

一、八段锦

八段锦（图 4-1-1）的内容丰富、动作多样，涉及脏腑较多，长期坚持锻炼，不仅可以提高机体肌肉运动能力，还可以提高关节活动灵活性，具有强身健体、聪耳明目、延年益寿之功效。八段锦简单易学、强身养身，在社会上流传较广，颇受欢迎。八段锦以调和阴阳、通理三焦为主旨，以动入静、以静入动、动静皆宜、顺乎五形、发其生机、神奇变化、通和上下、和畅气血、去旧生新、充实五脏、驱外感之诸邪、消内生之百病、补其不足、泻其多余，消长之道，妙用无穷。

图 4-1-1　八段锦图

（一）八段锦相关知识

1. 由来

八段锦，是我国民间流传较广、作用较好的一套健身操，距今已有 800 多年的历史。八段锦即八段动作，古人认为这八段动作美如画锦，故称八段锦。八段锦的运动锻炼特别适合各脏腑组织或全身功能衰减者，尤其受到慢性病老年人的喜爱。

2. 功效与作用

八段锦具有滋阴助阳、培元补气、疏通经络、活血生津的功效，同时具有改善肌肉关节活动、改善体质、提高抗病能力的作用。八段锦为康复调理类的动作，整套动作调理三焦、脾胃，能祛心火、固肾腰，长期坚持练习能够增强人体免疫力，提高抗病能力。八段锦就是通过活动全身关节及肌肉、调节精神紧张、改善新陈代谢、增强心肺功能、促进血液循环，从而提高人体各个生理机能。

（1）对心血管的作用：八段锦气贯丹田的深、长呼吸，可使心律减慢，降低心肌氧消耗量。由于促进了全身血液循环，从而减低心脏负荷，有利于提高心脏功能。

（2）对呼吸系统的作用：八段锦的定静作用和内脏按摩作用，可使呼吸通道顺畅，从而改善肠气肿和心肺的各种疾病。

3. 特点

（1）八段锦为徒手定步功法，不需要借助任何设备，也没有场地要求；身法端庄，姿势舒展大方，动作简单易学，非常适合老年人练习此功。瘦弱者可健壮，体胖者能减肥。

（2）节省时间，全套练习不超过 10 分钟，每天早晨、傍晚各练习一遍便可。一般饭后 0.5 ~ 1 小时后适合练习；练完八段锦，过 0.5 ~ 1 小时后再吃饭比较好，否则会影响消化功能，易导致胃肠不适；同时，建议在练完八段锦 0.5 ~ 1 小时后再洗澡。

（3）八段锦有八段动作，每段动作都能调动身体的不同部位运动起来，内功感受明显，气感强，只要姿势正确，很多人坚持 3 ~ 6 个月，就能明显发现身体的改善。只要坚持练下去，练的方法正确，一定会受益匪浅；长期坚持，实为一种享受，其乐无穷。

（4）每逢节气、天体运动的节点，自然能量变动大，练八段锦疏通经络，效果更明显。

4. 原则

（1）适度为要，谨防过量。

（2）坚持不懈，持之以恒。

（3）劳逸结合，张弛有度。

（4）形神兼一，讲究统一。

（二）八段锦的练习

1. 要领

（1）意守丹田。要求“用意引导动作”。意到身随，动作不僵不拘。要心情舒坦，精神安定，意识与动作配合、融汇成一体。姿势自如，强调“意守丹田”，意练重于体练。

（2）刚柔结合。在练习时要求身心放松，身体重心放稳。根据动作要领，有轻缓、有用力的动作。始终注意松中有紧，松力时要轻松自然，用力时用力要均匀，稳定而且含蓄在内。

（3）八段锦要配合呼吸。初学者呼吸自然、平稳，用鼻做腹式呼吸。练久、练熟后，逐步有意识地用呼吸与动作配合。一般来说，动作开始、吸气为多，动作终了、呼气为多，做到呼吸深、长、匀、静。同时，呼吸、意念与每个动作的要领相配合，贯串一气，更好地利用意识引导练功。

2. 主要动作

（1）第一式，两手托天理三焦（图 4–1–2）。

两脚平行开立，与肩同宽。两臂徐徐分别自左右身侧向上高举过头，十指交叉，翻转掌心极力向上托，使两臂充分伸展。同时，缓缓抬头上观，要有擎天柱地的神态，此时缓缓吸气。随后，翻转掌心朝下，在身前正落至胸高时，随落随翻转掌心再朝上，微低头，眼随手运，缓缓呼气。

图 4-1-2　两手托天理三焦

注意：两手上托时，小腹微回收，不要挺肚翘臀。上托到极致时，要注意保持上下抻拉感，此时可以屏住呼吸片刻，以不憋气为度。

（2）第二式，左右开弓似射雕（图 4–1–3）。

两脚平行开立，略宽于肩，成马步站式。上体正直，两臂平屈于胸前，左臂在上，右臂在下。手握拳，食指与拇指呈八字形撑开，左手缓缓向左平推，左臂展直，同时右臂屈肘向右拉回，右拳停于右肋前，拳心朝内，如拉弓状，眼看左手。另一侧练习动作相同，方向相反，如此左右各开弓 4 ~ 8 次。

注意：一是意守下丹田，二是左右往后瞧，而瞧的关键是脊柱从上向下、从下向上地转动。

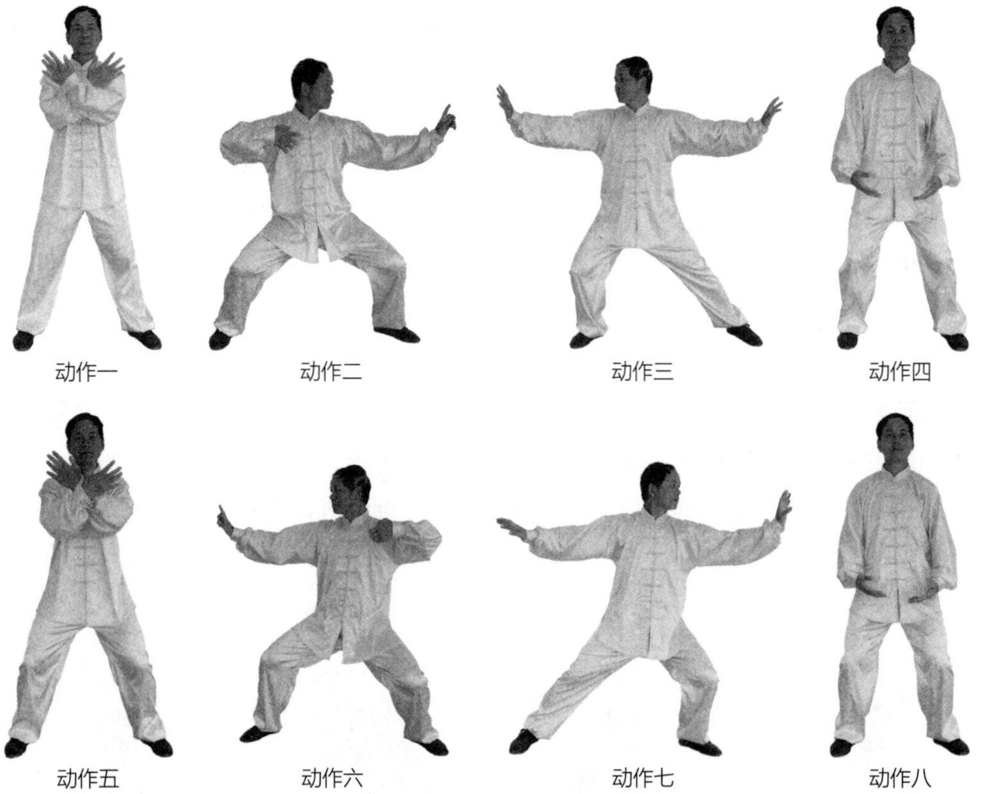

图 4-1-3　左右开弓似射雕

（3）第三式，调理脾胃须单举（图 4-1-4）。

左手自身前成横掌向上高举，继而翻掌上撑，指尖向右，同时右掌心向下按，指尖朝前。左手俯掌在身前下落，同时引气血下行，全身随之放松，恢复自然站立。另一侧练习动作相同，方向相反，如此左右手交替上举各 4 ~ 8 次。

图 4-1-4　调理脾胃须单举

注意：单举时，上升的手呈螺旋状上升，上撑下按时，力在掌根，舒展身体，体会中焦脾胃被拉伸的感觉。注意用力均匀，保持身体中正、不偏倚。

（4）第四式，五劳七伤往后瞧（图 4–1–5）。

两脚平行开立，与肩同宽，两臂自然下垂或叉腰。头颈带动脊柱缓缓向左拧转，眼看后方。头颈带动脊柱徐徐向右转，恢复前平视。同时，配合呼气，全身放松。另一侧练习动作相同，方向相反，如此左右往后瞧各 4 ~ 8 次。

注意：头颈先拧动，带动脊柱，不忘配合吸气。

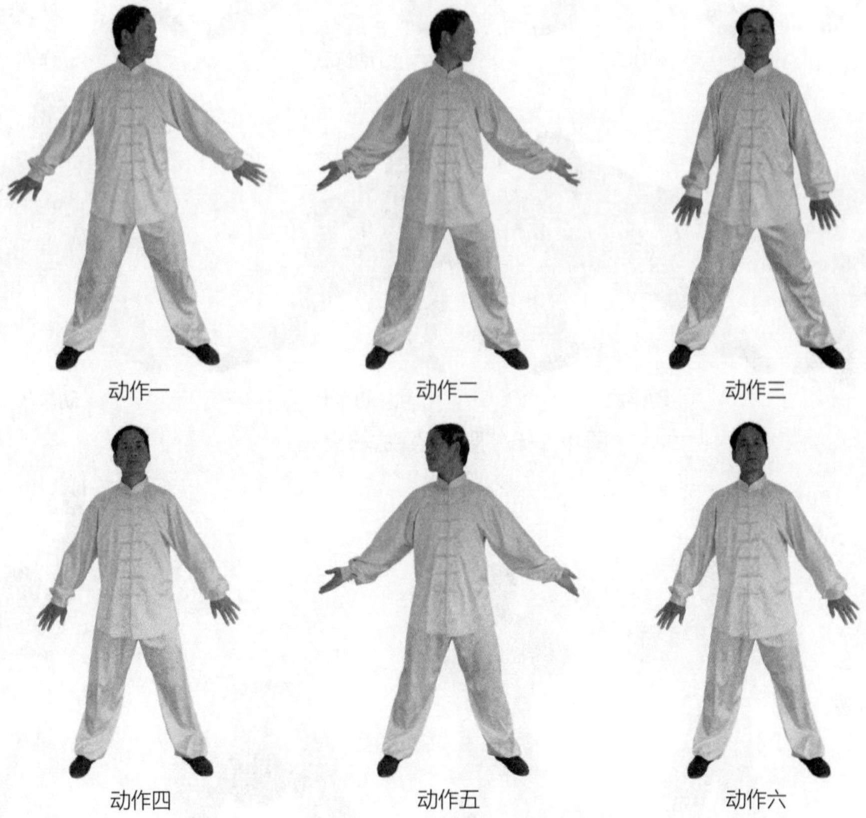

图 4–1–5　五劳七伤往后瞧

（5）第五式，摇头摆尾去心火（图 4–1–6）。

马步站立，两手叉腰，缓缓呼气后拧腰向左，屈身下俯，将余气缓缓呼出。动作不停，头自左下方经体前至右下方，像小勺舀水似地引颈前伸，自右侧慢慢将头抬起，同时配以呼吸。呼气末尾，两手同时做节律性掐腰动作数次。反向动作相同，交替做各 4 ~ 8 次。

注意：此式在摇头摆尾时，注意是左右方向移动，不要做旋转。

（6）第六式，两手攀足固肾腰（图 4–1–7）。

两脚平行开立，与肩同宽，两掌分按脐旁。两掌沿带脉分向后腰。上体缓缓前倾，两膝保持挺直，同时两掌沿尾骨、大腿向下按摩至脚跟。沿脚外侧按摩至脚内侧。上体展直，同时两手沿两大腿内侧按摩至脐两旁。如此反复俯仰 4 ~ 8 次。

图 4-1-6　摇头摆尾去心火

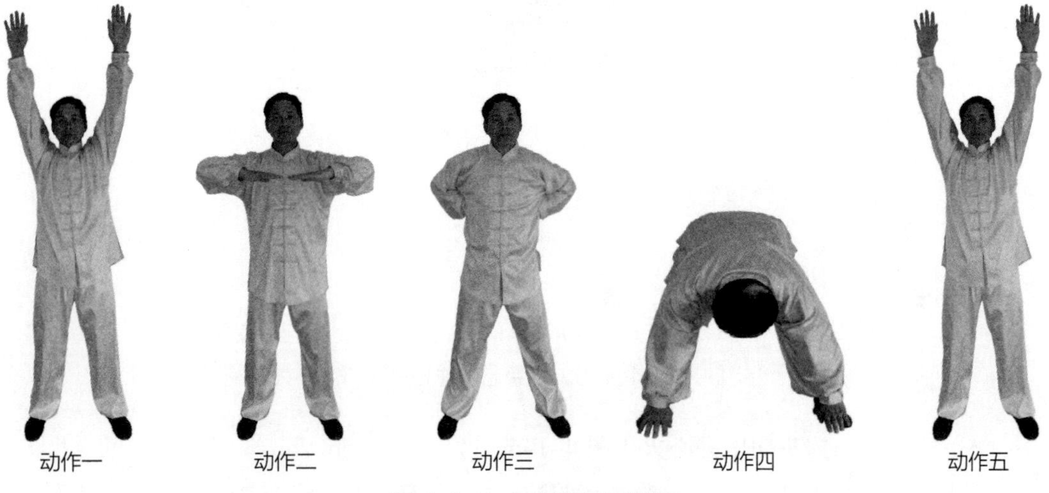

图 4-1-7　两手攀足固肾腰

注意：身体后仰应以身体平衡稳固为度，保持全脚掌着地。两手攀足时，两腿膝关节要保持挺直，不可弯曲，并切勿翘头。

（7）第七式，攒拳怒目增气力（图 4–1–8）。

预备姿势，两脚开立，成马步桩，两手握拳分置腰间，拳心朝上，两眼睁大，左拳向前方缓缓击出。击拳时，宜微微拧腰向右，随之拳头翻转握拳抓回，呈仰拳置于腰间。另一侧练习动作相同，方向相反。如此左右交替各击拳 4 ~ 8 次。

图 4-1-8　攒拳怒目增气力

注意：此式操作重点看似在于双手，实则是力发全身。将全身之意气力贯于拳掌，使全身形、气、神都得到充分的锻炼。

（8）第八式，背后七颠百病消（图 4-1-9）。

两脚平行开立，与肩同宽，或两脚相并。两臂自身侧上举过头，脚跟提起，同时配合吸气。两臂自身前下落，脚跟也随之下落，并配合呼气。全身放松，如此起落4～8次。

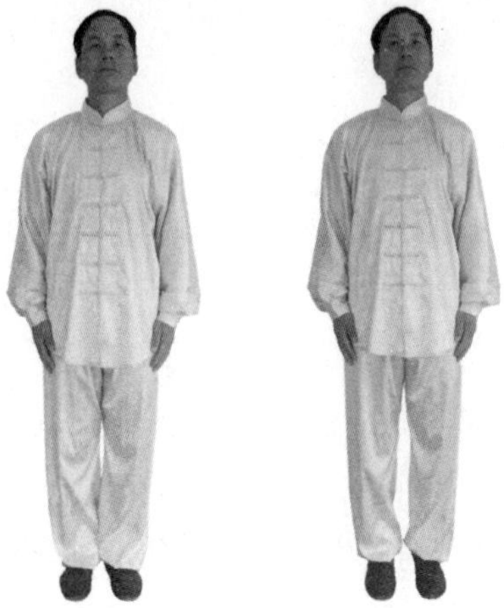

图 4-1-9　背后七颠百病消

注意：脚跟上提时，注意头顶百会上领，会阴上提，收腹不要挺肚子，同时沉肩坐腕下按。脚跟下落时，速度要适中，开始要略有缓冲。

二、太极拳

（一）太极拳相关知识

1. 由来

2006年，国务院将陈氏太极拳列入第一批国家级非物质文化遗产名录；2007年，中国民间文艺家协会命名温县（隶属于河南省焦作市）为“中国太极拳发源地”；2007年，中国武术协会命名温县为“中国武术太极拳发源地”。

太极拳（图4-1-10）是我国传统的民族体育项目之一，是中华民族智慧的结晶。它不仅表现出精湛的技艺，蕴涵着深刻的哲理，而且具有独特的医疗保健、养生价值。练习太极拳贵在坚持，就能达到百病不侵、精神旺盛、身体健壮的锻炼目的。

图4-1-10　太极拳

2. 功效与作用

（1）练脑。太极拳对脑的功能起着积极的调节和训练作用。太极拳要求精神专一、全神贯注、意动身随、内外三合（内三合指意、气、力相合，即意与气合，气与力合；外三合指手与足合、肘与膝合、肩与胯合），可调整身体各系统的功能，使其趋于正常，各脏器坚强有力，从而起到防病、治病、强身、防身的目的。太极拳是“以静制动，虽动犹静”，动与静结合的锻炼方法。它有益于对大脑皮层兴奋、抑制的调节，对大脑皮层过度兴奋引起的神经衰弱、失眠、头晕等有显著疗效。

（2）练气。太极拳练气是在大脑皮层统摄各神经系统下，使全身处于松、静状态，随着深、长的呼吸，促使内脏器官和外部肌肉有节律地舒张、收缩，会产生酸、麻、胀、热的感觉，即通常所说的“气感”。有此气血运行感的人皮肤红润，其体温可增高1℃左右。

太极拳促进气的运行，可减轻心脏的负担，对心脏病的防治极为有利，可防治因血行受阻而产生的心脑血管的病症；对肠胃消化不良、糖尿病、二便失禁等起到良好的疗效；对肺病的防治也有一定的作用；还可防治痔瘘病、脱肛、子宫脱垂和慢性生殖系统疾病。

（3）练身。

躯体：太极拳要求上身中正，上下一条线，“顶头悬，尾闾收”即百会穴与会阴穴在一条直线上。这样不但可使气血上下疏通，而且能避免未老先衰、低头猫腰、脊椎萎缩等病态。通过太极拳顺顶、贯顶，脚底生根，会产生上下对拉的意念；加之手眼相随，使颈椎左右摆动、前后摇转等，可对颈椎疾病起到有效的预防和调理作用。

腰：太极拳特别注意腰部活动，要求“以腰带脊”等。通过腰部锻炼，可增强肾功能，同时对脊髓神经及自主神经有良好的功能刺激，再加上腹肌和膈肌运动的配合，对腹内器官瘀血的消除和肠蠕动功能的改善尤有积极影响，对腰背疼痛的防治更有突出作用。

眼神：练太极拳时是否精神贯注，主要表现在眼神上，“神聚于眼”“眼为心之窗”。练拳时眼神要随着实手的动作向前平视，动作变化时首先要意动，指挥眼神转向欲去的方向，然后身法、手法、步法跟上去，做到意到、眼到、手到、足到，达到“形神合一”。这样的练法，不仅能使眼球神经得到锻炼，也有助于视力的改善和增强。

关节和韧带：太极拳要求节节贯穿，周身一家。在腰脊关节的带动下再配合回旋缠绕运动，就能使肩、肘、膝、胯、踝、腕等关节，达到节节贯穿、周身一家的地步。如此则能增强各关节的机能和防止其发生退化现象，并有助于维持关节韧带、软骨组织的正常功能。

肌肉：肌肉的质量主要看弹性和坚实程度。长期练太极拳能使肌肉坚实有力，从而防止大腹便便、行路困难。通过肌肉张弛和关节伸屈的运动，一方面可使劲法运用自如；另一方面由此产生的有节律的挤压，对静脉血回流心脏起到促进作用。

腿和脚：太极拳着重虚实转换的锻炼。不论上肢、下肢、躯干及内脏各部“处处均有一虚实”。以腿为例，重心在左腿，则左腿为实，右腿为虚，反之亦然。腿部通过虚实锻炼能增加很大的力量。再以脚为例，当脚跟、脚掌、脚趾相继下落，抓地为实，脚心（涌泉穴）轻轻上提为虚，即“实中有虚”。经常做脚底板贴地、足弓上提的活动，一紧一松的虚实交换可使足部的肌肉和韧带得到充分的锻炼。长久下去，不但可以矫正平足，同时可使足弓增强弹性，达到健步轻灵（图4-1-11）。

3. 特点

（1）全面性：太极拳是一门具有中华民族传统文化特色的综合性学科，它涉及人与社会、人与自然以及与人体本身有关的问题，包括古典文学、物理学、养生学、医学、

图 4-1-11　太极拳——练腿和脚

武学、生理学、心理学、运动生物力学等，体现东方文学的宇宙观、生命观、道德观、人生观、竞技观。

（2）适应性：太极拳动作柔和、速度较慢、拳式并不难学，而且架势的高或低、运动量的大小都可以根据个人的体质而有所不同，能适应不同年龄、体质的需要。

（3）安全性：太极拳具有松沉柔顺、圆活畅通、用意不用力的运动特点，既可消除练拳者原有的拙力僵劲，又可避免肌肉、关节、韧带等器官的损伤性；既可改变人的用力习惯和本能，又可避免因用力不当和呼吸不当引起的胸闷紧张、气血受阻的可能性。

4. 原则

（1）养生太极拳：理精法密，练形、意、松、息、气、劲、神，由浅入深，逐阶进修，层次修炼，真修实证。按层次功阶进修，功夫深浅，各有功效。练一式得一式，练成一阶进一阶。进门学习，学一式练一式，学练结合，以练为主，以迅速显效。

（2）养生太极拳：练拳练气和静功练气，动静相修，得气快，显效迅速。功法有聚气养气——练丹田气，意气升降——气通任督，升降开合——行气通经。这是疗疾健身和功夫性锻炼的太极修炼基础功夫。

（3）传统的太极拳：轻松柔和、连贯均匀、圆活自然、协调完整，具有较高的健身养生功效，对人体的神经、循环、呼吸、消化、骨骼、关节、肌肉等都有积极的影响，能加快血液循环和新陈代谢，提高自身免疫力，对延缓衰老有一定的作用。

（二）太极拳的练习

1. 要领

（1）用意不用力。全身肌肉必须放松，忌用拙力和拙劲。

（2）两足要虚实分明。太极拳的动作最忌犯双重、虚实不分的毛病。两足着地时，身体重心只能支持在左足或右足，不能平均分支在两足上。一虚一实，便于移动，动作必然灵活。太极拳讲的虚实和不能双重的要求，是说虚能转变为实，实能转变为虚。

（3）头要正直。太极拳所谓虚灵顶劲，就是头颈要自然地正直，不要偏斜，这样精神才能振作。目要正视（上眼皮放松），闭口藏舌（口不宜张、齿不宜切），要用鼻呼吸。

（4）肩须轻松。太极拳所谓沉肩垂肘，即要求两肩轻松、两肘松垂，这样上肢动作既能灵活，又将筋络引长。如果两肩不松，形成耸肩，肺部气量就会随之上伸，限于胸式呼吸。气不能深吸到腹部，则会影响呼吸运动。

（5）手要柔软。伸手忌僵硬，手指要舒展，掌心要充实。太极拳要求半握拳，不宜用力，要松、柔。握拳若用劲，则肩肘僵硬，不能灵活“运用”。

（6）胸略内含（即舒胸），目的在于解除胸间肌肉紧张。既不要缩胸，也不宜挺胸。

（7）背略直拔。要求脊椎端正、背部肌肉自然松弛，以有助于含胸和松肩垂肘的动作。

（8）腰要端正。练太极拳要求以腰为轴。任何动作都要受腰部的推动而动，腰部必须中正、不偏不倚。

（9）臀部要内收。否则，既影响呼吸运动，又导致身体上下形成两截，不易灵活转动，运动不能完整统一。

（10）腿脚灵活。要做到身随步动、步随身换、变换灵活、虚实分明。

练太极拳的最终目标是要达到“有力是无力，无力是有力”的境界。长期坚持练习，功夫达到一定程度后，即可形成动力定型（动作自动化），可明显地看到它对人体所起的积极作用，从根本上增强人的体质。

2. 主要动作

由于太极拳的套路不同，主要分为24式和42式，这里主要介绍24式太极拳。

（1）24式太极拳的名称（表4–1–1）。

表4–1–1　24式太极拳的名称

序号	名称	序号	名称	序号	名称	序号	名称
1	起势	7	左揽雀尾	13	右蹬脚	19	海底针
2	左右野马分鬃	8	右揽雀尾	14	双峰贯耳	20	闪通臂
3	白鹤亮翅	9	单鞭	15	转身左蹬脚	21	转身搬拦捶
4	左右搂膝拗步	10	云手	16	左下势独立	22	如封似闭
5	手挥琵琶	11	单鞭	17	右下势独立	23	十字手
6	左右倒卷肱	12	高探马	18	左右穿梭	24	收势

（2）24 式太极拳的主要手型。

①拳：五指卷屈，自然握拢，拇指压在食指和中指的第 2 指的指节上。

②掌：五指微屈分开，掌心微含，虎口成弧形。

③勾手：五指第 1 指节自然捏拢，屈腕。

（3）24 式太极拳的主要手法。

①掤：前臂成弧形，由下向前掤架，横于体前，掌心向内，高与肩平；着力点在前臂外侧。

②捋：两臂微屈，掌心斜相对，前后距离约是肘至腕部，两掌随腰的转动由前向后划弧捋至体侧或体后。

③挤：后手贴近前手的前臂内侧靠腕部，两臂同时向前挤出，挤出后两臂撑圆，高不过肩，低不过胸；着力点在后手掌指和前手的前臂。

④按：两手同时由后向前推按，推出后，两手高不过肩，低不过胸，指尖朝上；臂微屈，肘部松沉。按时与弓腿、松腰协调一致。

⑤冲拳：拳从腰间旋转向前打出，打出后拳眼向上成立拳，高不过肩，低不过裆，臂微屈，肘部不可僵直；着力点在拳面。

⑥贯拳：拳从侧下方向斜上方弧形横打，臂微屈，拳眼斜向下；着力点在拳面。

（4）24 式太极拳的主要动作。

起势：平行站，同肩宽，臂慢起，屈肘按。指微屈，掌心下，蹲多高，各自看。身正腰松休撅臀，两肘松垂肩要沉。落臂屈膝须一致，按掌高度与肩平。

左右野马分鬃：上体保持正，分手成弧形。出步探虚实，如履薄层冰。若想弓步稳，横距三十分。

白鹤亮翅：跟半步，身后坐，抱球状，鹤翅亮。左手放胯前，右手头边停，两臂保持半圆形，左脚虚点地，双膝微弯曲，后坐提手须统一。

左右搂膝拗步：进退多变化，虚实分清爽。两手怀中抱，依次莫乱慌。搂膝和推手，不可俯或仰。推手沉肩肘，坐腕且舒掌。

手挥琵琶：跟半步，再坐实，左脚翘，膝微屈。左手挑，高齐鼻，右手回，落于腹。左虚右实要稳平，左挑右落走弧形。沉肩垂肘掌心对，两手挥弹琵琶琴。

左右倒卷肱：前推回手走弧形，两手速度要均匀。进步慢慢虚变实，腰胯放松运转灵。

左揽雀尾：揽雀尾中含四法，掤捋挤按拳精华。

掤：左弓步，左手掤，和分鬃，有不同。

捋：翻两掌，伸前方，坐身捋，如牵羊。

挤：屈右肘，附左腕，慢挤出，保持圆。

按：翻手心，左右分，画圆圈，要认真。

右揽雀尾：蹬左腿，扣脚尖，腰右转，手不变。腰回走，落右手，右丁步，左抱球。弓步掤，两手分，坐身捋，手先伸。合手挤，弓步慢，两手分，同时按。掤在两臂要撑，捋在掌中要轻，挤在手背要横，按在腰腿要攻。

单鞭：身后坐，脚里扣，腰左转，再向右。左腿虚，右腿实，右手勾，左掌立。出左脚，弓步走，勾不变，推左手。单鞭动作并不难，腰转手随是关键，先收后出虚变实，弓步推掌慢转腕。

云手：左脚蹬，脚里扣，手随腰，转向右。继续走，云左手，并右脚，云右手。左横行，左手云，并右脚，右手云。重复式，共三次，越连贯，越有趣。左脚横出向左行，右脚并步右手云，身直膝屈重心稳，腰如车轴手如轮。

单鞭：单鞭式，与前重，形不变，要领同。

高探马：跟半步，移重心，虚实变，要分清。右勾手，变成掌，两手心，翻向上。左手收，腰前方，右手推，经耳旁。上体自然直，双肩要松沉，右肘微垂下，眼看前手平。

右蹬脚：提左腿，穿左手，弓步落，分两手。右丁步，交叉手，右在外，心向后。提腿蹬，两手分，左右力，拉平均。穿手提腿两手分，蹬腿力点在后跟，上下相对须一致，身体稳定在重心。

双峰贯耳：右腿收，膝盖提，腰右转，两手齐。捧手落，再上起，双贯耳，如钳夹。腰松头颈直，两拳放松握，沉肩又垂肘，两肩弧形走。

转身左蹬脚：右脚扣，腰左转，两手分，拳变掌。继续走，交叉手，左脚蹬，两手分。蹬脚单腿站，重心多变化，左肘对左膝，左肩对左胯。

左下势独立：屈左腿，收左手，右腿蹲，左腿伸。左手穿，顺腿边，身慢直，金鸡立。左腿伸直右膝屈，行步两脚要着实。右腿蹬地慢立起，身体上下保持直。

右下势独立：脚落下，腰左转，右手落，左肩前。提左手，掌变勾，同左式，一样走。下式独立难度大，行步全靠会收胯，脚部有力身才稳，功到自成不用怕。

左右穿梭：脚外展，微右转，胸抱球，半坐盘。上右脚，丁步靠，斜弓步，球转倒。右手举，停额头，左手推，平胸口。其要领，理解透，学会左，便会右。左右穿梭两斜方，上下协调休紧张，弓步横距卅厘米，身正腰直稳如桩。

海底针：右腿跟，身后移，左手下，右手提。左虚步，脚点地，为捞针，下海底。身体先右再左转，上体不可太前探，避免低头臀外凸，左脚点地右腿弯。

闪通臂：迈左脚，弓步赶，提两手，身右转。左手推，平鼻尖，旋右臂，翻手腕。上体正直要自然，推掌弓腿莫迟缓。左臂不可太伸直，背部肌肉要松展。

转身搬拦捶：左脚扣，右后转，左手翻，举头前。右握拳，画弧忙，随身转，左肘旁。提右脚，撇向前，左手落，送右拳。右脚实，左脚上，左手拦，右拳降。再打出，正前方，左手回，右肘旁。转身搬与拦，右拳似螺旋，前臂先内转，外旋把敌缠，先化而后打，钢针绵里藏。

如封似闭：左手伸，右腕下，翻两掌，心朝上。慢收回，身后坐，推两掌，成弓步。后坐腰勿挺，臀部也莫凸，两臂随身回，弧线别走直，肩肘略外松，肩宽为度尺。

十字手： 左脚扣，身向右，右手云，两臂平。右外撇，脚平行，并右脚，肩为准。边画弧，身慢起，十字手，左在里。先分后合身自然，两臂环抱须圆满，沉肩垂肘手朝里，虚灵顶劲胸内含。

收势： 手外翻，心向下，慢慢落，外侧胯。两手分落下，全身应放松，沉肩平呼吸，有始又有终。

三、广场舞

（一）广场舞相关知识

1. 由来

广场舞（图 4–1–12）起源于社会生活，是居民自发地以健身为目的在广场、院坝等开敞空间上进行的富有韵律的舞蹈。广场舞是舞蹈艺术中最庞大的系统，融自娱性与表演性为一体，以集体舞为主要表演形式，以健身为主要目的。如今，广场舞已成为独具特色的民间艺术，扎根于人民群众的生活中了，它是一种开放性、自发性、自娱性、健身性、群众参与广泛并且由非专业舞者创造的舞蹈，因为民族、地域、群体的不同，所以广场舞的舞蹈形式也不同。在历史的长河中，广场舞这一民间艺术之花深深扎根于广大群众的社会生活之中。

图 4–1–12 广场舞

2. 功效

（1）健体。广场舞具有体育锻炼的价值，经常进行排舞练习，心血管和呼吸系统都能得到良好的锻炼，改善心肺功能，加速新陈代谢过程，促进消化，消除大脑疲劳和精神紧张，从而达到增强体质、增进健康、延缓衰退、提高人体的活动能力等良好的健身效果。

（2）健心。在翩翩起舞的过程中，人的注意力必然都集中在欣赏优雅的舞曲音乐，并跟着节奏将内心情感抒发在舞姿上，由于注意力的转移，就能使身体其他部分的机能得到调整和充分休息。练习者在优美动听的音乐、美妙的舞姿中，消除疲劳、陶冶心灵，感受到愉快的情绪，从而达到最佳的心理状态。

（3）健脑。记忆，就是过去的经验在人脑中的反映。它包括识记、保持、再现和回忆四个基本过程。其形式有形象记忆、概念记忆、逻辑记忆、情绪记忆、运动记忆等。在排舞过程中不仅要运用形象记忆、概念记忆，而且还要运用情绪记忆和运动记忆。通过排舞练习，可以不断刺激大脑神经，以延缓记忆力减退，从而达到良好的健脑效果。

（4）健美。广场舞练习对形态、姿态、健康等方面都有较高的要求，经常参加排舞练习是一项很好的形体训练，可以提高人体的协调能力，强健身体各个部位的肌肉群，以及增加骨骼的骨密度，具有十分积极的健美作用。

（5）降脂。广场舞中也有一种舞蹈叫作瘦身舞。跳舞其实也是一种运动，运动减肥不仅可以最快、最有效达到减肥目的，同时可以增强体质，提高身体免疫力，并达到减肥效果。

（6）调节。概括地说，就是跳广场舞可以调节情绪、调节生活、调节人际关系。

3. 特点

（1）集体性。广场舞是群众参与性很强的表演艺术形式。广场舞一般是在广场上表演，表演场地一般都比较宽阔，表演人数不能太少，少则十几人、多则几百人，场面红火热闹，所以广场舞主要是以集体舞的形式来表现的。

（2）随意性。广场舞是在广场上表演的艺术形式，同时广场舞的表演方式有很大的灵活性，时间可长可短，完全体现主客观的意愿和需要。

（3）自娱性。自娱性是广场舞的主要特征。许多人参与广场舞完全是为了自娱，利用舞蹈来抒发情感，使内心情感得以宣泄，产生精神振奋的愉悦感，同时观赏者也得到精神享受，这使舞者得到表现自我的机会，产生自我价值感。

（4）自发性。很多群众自发组织，自掏腰包购买音响、镭射彩灯等设备，主动从互联网上观看视频学习舞蹈，甚至到外地“取经”，这样让广场舞团队越来越庞大。

（二）广场舞的练习

1. 时间选择

跳广场舞的时间选择要注意。空腹跳广场舞，可能导致低血糖的发生，严重者甚至会昏厥。跳广场舞到很晚，不仅影响周围居民的休息，还会扰乱自身正常的生物钟，影响睡眠，会导致多种慢性疾病的发生。建议广场舞在饭后 1 小时去跳，每次跳舞时间在 1 小时内。

2. 舞蹈着装

跳广场舞时，有些人会穿着硬底鞋、拖鞋，还有些人穿着紧身裤，这都不利于健康。广场舞不是专业的舞蹈，但也是全身运动，腿脚活动的频率也很高。因此，鞋子一定要舒适，不能穿拖鞋，最好穿软底的防滑鞋，以免摔倒，好的运动鞋还能缓冲跳舞时产生的冲击力，从而对心脏、大脑起到保护作用。

3. 运动强度

跳广场舞也是一种有氧运动，在跳舞过程中，以舞者能维持正常交谈、微微出汗为宜。如果跳舞之后大汗淋漓，不仅容易引起感冒，还会使血容量减少，血液变得黏稠，有诱发心脑血管疾病的风险。

4. 音响选择

广场舞一般搭配拉杆式、便携式音响来实现健身效果。现市面上多以拉杆音响为主，但笨重的拉杆音响已经不能满足老年人的需求，其逐步向着便携式音响发展，市面皆可见手提式、背带式的音响。

四、五禽戏

五禽戏（图 4-1-13）属于一套有系统的功法，模仿五禽的动作各有侧重，但又是一个整体。五禽戏具有强壮身体的作用，尤其是对于脑卒中后遗症，时常选择五禽戏锻炼，能改善老年人的异常步态和行走姿势，防止肌肉萎缩，提高人体的平衡能力。此外，五禽戏对于肺气肿、哮喘、高血压、冠心病、神经衰弱、消化不良等病症，也有预防和防止复发的功效。

图 4-1-13 五禽戏

（一）五禽戏相关知识

1. 由来

五禽戏是由东汉末年著名医学家华佗根据中医原理，以模仿虎、鹿、熊、猿、鸟五种动物的动作和神态编创的一套导引术。“禽”指禽兽，古代泛指动物；五禽，是指虎、鹿、熊、猿、鸟五种禽兽。戏，即“游戏、戏耍”之意，“戏”在古代是指歌舞杂技之类的活动，在此指特殊的运动方式。

2. 功效

五禽戏包括虎戏、鹿戏、熊戏、猿戏、鸟戏五种仿生导引术，练习每种导引术的功效不同，具体功效如下。

（1）练虎戏，缓解腰背痛。

（2）练鹿戏，缩减腰围。

（3）练熊戏，调理脾胃。

（4）练猿戏，增强心肺功能。

（5）练鸟戏，预防关节炎。

3. 特点

（1）练虎戏能增强夹脊穴和督脉的功能，能缓解颈肩背痛、坐骨神经痛、腰痛等症状。

（2）鹿戏主要是针对肾脏的保健来设计的，它的各个动作都是围绕腰部来做运动。

（3）练熊戏时要在沉稳中寓于轻灵，将其剽悍之性表现出来，习练熊戏有健脾胃、助消化、消食滞、活关节等功效。

（4）猿戏中的猿提动作遵循“提吸落呼”的呼吸方式，即身体上提时吸气，放松回落时呼气。上提时吸气缩胸，全身团紧；下落时放松呼气，舒展胸廓，这组动作有助于增强心肺功能，缓解气短、气喘等症状。

（5）练鸟戏时，动作轻翔舒展，可调达气血、疏通经络、祛风散寒、活动筋骨关节，可预防夏季关节炎的发生，而且还能增强机体免疫力。

（二）五禽戏的练习

1. 要领

（1）专注意守。要排除杂念，精神专注，将意志集中于意守部位，以保证意、气相随。

（2）全身放松。练功时，首先要全身放松，情绪要轻松乐观。乐观轻松的情绪可使气血通畅、精神振奋；全身放松可使动作不至于过分僵硬、紧张。

（3）呼吸均匀。呼吸要平静自然，用腹式呼吸，均匀和缓。吸气时，口要闭合，舌尖轻抵上腭。吸气用鼻，呼气用嘴。

（4）动作自然。五禽戏动作各有不同，如虎之刚健、鹿之温驯、熊之沉缓、猿之轻灵、鸟之活泼等。练功时，应据其动作特点而进行，动作宜自然舒展，不僵硬。

2. 主要动作

五禽戏是养生术，模仿猛虎猛扑呼啸、小鹿愉快飞奔、熊的漫步行走、猿的左右跳跃、鸟儿展翅飞翔等动作。

通过这一系列的动作，活动腰肢关节、壮腰健肾、疏肝健脾、补益心肺、清利头目、增强心肺功能，促进身体素质的提高，简便易学，老年人可选练，体弱者可选择适合自己的动作学习，待体质逐渐增强后再练全套动作，五禽戏不仅具有强身延年之功效，还有祛疾除病之效，每种“戏”都具有不同的健身祛病作用。

思考与练习

1. 传统运动疗法是如何体现协调平衡的？

2. 传统运动疗法的原则和要求有哪些？

3. 传统运动疗法除了太极拳、八段锦、广场舞、五禽戏外，还有哪些？请列举。

项目二　饮食疗法

饮食疗法是指在中医理论指导下，有目的地选择有关饮食，或将食物与药物配合制成药膳，来调理或扶助调理疾病，以助老年人康复的调理方法。民以食为天，老年人三餐营养均衡对身体健康以及某些慢性疾病的预防具有重要作用。如果营养不良、营养过剩和营养失衡则会加快衰老的进程，严重营养失衡甚至可以诱发多种老年慢性疾病的发生，如高血压、糖尿病、肿瘤、肥胖症以及动脉粥样硬化、冠心病、高脂血症、脑卒中等心脑血管疾病。本项目将从老年人膳食营养基础知识、老年人营养膳食食物、老年人营养膳食搭配三个方面进行介绍。

任务一　老年人饮食疗法知识

一、饮食疗法的由来

民以食为天。自古以来，饮食与人类健康的关系密不可分。饮食进入人体后，成为水谷精微，而滋养人体的脏腑、经脉、筋骨、肌肤等。因此，大部分食物都能够有效地补充人体的气血、津液，保证身体的健康（图 4-2-1）。

二、饮食疗法的功效

饮食疗法作用的基本原理是“药食同源”，其作用大致归纳为以下几个方面。

1. 滋养作用

中医学认为饮食的滋养是人类维持生命的基础。人体最重要的物质基础是精、气、神，统称为“人体之三宝”。此三宝乃生命之所系，都离不开饮食的滋养，有滋养作用的食物大多性平、味甘，能有效地提供人体所需的营养素，如蛋白质、脂肪、糖、维生素、微量元素等，可有效防治营养不良导致的疾病。

2. 调整作用

中医学认为人体要达到“阴平阳秘”的正常生理状态，必须保持机体阴阳协调平衡，这是养生最重要的法则。对于因阴阳失调所导致的病理状态，可以利用饮食的性味来进行调整。例如：偏寒体质或寒性疾病，可选择茴香、辣椒、生姜、胡椒、芫荽等性质属热的食物，用于温里散寒；偏热体质或热性疾病，可选择藕汁、西瓜、梨汁、绿

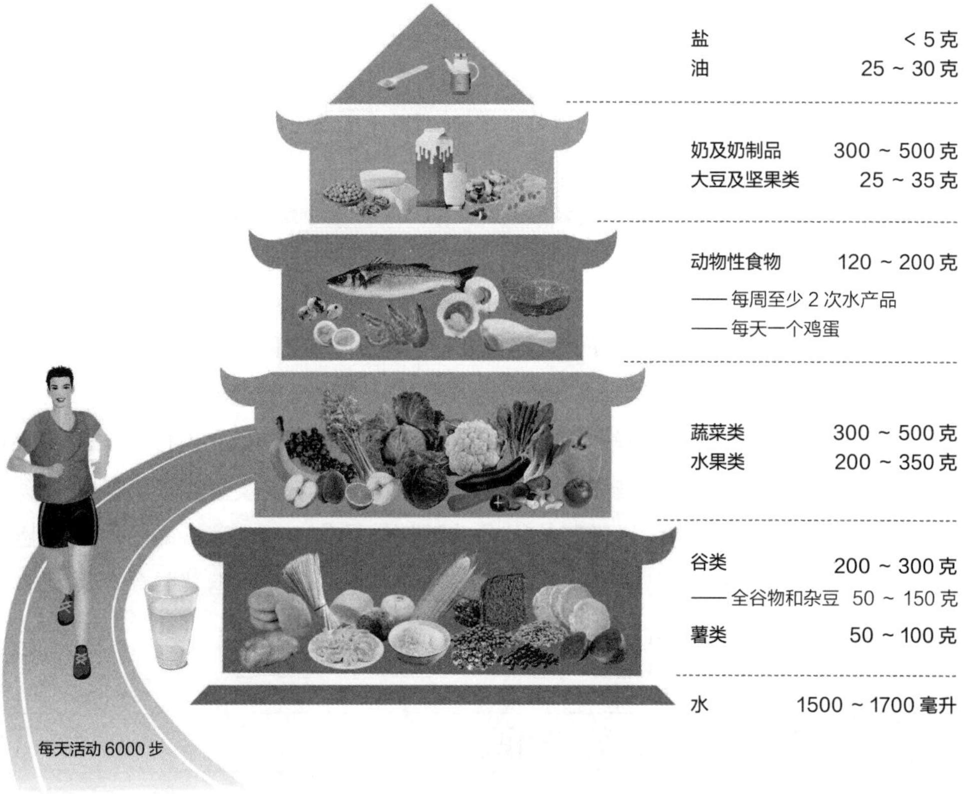

图4-2-1 中国居民平衡膳食宝塔（2022）

茶、绿豆等性质属寒的食物，用于清热、生津、止渴、利尿；阴虚之人当清补，可选择甲鱼、银耳、百合、海参、荸荠等甘凉、咸寒类食物，用于养阴生津；阳虚之人当温补，可选择韭菜、狗肉、海虾、羊肉、干姜、鹿肉、牛肉等甘温、辛热类食物，用于补助阳气。在日常生活中，饮食养生的调整作用体现在运用阴阳协调平衡规律调整机体功能，使人体自身及人与大自然保持整体平衡。

3. 防衰作用

饮食养生是防衰益寿的重要环节。中医认为：肺、脾、肾三脏功能亏损，会加速人体衰老。从历代保健食疗食谱中所含成分进行统计，不难发现，其功效多从补肺、补脾、补肾三方面入手。经常服用山药、龙眼肉、枸杞子、芝麻、蜂蜜、薏米、胡桃、甲鱼、牛奶等食物，能有益于防衰延寿、增强健康。

4. 抗病作用

饮食的调配能增强人体的抗病能力。中医提倡在日常生活中注意发挥某些食物的特异作用，直接用于某些疾病的预防。例如：生姜、葱白、豆豉等，可预防感冒；荔枝，可预防口腔炎、胃炎引起的口臭症状；动物肝脏，可预防夜盲症；甜菜汁或樱桃汁，可预防麻疹；绿豆汤，可预防中暑；生山楂、红茶、燕麦片，能降血脂，可预防动脉硬化；海带，可预防甲状腺肿大；水果和蔬菜，可预防坏血病；谷皮、麦麸，可预防脚气病；玉米粉/粥，可预防心血管病；薏米粥、马齿苋、苦瓜等，可预防癌症；苦瓜，可预防消渴病；大蒜，能杀菌和抑制病毒，可预防肠道传染病和呼吸道感染等。

三、饮食疗法的原则

饮食疗法应遵循以下原则。

1. 平衡阴阳，协调整体

对于老年人而言，需要补偏救弊，损有余而补不足，恢复整体阴阳的动态平衡。因此，饮食疗法必须围绕调整阴阳、协调整体平衡而合理配置膳食。

2. 协调脏腑，注重脾肾

若脏腑功能失调，则会产生疾病，因此饮食疗法要注重协调脏腑之间、整体与局部之间的关系，恢复机体的生理平衡。同时，脾主精微物质的吸收，肾之阴阳能滋养五脏六腑之阴阳，因此饮食疗法要注重脾肾。

3. 辨证辨病，相互结合

辨证施食的原则来源于中医的辨证论治思想。辨病，不仅包括辨中医的病，也包括辨西医的病，因为辨病施食可以针对基始的病因，从总体上解决疾病的根本矛盾。辨证施食与辨病施食相结合，是中医饮食疗法的基本原则之一。

4. 三因制宜

在调理疾病时要根据季节、地区和老年人的体质、年龄等因素的不同来制定相应的调理方法，如老年人饮食宜温热熟软，西北地区的人宜食温阳散寒或生津润燥的食物等。

四、药膳分类

对于调理方法制定者来说，最重要的还是根据效用进行分类。不同效用的药膳方剂，其适应证也不同，大体可分为以下三类。

（1）保健类药膳：适用于无病但体质虚弱或亚健康老年群体。常见的类型有减肥类、健脑益智类、美发润发类、益寿延年类、明目类、抗疲劳类。

（2）调理类药膳：适用于疾病的调理或辅助调理。常用的类型有解表类、祛痰止咳类、消食导滞类、清热类、温里类、利水除湿类、通导大便类、理气类、活血化瘀类、补益类、平肝潜阳类、养心安神类、固涩类。

（3）康复类药膳：适用于各种疾病的病后康复。常用的病症有慢性支气管炎、支气管哮喘、消化性溃疡、慢性胃炎、慢性肠炎、高血压、冠心病、贫血、慢性肾炎、糖尿病、高脂血症、甲状腺功能亢进症、慢性肝炎、骨质疏松症、骨折。

五、代表性的食疗方

1. 保健类

（1）减肥类：常以茯苓、荷叶、泽泻等利水药与冬瓜、赤小豆、萝卜、海带、黄瓜、薏苡仁、山楂等利水消脂的食物相配，如荷叶粥、茯苓饼等，具有减肥降脂的作用。适用于单纯性肥胖等证。

（2）明目类：常选用枸杞子、决明子、何首乌、人参等药物与桂圆、绿茶、鸡/猪/羊肝等补血养肝食物相配，如菊楂决明饮、酱醋羊肝、银杞明目汤等，具有养肝明目作用。适用于视力减退、两目干涩、视物不清等证。

（3）抗疲劳类：常用人参、党参、黄芪、杜仲、鹿茸等益气壮阳药与牛肉、羊肉、菌类、鸽子肉、豆类等食物相配，如附片羊肉汤、肉桂肥鸽、双鞭壮阳汤等，具有补气壮阳增力作用。适用于动则乏力或易于疲劳的体虚等证。

（4）健脑益智类：常以枸杞子、益智仁、柏子仁、茯神、何首乌等健脑药与核桃仁、龙眼肉、芝麻、莲子、百合等健脑养心食物相配，如核桃仁粥、猪脑木耳汤、甘麦大枣汤等，具有益智填髓、补脑强心作用。适用于脑力劳动者或记忆力减退的早衰证。

2. 调理类

（1）祛痰止咳类：常以雪梨、萝卜、蜂蜜、橘、猪肺等有润肺化痰作用的食物组成，如止咳梨膏糖、蜂蜜萝卜粥、橘红糕、杏仁猪肺粥等，具有化痰、止咳、平喘作用，适用于咳喘、痰饮等痰急气喘等证。

（2）养心安神类：常以猪心、龙眼肉、百合、大枣、小麦等补心血的食物为主或与朱砂、柏子仁等安神药相配，如小麦粥、百合粥、玉竹猪心等，具有养心、安神、镇静的作用。适用于失眠多梦、心悸怔忡等证。

（3）活血化瘀类：常以红糖、桃仁、酒等活血食物为主或与川芎、红花、益母草等活血化瘀药相配，如桃仁粥、丹参酒、益母草煮鸡蛋、红枣黑木耳汤等，具有活血化瘀、养血理血作用。适用于瘀滞腹痛、胸痛、痹痛等证。

（4）消食导滞类：常以山楂、鸡内金、萝卜、鸭肫、鸡肫等化积消食功能的食物为主组成，如萝卜饼、山楂肉干、白术猪肚粥等，具有消积化滞、开胃健脾的作用。适用于食欲不振、消化不良等证。

3. 康复类

（1）慢性支气管炎：症见干咳少痰、潮热盗汗，属肺肾阴虚者，选用百合甜杏粥、雪梨炖燕窝；症见咳嗽痰黄、咽痛口渴，属肺热痰郁者，选用罗汉果茶、枇杷叶粥；症见咳声低微、动则喘甚、腰酸肢冷，属肺肾阳虚者，选用山药补骨脂炖紫河车、灵芝肉饼；症见咳嗽声重、痰白量多，属痰湿壅肺者，选用橘红糕、薏米杏仁粥。

（2）慢性胃炎：症见胃脘疼痛，并有烧灼感，饥不欲食、大便干结，属胃阴不足者，可选用玉竹粳米粥、石斛粥；症见胃脘部隐痛、纳呆神疲、食后腹胀，属脾胃虚弱者，可选用参芪鹅肉汤、肥鸽糯米粥。

（3）慢性肾炎：症见全身浮肿、纳差形寒、小便不利，属脾阳虚者，可选用黄芪粥、参苓粥；症见面浮肢肿、畏寒肢冷、入夜尿多、头晕乏力，属脾肾阳虚者，选用肉苁蓉羊肾羹、杜仲腰花；症见两目干涩、眩晕耳鸣、五心烦热，属肝肾阴虚者，选用地黄甜鸡、冰糖燕窝汤；症见午后低热、口燥咽干、少气乏力，属气阴两虚者，选用墨鱼肉粥、洋参鱼肚。

（4）慢性肝炎：症见肢体困倦、口淡无味、大便溏薄，属脾胃虚弱者，选用鲤鱼赤豆汤、金橘山药粟米粥；症见肋胁隐痛、心烦多梦、口干咽燥，属肝肾阴虚者，选用银耳枸杞汤、龟肉粥；症见食少便溏、畏寒喜暖、下肢浮肿，属脾胃阳虚者，可选用羊肾粥、姜桂牛肉汤。此外，慢性肝炎恢复期宜用芹菜红枣汤、醋泡梨。

（5）慢性肠炎：症见大便溏薄、水谷不化、稍进油腻则腹泻，属脾气虚者，选用茯苓人参饼、黄芪山药莲子粥；症见黎明前腹痛、形寒肢冷、肠鸣腹泻，属肾阳虚者，选用韭姜奶、四神腰花；症见嗳气少食、胸胁胀闷、每因情绪变化而腹泻，属脾虚肝郁者，选用芡实山药糊、三花防风茶。

（6）骨质疏松症：症见筋脉拘急、眩晕耳鸣、爪甲枯脆，属肝肾阴虚者，选用桑葚牛骨汤、枸杞子羊肾粥；症见腰膝酸软、全身乏力或自发性骨折，属脾肾阳虚者，选用参枣骨脂汤、羊脊骨粥。

（7）消化性溃疡：症见神疲乏力、胃脘部疼痛、得食稍减，属脾胃气虚者，可选用茯苓山药糕、黄芪粥；症见胃脘部隐隐作痛、喜温喜按、手足欠温，属脾胃虚寒者，可选用干姜粥、羊肉汤；症见胃脘部隐隐灼痛、口渴、便干，属胃阴亏虚者，可选用百合莲子糯米粥、洋参瘦肉粥；伴有出血者，可选用海参螵蛸散。

六、饮食疗法应用注意事项

饮食疗法在应用过程中，应注意以下几个方面。

（1）防止误食。人们发现河豚、发芽的土豆、野生蘑菇等，对人体有毒，如果误食也会危害健康。除此之外，在日常生活中，要控制腌制品、烟熏和炭烤食物的摄入。现代研究认为，这些食物在加工过程中容易出现致癌物质，对人体造成伤害。

（2）疾病的饮食禁忌。中医饮食疗法很重视食物的禁忌，特别是在发生疾病时，就应结合病情，对食物有所选择。内热证老年人忌食烟、酒、姜、蒜、辣椒、葱、花椒等辛辣之品；痰湿或脾湿老年人忌食肥肉、荤油、干酪、油炸之品；痰热证、风热证、斑疹疮疡老年人忌食无鳞鱼、蟹、虾、海鱼、干贝、淡菜、羊肉等腥膻之品；哮喘、动风等宿疾旧病易发老年人，忌食上述辛辣、腥膻之品外，还需慎食鸭头、猪头、驴头、鸡头肉、苜蓿等特殊食物；脾胃虚寒老年人忌食冷饮、冷食等生冷之品；外感初起或脾虚纳呆老年人，忌食糯米、肉类等黏滑之品。一般而言，热证忌食辛辣之物；寒证慎食生冷之品；脾胃虚弱者忌食生冷黏滞油腻之物。

（3）服药期间的饮食禁忌。中医中药学有“十八反”“十九畏”，是指某些药物不能同时使用，否则会降低原有功效、产生毒副作用，危害老年人健康。有些食物与药物，或食物与食物之间也有些禁忌。例如：服薄荷，忌食鳖肉；服天冬，忌食鲤鱼；服人参，忌食山楂、黑豆；服鳖鱼，忌食苋菜；服鸡肉，忌食黄鳝；服白术，忌食大蒜；

服甘草、黄连、桔梗、乌梅、薏米、莲子，忌食猪肉；服人参、土茯苓、威灵仙、铁剂，忌饮茶叶；服人参、黄芪、何首乌，忌食萝卜；服丹参、茯苓，忌醋等。

（4）饮食温度适中，不可过热或过凉，尤其夏天饮食不可贪凉，注意保护脾胃功能。

（5）合理搭配饮食，荤素各半，果蔬与水谷相间，避免饮食偏嗜。

（6）饮食有节，不可贪多，且要定时进食，保持规律。

思考与练习

1. 什么是饮食疗法？中医饮食疗法的作用原理是什么？
2. 药膳方剂的分类有哪些？其适应证分别是什么？
3. 饮食疗法在应用过程中有哪些注意事项？

任务二　老年人营养膳食食物

食物中含有人体所需的营养素，营养素包括七大类：蛋白质、脂类、碳水化合物、维生素、矿物质、水和膳食纤维。人体能量的供给主要来源于碳水化合物、脂肪和蛋白质。

一、蛋白质

蛋白质与人体的生长发育和健康密切相关，在人类营养中占有非常重要的地位。蛋白质含量是食物蛋白质营养价值的基础。蛋白质广泛存在于动植物食物中（图 4-2-2）。动物性食物，如肉、鱼、蛋、乳，蛋白质含量一般在 10%～20%，均属于优质蛋白质。植物性蛋白质，如谷类、薯类、豆类等，其中豆类的蛋白质含量较高，干豆类为 20%～40%，且含有各种必需氨基酸，是唯一能代替动物性蛋白质的植物蛋白，也属于优质蛋白质，但含硫氨基酸含量略低；谷类为 6%～10%，赖氨酸和色氨酸含量低，而

图 4-2-2　富含蛋白质食物

含硫氨基酸含量较高，可与豆类互补；薯类为 2%～3%。蔬菜水果类蛋白质含量极低；坚果类，如花生、核桃、葵花籽等含蛋白质 15%～25%，可作为蛋白质来源的一个很好补充。由此可见，花生、黄豆、鱼、瘦猪肉都是很好的食物蛋白质来源；而如果选择大米作为膳食唯一的食物来源，其蛋白质显然不能满足人体蛋白质的需要量。

二、脂类

脂类是人体重要的营养物质，包括脂肪和类脂两大类。类脂包括磷脂、糖脂、固醇类、脂蛋白等。脂肪摄取过多，会在体内累积，体重增加，引起肥胖。肥胖者易患动脉硬化、高血压、糖尿病以及胆石症，甚至形成脂肪肝。多不饱和脂肪酸氧化脂质，破坏生物膜的结构，影响细胞功能，促使衰老。流行病学调查资料证实，高脂肪膳食与肠癌、肝癌、子宫癌、乳腺癌发病率有一定关系，因此，重视合理的脂类营养，对防止疾病和衰老都有重要意义。

脂肪酸是构成脂肪、磷脂及糖脂的基本物质，多数脂肪酸在人体内均能合成。必需脂肪酸是指机体内不能合成，但又是生命活动所必需，一定要由膳食供给的一些多不饱和脂肪酸。必需脂肪酸中亚油酸在人体内能转变为亚麻酸和花生四烯酸。其中最为重要的是亚油酸，亚油酸能明显降低血胆固醇，而饱和脂肪酸却显著增高血胆固醇。一般植物油中亚油酸含量高于动物脂肪，其营养价值优于动物脂肪，但椰子油、棕榈油，其亚油酸含量很低，饱和脂肪酸含量高。

无论是动物性还是植物性食物（图 4-2-3），都含有脂肪，但含量多少不尽相同。谷类食物脂肪含量比较少，为 0.3%～3.2%。但玉米和小米可达 4 %，而且大部分的脂肪是集中在谷胚中。例如，小麦粒的脂肪含量约为 1.5%，而小麦的谷胚中则含 14%。一些油料植物种子、硬果及黄豆中的脂肪含量很丰富。通常所用的食用植物油有豆油、花生油、菜籽油、芝麻油、棉籽油、茶籽油、葵花籽油、米糠油及玉米油等。除椰子油外，其他植物油中饱和脂肪酸含量少，多不饱和脂肪酸含量高。动物性食物中含脂肪最多的是肥肉和骨髓，高达 90%，其次是肾脏和心脏周围的脂肪组织、肠系膜等。一些

图 4-2-3　富含脂类食物

海产鱼油中含有高量的二十碳五烯酸（EPA）和二十二碳六烯酸（DHA）。这两种脂肪酸具有扩张血管、降低血脂、抑制血小板聚集、降血压等作用，可以防止脑血栓、心肌梗死、高血压等老年病。因此，老年人在日常饮食中应合理膳食，控制脂类的摄入，减少高血压、高脂血症及其他因血脂过高引起的疾病。

三、碳水化合物

碳水化合物是人体必需的营养素之一，食物中的碳水化合物是世界上大部分人群取得能量的最经济和最主要的来源。含碳水化合物的食物（图 4–2–4）一般价格便宜、容易获得，而且这种物质在人体内氧化较快，能及时供应能量，满足机体需要。人体能量的 60% 来自碳水化合物。碳水化合物的膳食来源较为丰富，主要来源于植物性食物，如粮谷类（70%~75%）、根茎类蔬菜、薯类（20%~25%）、豆类（50%~60%）；食糖也是碳水化合物的一个来源，主要是蔗糖；水果和蔬菜中也含有一定量的单糖，另外还含有果胶和膳食纤维。中国营养学会推荐，我国成人每天碳水化合物摄入量应满足其产能量占人体每天能量总需求的 60%~65%。

图 4–2–4　碳水化合物类食物

四、维生素

维生素是人体必需的七种营养素之一。维生素都是自然存在于食物中（图 4–2–5），人体需要量很少且不能合成，包含维生素 A、B 族维生素、维生素 C、维生素 D、维生素 E 等。许多因素可导致人体维生素不足或缺乏，常见原因如下。

（1）膳食中供给量不足，如食物本身含量不高、烹调加工不当的破坏等。

（2）人体吸收利用降低，如消化系统疾病引起，或膳食中脂肪含量低时，可能影响脂溶性维生素的吸收。

（3）维生素需要量相对增高，如特殊生活环境条件中、某些疾病（长期发热、慢性消耗性疾病）等，均引起需要量增加。

轻度维生素缺乏通常不出现临床症状，但会引起人体抵抗力下降和劳动效率下降；

图 4-2-5　富含维生素类食物

当严重缺乏维生素时，则会出现相应的特殊表现。但维生素制剂或维生素强化食品的补充不可盲目进行，要有针对性，且需在调理师的指导下进行，尤其是服用剂量不宜过大，否则，会发生中毒。

五、矿物质

矿物质是存在于人体内，除碳、氢、氧、氮元素以外的其他所有元素的统称。人体已发现有 20 余种必需的矿物质，占人体质量的 4%～5%。其中含量较多的（含量大于体重的 0.01%）为钙、磷、钾、钠、氯、镁、硫 7 种；每天膳食需要量都在 100mg 以上，称为常量元素。另外一些含量低微，含量低于体重的 0.01%，称为微量元素，常见的有铁、碘、铜、锌、锰、钴、钼、硒、铬、镍、硅、氟、钒等元素，同样也是人体必需的。每天都有一定数量的矿物质从各种途径排出体外，因而必须通过膳食予以补充。其缺乏或过多都能致病，只有在合适的浓度范围，才有益于人体的健康。影响矿物质在人体内的平衡的主要因素有摄入、消化与吸收、人体需要量、代谢、人体消耗量与疾病等。

1. 老年人钙的缺乏

老年人易出现钙的缺乏，发生骨质疏松症。植物成分中的植酸盐、纤维素、糖醛酸、藻酸钠和草酸可降低钙的吸收。对于含草酸多的食物（如菠菜、蕹菜、苋菜等），其钙难于吸收且影响其他食物中钙的吸收，故选择供给的食物时，不仅应考虑钙含量，还应注意草酸含量。乳和乳制品是食物中钙的最好来源，不但含量丰富，而且吸收率高。蔬菜、豆类和油料种子也含有较多的钙。小虾、米皮、海带等含钙也特别丰富。

2. 老年人铁的缺乏

食物中的铁主要是三价铁，必须在胃中经过胃酸的作用使之游离，并还原成二价铁后才能为肠黏膜所吸收。食物中的铁可分为血红素铁和非血红素铁两类。血红素铁主要存在于动物性食物中，是以血红蛋白及肌红蛋白的原卟啉形式存在的结合铁，其吸收率较非血红素铁高。非血红素铁，主要存在于植物性食物中，其吸收率较低。动物性食物铁的吸收率一般高于植物性食物。

老年人由于铁摄入不足或吸收不良，需要量增加，丢失过多，造成铁缺乏，即营养性缺铁性贫血。该病起病缓慢，轻者无明显症状，仅表现为面色苍白、口腔黏膜和眼睑膜苍白无血色。严重者有头昏、耳鸣、乏力、食欲低下、记忆力减退、思想不集中等症状。

铁缺乏的预防可采取以下措施：改进膳食组成，增加含铁丰富及其吸收率较高的食物；增加膳食中的维生素 C；发展铁强化食品。动物性食物中，肉类（如肝脏、瘦猪肉、牛羊肉等）以及动物血不仅含铁丰富而且吸收率很高，但鸡蛋和牛乳的铁吸收率低。植物性食物中则以黄豆和小油菜、芹菜、鸡毛菜、萝卜缨、荠菜等铁的含量较高，而且黄豆中的铁不仅含量较高，而且吸收率也较高，是铁的良好来源。

六、膳食纤维

膳食纤维主要是不能被人体消化道内消化酶所消化且不被人体吸收利用的多糖。膳食纤维被誉为人类的第七大营养素。老年人缺乏膳食纤维易出现便秘，而膳食纤维则能增加粪便的体积和重量，加快肠胃蠕动，促使排便。如果食物在肠内时间太长，则肠道微生物代谢产生的有害物质及分解的酵素长时间与肠黏膜接触，可造成有害物质的吸收和黏膜细胞的伤害。一些便秘者由于粪便在体内停留时间过长，各种毒素的吸收是肠道肿瘤发生的最主要原因。患有糖尿病的老年人，更需要及时补充膳食纤维。研究证实，可溶性膳食纤维在降低餐后血糖、胰岛素、胆固醇浓度方面比不溶性膳食纤维要好。

膳食纤维主要来自植物细胞壁的复合碳水化合物，其主要存在于谷、薯、豆类及蔬菜、水果等植物性食物中（图 4-2-6）。生活中常见的几种食物膳食纤维含量（每 100g 可食部含膳食纤维量）：大豆 15.5g、玉米（黄、干）6.4g、燕麦 6.0g、海带（鲜）0.5g、小麦 10.8g、花生（鲜）7.7g、菠菜（鲜）1.7g、胡萝卜（黄）1.3g、芹菜叶（鲜）2.2g、苹果 1.7g。

图 4-2-6　富含膳食纤维类食物

思考与练习

1. 老年人的日常饮食需要摄入哪些元素？
2. 根据不同的食物元素的作用，请列举摄入不同食物元素及其对身体的影响。

任务三 老年人营养膳食搭配

一、老年人合理膳食原则

1. 食用易咬、易消化的食物

老年人随着年龄的增长，身体的各项机能也在逐渐衰退，特别是消化系统的衰退。因此，老年人应尽量避免不易食用或不易消化吸收的食物，以免加重消化系统的负担和压力。

2. 粗粮与细粮搭配

细粮，原则上指加工后的成品粮，如面粉和大米等；粗粮是相对于精米、白面等细粮而言的，主要包括谷类中的玉米、紫米、高粱、燕麦、荞麦、麦麸等，以及各种干豆类，如黄豆、青豆、赤豆、绿豆等。粗粮或全谷类食物，血糖指数较低，可延缓糖的吸收。粗粮与细粮搭配，既能促进营养的吸收，又能达到营养的均衡。

3. 注重营养比例

老年人易患慢性疾病，其膳食营养需要注意以下四点。

（1）注意钙和维生素的摄入。老年人容易出现骨质疏松和骨折的现象，其主要原因是老年人对钙的吸收能力下降。

（2）注意优质蛋白的摄入。蛋白质是机体细胞、组织和器官的重要组成部分，是一切生命的物质基础。而一切生命的表现形式，本质上都是蛋白质功能的体现，因此老年人更应该注意蛋白质的摄入。

（3）注意防止脂肪的过度摄入，特别是动物脂肪的摄入，以免加重身体负担。

（4）坚持少食多餐原则。少食多餐，既能减轻老年人消化系统的负担，也能均衡老年人所需的膳食营养。

4. 针对不同的慢性疾病，采取不同的饮食原则

（1）对于患有心脏病和冠心病的老年人，可以增加谷类和蛋白质的摄入。

（2）对于患有糖尿病的老年人，可以增加膳食纤维的摄入，减少糖类的摄入，特别是白糖、红糖、葡萄糖以及糖制甜食。

（3）对于患有高血压和高脂血症的老年人，可以减少钠盐和脂肪的摄入，增加蛋白质的摄入，多吃一些蔬菜和水果，同时戒烟、戒酒。

（4）对于患有慢性胃炎的老年人，需要注意两个方面：一是食用易消化的食物；二是注意食物的温度，不能过热，也不能过凉。

二、老年人膳食特点

数量少一点、质量好一点、蔬菜多一点、菜要淡一点、品种杂一点。

三、老年人营养配餐

老年人可食用牛奶蒸蛋、青蒜烧豆腐、山药大枣等营养餐（图 4-2-7）。

（a）牛奶蒸蛋

（b）青蒜烧豆腐

（c）山药大枣

图 4-2-7　营养配餐

思考与练习

1. 调理师在照顾老年人饮食时应注意遵循什么原则？
2. 老年人饮食有何特点？
3. 调理师可以为老年人准备哪些营养餐？

项目三 情志疗法

中医学对心理现象的认识，集中在情志学说之中。情志是人对感受到的客观事物是否符合自身需求而产生的内心体验和意志过程，即包括认知、情绪、情感、意志内在的心理活动。中医学认为，人体是一个形神相互作用、相互制约的统一体。在病理状态下，形体损伤可引起情志失调，而情志的失调又可加重形体损伤。情志和疾病之间存在着“因病而郁”和“因郁而病”的相互关系。

任务一 老年人情志疗法知识

一、情志疗法的概念

情志疗法，是中医传统康复疗法之一，又称精神康复法，古称“意疗”“心疗”，是指在中医整体观念的指导下，通过制订康复计划，运用语言、表情、姿势、行为等手段，影响心身功能障碍老年人的感受、认识、情绪和行为，改善异常情志反应，消除致病的情志因素，达到形神调和，促使心身功能康复的一类方法。

二、情志疗法的功效

1. 改善异常情志反应

当躯体遭遇功能障碍时，会产生相应的精神情绪改变，集中体现在对功能障碍的态度上，其反应的程度与功能障碍的性质和程度有关，也与老年人的人格类型和行为特点相关，还与周围的环境和社会因素相关。常见的异常情志反应包括抑郁、焦虑、愤怒、否认、依赖等，这些情志改变根据老年人的具体情况，会以单一或间夹的形式出现。异常情志反应一方面提示功能障碍所导致的后果，另一方面在体内的蓄积又会妨碍疾病的康复，甚至加重病情，导致新的功能障碍。因此，改善异常情志反应，不仅能够促进原有功能障碍的康复，而且能够预防出现新的功能障碍。这是情志疗法的重要作用之一。

2. 消除致病精神因素

情志疗法通过制订具体可行的康复计划，运用语言、表情、姿势、行为等手段，累积对机体的良性刺激，提高老年人的心理风险抵御能力，来消除致病的精神因素。从根源上解除了老年人的精神负担，帮助老年人真正从功能障碍的心理阴影中走出来。这也是情志疗法的重要作用之一。

思考与练习

请简述情志疗法的概念及功效。

任务二 老年人情志疗法应用

一、情志疗法分类

情志疗法主要包括情志相胜法、说理开导法、移精变气法、暗示疗法、娱乐疗法。

1. 情志相胜法

情志相胜法是中医独特的情志康复方法。它是根据《黄帝内经》的五脏情志相胜理论，即悲胜怒、恐胜喜、怒胜思、喜胜忧、思胜恐，有目的地通过语言或非语言的多种手段，激起老年人的某些情志反应，以达到纠正其异常的情志反应，减轻和消除某些躯体症状，或促使某些情志病症痊愈的目的。此方法适用于癫、狂、痫、惊恐、喜笑不休等证。

2. 说理开导法

说理开导法指通过劝说、指导、安慰、保证等手段来疏泄情感，主要适用于焦虑、紧张、恐惧等心理障碍的老年人，可以为其提供精神支持的一种方法。在实践的过程中，调理师除了要斟酌遣词造句、注重语气外，还要注意自己的表情、态度、姿势和动作，增加老年人对自己的信任，加强与老年人的沟通与交流。

3. 移精变气法

移精变气法是我国古代一种祝由形式的情志疗法。祝由疗法可由一定权威性的人物，通过讲述老年人发病的缘由，指导纠正不良的精神状态；也可通过行为、舞蹈等形式来转移老年人的注意力，调畅气机，达到精神内守。主要适用于因惊惧、迷惑所导致的精神障碍。

4. 暗示疗法

暗示疗法按性质分，有积极暗示和消极暗示。在实践中实施的是积极暗示，尽量避免消极暗示，以利于功能的改善和疾病的痊愈。在面对老年人时，调理师施术时要注意自己的语言、表情、姿势和行为，还要照顾到老年人周围的人文环境和社会环境是否恰当，最大限度地为老年人创造康复的条件，通过调理师的暗示调动老年人的自我暗示来寻求内心的平衡。主要适用于消除癔症性躯体障碍，特别适用于急性起病的老年人。

5. 娱乐疗法

娱乐疗法是指将心身功能康复置于人的正常活动中，充分利用人体的自我康复能力达到形神调和目的的调理方法。主要适用于与心理因素有关的疾病，如高血压、冠心病、脑卒中等。娱乐疗法的内容包括音乐、歌咏、戏剧、琴棋书画、放风筝、钓鱼等。音乐、歌咏的作用主要由曲调的节奏、旋律等因素来决定。节奏鲜明的音乐能使人振奋，优美柔和的旋律给人安宁，低缓沉重的曲调让人肃静。戏剧、琴棋书画等可畅心怀、益情智，不仅促进精神康复，而且加强躯体康复。放风筝、钓鱼均为寓静于动、动静结合的调养身心之法。选择娱乐疗法除了要适合病情需要外，还要重视个人的兴趣培养，才会取得较好的疗效。

二、情志疗法应用注意事项

1. 选择正确的情志疗法

选择正确的情志疗法是进行精神康复的首要前提。其中，整体观念是选择正确方法的指导思想。人体是一个有机整体，人体与自然环境及社会环境有着密切的关系。只有顺应自然、适应社会、整体调治，才能“既治病，又见人”，达到形神统一。而辨证论治是选择正确的情志疗法的有力保证。制订康复计划，必须根据不同的病理阶段采取相应的手段和方法，才能使其与临床实际达到统一，取得满意的康复效果。

2. 注重建立良好的医患关系

良好的医患关系是进行情志康复成功与否的关键。如前文所述，情志疗法中的医患共参、以患为主的诊疗模式决定了在临床实践中必须以互信为基础，才能为康复计划的成功实施提供有利的环境。

思考与练习

情志疗法包含哪些具体的方法，在使用情志疗法的过程中我们应注意什么？

5

工作领域五

老年人常见病症的康复调理技术

学习导读

本领域重点介绍老年人脑卒中恢复期的康复调理、颈椎病的康复调理、肩周炎的康复调理、高血压的康复调理、糖尿病的康复调理、失眠的康复调理。

老年人常见病症很多，特别在疾病恢复阶段，对老年人进行康复调理尤为重要。通过调理，对老年人的消化系统、心脑血管疾病的预防、改善神经系统功能有着显著影响，有助于加快血液的循环，增强消化和吸收功能，缓解腹胀、腹痛、便秘、反酸、烧心、消化、吸收不良的情况，增强体质和免疫力，对常见的心、脑、肾等各个脏器生理功能减退，代谢功能紊乱，免疫功能低下，高血压、糖尿病、冠心病及运动障碍等各种慢性疾病起到预防和恢复效果。

学习目标

能正确认识康复调理对老年人健康的重要意义。

掌握在老年人疾病恢复期开展相关康复调理的主要内容。

学习实施

本领域共有六个项目。学生通过自主学习、合作学习、实践练习等方式，掌握老年人脑卒中、颈椎病、肩周炎、高血压、糖尿病、失眠等疾病恢复期的康复调理的主要内容。

项目一　脑卒中恢复期的康复调理

任务一　脑卒中的相关知识

一、概述

1. 定义

脑卒中，俗称中风。

2. 病因

脑卒中的发生，是多种因素所致的复杂病理过程，主要是风、火、痰饮、瘀血。

3. 病位

脑卒中的病位在脑，与心、肝、脾、肾密切相关。

4. 病机

脑卒中的病机主要是肝肾阴虚、五志过极、肝阳上亢、饮食不节、痰浊内生、气机不畅、瘀血阻滞等因素，造成阴阳失调、气血逆乱，上犯于脑所致。

二、辨证

应用中常在急性期将脑卒中分为中经络与中脏腑两大类。

（1）中经络：病情较轻，一般无神志改变，仅表现为口眼㖞斜、语言不利、半身不遂。

（2）中脏腑：病情较重，主要表现为猝然昏倒、神志不清、㖞僻不遂。中脏腑又分为闭证和脱证。闭证是中脏腑伴随神志昏迷、牙关紧闭、口噤不开、两手握固、肢体强痉等；脱证是中脏腑伴随神志昏愦无知、目合口开、四肢松懈软瘫、手撒肢冷多汗、二便自遗、鼻息低微。

中经络或中脏腑病情稳定后，根据兼症可辨证分为肝阳上亢、风痰阻络、痰热腑实、气虚血瘀、阴虚风动等证。

（1）肝阳上亢证：伴面红目赤，眩晕头痛，口苦，舌红，苔黄，脉弦有力。

（2）风痰阻络证：伴肢体麻木，或手足拘急，头晕目眩，苔腻，脉弦滑有力。

（3）痰热腑实证：伴口黏痰多，腹胀便秘，舌红，苔黄腻或灰黑，脉弦滑大。

（4）气虚血瘀证：伴肢体软弱，偏身麻木，面色淡白，气短乏力，舌暗，苔白腻，脉细涩。

（5）阴虚风动证：伴肢体麻木，手足拘挛，眩晕耳鸣，舌红，苔少，脉细数。

思考与练习

脑卒中的中医辨证类型有哪些？

任务二 脑卒中恢复期的特点与康复调理方法

一、脑卒中恢复期的特点

脑卒中恢复期，一般指脑卒中发病6个月以后进入慢性恢复期。此期应加强残存和已有的功能，即代偿性功能训练，包括矫形器、步行架和轮椅等的应用，以及环境改造和必要的职业技能训练，以适应日常生活的需要，同时注意防止异常肌张力和挛缩的加重，避免废用综合征、骨质疏松症的发生，帮助老年人下床活动，进行适当户外活动。

二、脑卒中恢复期的康复调理方法

1. 推拿调理

推拿可以舒筋活络、行气活血，促进肢体气血循环，改善肢体代谢，防止肌肉废用性萎缩；推拿还可以抑制痉挛、缓解疼痛、防止关节挛缩、促进随意运动恢复。主要选取手、足阳明经脉及腧穴。恢复期可对肢体进行滚、推、揉、捏、拿、搓、点、拍等手法，以抑制肌肉痉挛、促进肌肉关节随意活动为主，手法可以根据肢体肌群状态采用不同手法。

（1）头面部：操作者用拇指推老年人的印堂穴至神庭穴，用一指禅推法自印堂穴依次至阳白、睛明、四白、迎香、下关、颊车、地仓、水沟等穴位，往返推1～2次，力度以老年人微感酸胀为度。推百会穴1分钟，并从百会穴横向推到耳廓上方发际，往返数次，范围要广，强度渐大，以老年人微感酸胀痛为度。用掌根揉瘫痪一侧的面颊部，并重点揉风池穴。口眼㖞斜者，先自患侧地仓穴抹至颊车穴、下关穴，然后按揉地仓、颊车、下关、牵正、迎香等穴位。

（2）上肢部：在患侧肩关节周围先施滚法，再从肩到腕依次操作上肢的后侧、外侧与前侧，往返2～3次，同时配合肩、肘、腕关节诸方向被动活动；用拿法从患侧肩部拿至腕部，往返3～4次，重点是肩关节和肘关节，拿三角肌时嘱老年人尽力做肩外展动作，拿肱三头肌时嘱老年人尽力伸肘；按揉肩髃、臂臑、尺泽、曲池、手三里、合谷等穴位，力度可逐渐加大，每穴操作1～2分钟；轻摇肩关节、肘关节及腕关节，配合做指间关节、腕关节和肘关节的伸展动作以及肩关节的外展动作；自肩部搓至腕部 2～3 次；拔伸患侧指间关节，捻患侧各手指。

（3）腰背部及下肢后侧：先推督脉与膀胱经（用八字推法）至骶尾部，自上而下 2～3 次；按揉天宗、肝俞、胆俞、膈俞、肾俞等穴位；再用滚法沿脊柱两侧向下至臀部、大腿后部、小腿后部，往返 2～3 次，约 5 分钟；按揉患侧八髎、环跳、承扶、委中、承山等穴位及跟腱部，要逐渐加大力度，每穴操作 1～2 分钟，在按揉环跳穴时让老年人尽力做下肢的内旋、内收、屈曲动作；轻拍腰部及背部（图 5-1-1）。

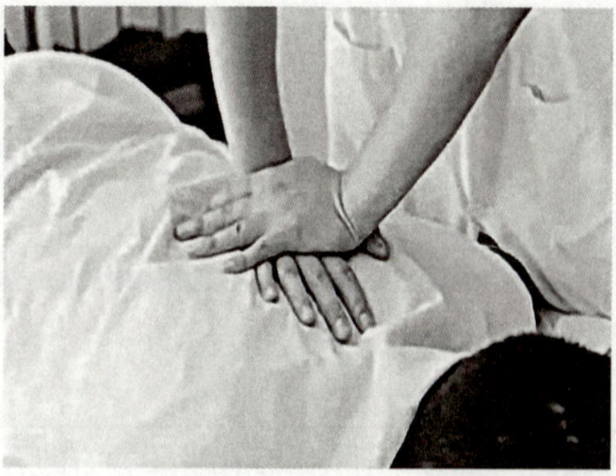

图 5-1-1　腰部按摩

（4）下肢前、外侧：用滚法从患侧臀部沿大腿外侧经膝部至小腿外侧，重点调理部位是髋关节和膝关节，约 5 分钟。在患侧下肢，用滚法自髂前上棘向下沿大腿前面至踝及足背部 2～3 次，约 5 分钟，同时配合髋、膝、踝关节的被动运动；按揉患侧髀关、伏兔、风市、膝眼、阳陵泉、足三里、解溪等穴位，每穴操作 1 分钟；拿患侧下肢 5 次，重点调理部位是大腿内侧中部及膝关节周围；轻摇髋关节、膝关节和踝关节，同时配合做髋关节的外展和踝关节的背屈动作；搓下肢，捻五趾。

2. 艾灸疗法、拔罐疗法、刮痧疗法

针对痉挛肌群，施加艾灸温热刺激，可以有效缓解肌痉挛，减轻疼痛。对于脑卒中恢复期，腰背部可用拔罐疗法、刮痧疗法以散寒、活血、祛瘀。

3. 中药调理

中药调理对促进机体康复具有显著作用，根据不同时期，结合辨证用药，以调理脏腑，促进机体整体康复。

肝阳上亢者，天麻钩藤饮加减；风痰阻络者，化痰通络汤加减；痰热腑实证，用麻子仁丸加减；气虚血瘀者，补阳还五汤加减；阴虚风动者，镇肝熄风汤加减。

4. 传统运动调理

脑卒中先兆或症状较轻者，可选择练习太极拳、八段锦、五禽戏等功法。通过躯体活动促进气血的运行，调畅气机，舒缓病后抑郁情绪。运动量可根据个人具体情况而定，一般每次练习 20～30 分钟，每天 1～2 次，30 天为1疗程。

思考与练习

脑卒中的推拿调理方法有哪些？

项目二　颈椎病的康复调理

任务一　颈椎病的相关知识

一、概述

1. 定义

颈椎病，又称颈椎退行性骨关节病、颈肩综合征等，多属中医“痹证”“项筋急”“眩晕”等范畴。

2. 病因

中医学认为颈椎病的发生主要是由于颈部伤筋后复感风寒湿邪，从而导致“痹证”。

3. 病位

颈椎病的病位在颈肩部，有头、颈、肩、臂、手及前胸等部位的症状。

4. 病机

肝肾不足、筋骨痿软是内因，颈部外伤、劳损及外感风寒湿邪等是外因。病机主要是风寒湿邪侵袭，气血不畅、气滞血瘀、痰湿互阻，或气血亏虚、气虚寒凝、肝肾虚损、肝阳上亢。

二、辨证

1. 风寒袭络

上肢窜痛麻木，以痛为主，颈项部僵硬活动不利、疼痛，惧怕风寒。舌质淡，苔薄白，脉弦紧。此型多见于急性发作期。

2. 气滞血瘀

颈肩、上肢疼痛，痛处固定，可伴有麻木。舌质暗，脉弦或弦涩或弦紧。

3. 痰湿互阻

颈肩臂痛，上肢麻木，头重头晕，四肢倦怠，乏力，呕恶痰涎，纳差。舌苔腻或厚腻，脉弦滑或濡。

4. 气虚寒凝

上肢麻木疼痛，以麻木为主，怕冷，四肢欠温，疲乏无力。舌体胖大，苔白，脉弦细或弦细无力。

5. 肝阳上亢

上肢麻木，头痛眩晕，耳鸣，眼干目涩，失眠多梦，夜寐不安。舌红少津，苔少，脉弦细。

6. 气血亏虚

上肢麻木，头晕目眩，耳鸣，心悸气短，四肢乏力，肌肤蠕动。舌质淡，苔薄，脉细无力。

思考与练习

颈椎病的中医辨证类型有哪些？

任务二　颈椎病的特点与康复调理方法

一、颈椎病的特点

老年人颈椎病，主要由于椎间盘突出、关节突移位、骨质增生等原因在椎管内或椎间孔处刺激和压迫神经根所致，好发于颈 5～6 和颈 6～7 间隙。主要表现为颈肩部疼痛僵硬，沿上肢受累神经走行和支配区的放射性疼痛、麻木，可有握力减退、持物坠落等现象发生，病久可出现肌肉萎缩。颈部活动、咳嗽、打喷嚏、用力深呼吸等动作可造成症状加重。

二、颈椎病的康复调理方法

中医康复调理技术在颈椎病的预防、调理中有较大优势，包括推拿调理、中药调理和传统运动疗法等，调理切忌操作粗暴。

1. 推拿调理

推拿可以促进局部血液循环、缓解颈肩肌群的紧张和痉挛、镇静止痛，并能理筋整复、松解软组织粘连、恢复颈椎活动。

（1）舒筋：老年人采取俯卧位，操作者用双手掌根部，沿斜方肌、背阔肌、骶棘肌纤维方向，分别向项外侧沟及背部推揉分舒，再用滚法进行放松舒筋。手法力度适中，反复 8～10 次。

（2）提拿：老年人采取俯卧位或坐位，操作者用双手或单手提拿颈后、颈两侧及肩部的肌肉，反复 3～5 次。

（3）揉捏：老年人采取坐位，操作者立于老年人身后，用双手拇指或小鱼际置于颈后两侧，着力均匀，上下来回揉捏 10～20 次。

（4）点穴拨筋：老年人采取卧位，操作者用拇指或中指或小鱼际点按揉肩井、天宗、阿是穴、臑会、曲池、手三里、阳溪等穴位，以有酸胀感为宜。然后拨腋下臂丛神经、桡神经和尺神经，以麻窜至手指端为宜。在背部拨两侧骶棘肌，与肌肉垂直方向从外向内拨 3～5 次。

（5）端提运摇：老年人采取坐位或仰卧位，操作者在老年人身后或坐于老年人头前，双手置于枕后、颌下部，缓慢向上提颈或牵伸，并慢慢做颈项部的旋转、屈伸和侧屈动作，使头部向左右两侧旋转角度为 30°～40°，重复 8～10 次。此法慎用于脊髓型、椎动脉型颈椎病。

（6）拍打叩击：老年人采取坐位或俯卧位，操作者握拳或用空心掌拍打、叩击项背部和肩胛部，力度适中，以老年人舒适为宜，反复 3～5 次。

（7）旋转复位：老年人采取坐位或卧位，操作者立于老年人身后或坐于老年人头前进行操作，该法难度较大，必须经过专业培训才能进行。适用于颈椎小关节紊乱、颈椎半脱位、部分颈椎间盘突出等，一般禁用于脊髓型、椎动脉型颈椎病。

2. 中药调理

（1）风寒袭络：治以祛风散寒、通络止痛，方用桂枝附子汤加葛根、鸡血藤、木瓜等。

（2）气滞血瘀：治以行气活血、通络止痛，方用活血止痛汤加减。

（3）痰湿互阻：治以化痰利湿、通络止痛，方用温胆汤加片姜黄、木通、桑枝等。

（4）气虚寒凝：治以温阳益气、通络止痛，方用黄芪桂枝五物汤加细辛、附子等。

（5）肝阳上亢：治以平肝潜阳、通络止痛，方用天麻钩藤饮加络石藤、路路通等。

（6）气虚亏虚：治以益气养血、通络止痛，方用归脾汤加熟地、木瓜、威灵仙等。

3. 传统运动疗法

可选择练习太极拳、八段锦、五禽戏等功法。通过躯体活动促进气血的运行，调畅气机，舒筋活络，灵活关节。运动量可根据个人具体情况而定，一般每次练习 20～30 分钟，每天 1～2 次。

思考与练习

颈椎病的推拿调理方法有哪些？

项目三　肩周炎的康复调理

任务一　肩周炎的相关知识

一、概述

1. 定义

肩周炎，即肩关节周围炎，中医又称“五十肩”“冻结肩”“漏肩风”等，属“痹证”范畴。

2. 病因

肝肾亏虚、气血不足、血不荣筋是内因，外伤劳损、风寒湿邪侵袭为外因。肩部的骨折、脱位，上臂或前臂的骨折，因固定时间过长或固定期间不注意肩关节的功能锻炼也可诱发肩周炎。

3. 病位

肩周炎的病位在肩关节，与头、颈、肩、臂、手及前胸等部位有关。

4. 病机

中医认为肩周炎是年老体衰，气血虚损，筋失濡养，风寒湿邪侵袭肩部，经脉拘急而致。

二、辨证

1. 风寒湿阻

肩部串痛、畏风恶寒，或肩部有沉重感，肩关节活动不利，遇寒痛增，得温痛减。舌质淡，苔薄白或腻，脉弦滑或弦紧。

2. 脉络瘀滞

外伤筋络，瘀血留滞，肩部肿胀，疼痛拒按，或按之有硬结，肩关节活动受限，动则痛剧。舌质暗或有瘀斑，苔白或薄黄，脉弦或细涩。

3. 气血亏虚

肩部疼痛日久，肌肉萎缩，关节活动受限，劳累后疼痛加重，伴头晕目眩，气短懒言，心悸失眠，四肢乏力。舌质淡，苔少或白，脉细弱或沉。

任务二　肩周炎的特点与康复调理方法

一、肩周炎的特点

肩周炎的调理主要是非手术调理，虽然部分老年人可自行痊愈，但时间长、痛苦大、肩关节功能恢复不全。由于肩周炎的主要问题是肩关节周围疼痛和活动受限，故康复调理目的主要是缓解疼痛和恢复关节活动度。肩周炎分为以下类型。

（1）急性期：又称早期、疼痛期，持续时间 2 ~ 9 个月，以肩关节周围疼痛为主，压痛范围广泛，在喙肩韧带、喙突、肩峰下、冈上肌、肱二头肌长头腱等处均有压痛，逐渐出现肩关节活动受限。

（2）粘连期：又称中期、僵硬期，持续时间 4 ~ 12 个月，肩关节活动明显受限，甚至关节“冻结”不能活动，以外展、外旋、上举、后伸等最为显著，严重者可出现三角肌、冈上肌、冈下肌等肩胛带肌的萎缩，尤以三角肌萎缩明显，可伴有持续疼痛，但疼痛症状逐渐减轻。

（3）缓解期：又称末期、缓解期，持续时间 5 ~ 26 个月，疼痛逐渐减轻，肩关节活动逐渐恢复，但也有恢复不全者。

二、肩周炎的康复调理方法

1. 推拿调理

推拿调理常用手法有推、揉、提、捏、拿、弹拨、抖、搓、扳、点按等。

（1）在早期宜采用轻手法，可用提捏拿肩周肌肉、点揉肩周穴位等方法，目的是改善患肢血液、淋巴循环，消除水肿，缓解疼痛，保持肩关节活动功能。待疼痛减轻可增加主动运动。

（2）在粘连期或中末期，可采用稍重的推拿手法，主要目的是缓解疼痛、松解粘连、增加关节活动度。老年人采取坐位或卧位，操作者用提、捏、拿、揉等手法放松三角肌、胸肌、冈上肌、冈下肌、斜方肌、大小圆肌等肩周肌肉，用拇指、食指、中指三指对握三角肌束，做垂直于肌纤维走行方向拨动 5 ~ 6 次，再拨动痛点附近的冈上肌、胸肌各 5 ~ 6 次，然后按摩肩前、肩后、肩外侧，点揉肩髃、肩髎、肩贞、肩井、秉风、天宗、臂臑、曲池、手三里、合谷等穴位；然后操作者一手握住肩部，一手握老年人手腕部，做牵拉、抖动、旋转动作；最后帮助老年人做外展、上举、内收、前屈、后伸、内旋、外旋等动作。施以上述手法时会引起不同程度的疼痛，要注意力度以老年人能耐受为宜。每天或隔天调理 1 次，10 次为 1 疗程。

2. 中药调理

（1）外用药：外贴关节止痛膏、宝珍膏、伤湿止痛膏等，也可选用海桐皮汤热熨熏洗。

（2）内服药：①风寒湿阻。治以祛风散寒、宣痹通络，方用蠲痹汤加桑枝、海桐皮等。②脉络瘀滞。治以活血化瘀、通络止痛，方用身痛逐瘀汤加减。③气血亏虚。治以益气养血、舒筋活络，方用黄芪桂枝五物汤加鸡血藤、当归等。

3. 传统运动疗法

可根据个人情况选择练习五禽戏、八段锦、太极拳等保健功法以改善关节活动度，增加肌肉力量。同时可以做以下练习。

（1）肩关节环绕练习：老年人在早晚做内旋、外旋、外展、环转上臂动作，反复锻炼，锻炼时必须缓慢持久。

（2）爬墙锻炼：老年人侧面靠墙站立，以手指接触墙壁缓慢逐步向上移动，做肩外展上举动作，在墙壁上做高度标记，逐日增加上臂外展上举的高度，每天 2～3 次，每次 5～10 分钟。

（3）拉环运动：双手分别握住滑轮拉环的两个环，以健侧上肢向下牵拉以帮助患侧肩关节做外展、上举动作。锻炼必须循序渐进，持之以恒，避免操之过急。

思考与练习

1. 肩周炎的中医辨证类型有哪些？
2. 肩周炎的推拿调理手法有哪些？

项目四　高血压的康复调理

任务一　高血压的相关知识

一、概述

1. 定义

高血压是指因动脉血管硬化以及血管运动中枢调节异常所导致的动脉血压持续性增高的一种常见疾病。现代医学又称本病为原发性高血压，继发于其他疾病的血压升高不包括在内。高血压的诊断标准是：在未服用抗高血压药的情况下，收缩压（SBP）≥140mmHg（18.6kPa）和/或舒张压（DBP）≥90mmHg（12.0kPa）。

不可根据某一次血压检查即诊断高血压病。初次检查的高血压至少要得到相隔1周或数周后的第二次测定的证实，除非收缩压＞180mmHg（23.9kPa），舒张压＞110mmHg（14.6kPa）。

2. 病因

高血压病与中医学的“眩晕”“头痛”等关系密切。病因常见有年老体虚、劳倦久病、情志失调、饮食偏嗜等。

3. 病位

高血压病的病位主要在肝、肾，并涉及心、脾。

4. 病机

高血压病的病机主要是阴阳失调、本虚标实，多见肝肾阴亏、肝阳上亢的下虚上实证，并可兼夹风、火、痰、瘀等。

二、辨证

（一）中医辨证

在辨证过程中，除观察血压变化外，还要对老年人眩晕、头痛等全身症状进行辨析。部分老年人血压高而无明显自觉症状，此时可结合现代仪器进行检查，以了解高血压对有关脏器的损害，供辨证时参考。

（1）阴虚阳亢证：头痛头晕，耳鸣眼花，失眠多梦，腰膝酸软，面时潮红，四肢麻木。舌质红，苔薄或无苔，脉弦细。

（2）肝肾阴虚证：头晕眼花，目涩而干，耳鸣耳聋，腰酸腿软，足跟痛。舌质红，无苔，脉沉细，尺脉弱。

（3）阴阳两虚证：头目昏花，行走如坐舟船，面白少华，间有烘热，心悸气促，腰膝酸软，夜尿频多，或有水肿。舌质淡嫩，脉沉细或紧。

（二）血压评定

1. 高血压的分级

根据血压值，高血压分为 3 级。

1 级：收缩压 140 ~ 159mmHg 和 / 或舒张压 90 ~ 99mmHg。

2 级：收缩压 160 ~ 179mmHg 和 / 或舒张压 100 ~ 109mmHg。

3 级：收缩压≥ 180mmHg 和 / 或舒张压≥ 110mmHg。

单纯收缩期高血压：收缩压≥ 140mmHg 和舒张压＜ 90mmHg。

2. 高血压的心血管危险分层

低危组：男性年龄＜55岁、女性年龄＜65岁，高血压水平1级、无其他危险因素。

中危组：高血压水平 2 级或1~2 级，同时有 1 ~ 2 个危险因素，老年人应被给予药物调理。

高危组：高血压水平1级或 2 级，同时有 3 个或更多危险因素，兼患糖尿病或靶器官损害；或高血压水平 3 级，但无其他危险因素，也属高危组。

极高危组：高血压水平 3 级，同时有 1 种以上危险因素，或兼患糖尿病或靶器官损害，或高血压水平 1 ~ 3 级并有相关疾病。

思考与练习

高血压的中医辨证类型有哪些？

任务二　高血压的特点与康复调理方法

一、高血压的特点

针对高血压病阴阳失调、本虚标实、本虚为主的病理特点，康复调理当以调和阴阳、扶助正气为原则，采用综合方法，以达到身心康复的目的。

二、高血压的康复调理方法

（一）拔罐疗法

取膀胱经背部第一侧线腧穴和肩髃、曲池、手三里、委中、承筋、足三里、丰隆、风池等穴位。每次取 10 个穴位左右，拔罐时间 10 ~ 15 分钟。

（二）推拿疗法

一般以自我推拿为主，常用方法如按压曲池、揉攒竹、擦鼻、鸣天鼓、手梳头、揉太阳、抹额、按揉脑后、搓手浴面、揉腰眼、擦涌泉等，并辅以拳掌拍打。

（三）中药疗法

采用中药疗法时，应辨证用药。

（1）阴虚阳亢：宜滋阴潜阳。方用镇肝熄风汤加减。

（2）肝肾阴虚：宜滋补肝肾。方用杞菊地黄丸加减。

（3）阴阳两虚：宜调补阴阳。方用二仙汤加减。

（四）饮食疗法

饮食需定时定量，不宜过饥过饱，不宜暴饮暴食。肥胖与钠摄入量高均与高血压病明显相关，因此日常宜低脂、低热量、低盐饮食，尤其应重视低盐低糖饮食。一般摄盐量应限制在每天 6g 以下，病情较重者应限制在每天 2g 以下。

（1）炖海参：水发海参 30g，加水适量，文火炖烂，加入适量冰糖溶化，即可食用。

（2）炖木耳：白木耳或黑木耳 10g，水发后洗净，加水适量，文火炖烂，加适量冰糖，晚上服。

（3）老醋花生：红皮花生米 250g，加老陈醋适量，浸泡 5 ~ 7 天，每天 3 次，每次适量。

（4）菊花醪：甘菊花 10g，糯米酒适量，放入锅内煮沸，顿服，每天 2 次。

（5）天麻炖鸡蛋：天麻 9g，先煎 1 小时，去渣后，加鸡蛋两枚炖，内服。

（6）芝麻胡桃汤：黑芝麻、核桃仁、枸杞子各 20g，水煎，每天 1 次，渣汤同服。

此外，也可选用海蜇荸荠汤、凉拌芹菜、蜂乳等。

（五）传统运动疗法

传统运动疗法是高血压病康复的有效手段，既可起到一定的降压效果，又能调整机体对运动的反应性，从而促使老年人康复。

（1）太极拳。动作柔和、姿势放松、动中有静为特点的太极拳对高血压病较为合适。体质较好者可打全套 24 式简化太极拳，体力较差者可打半套，或选练若干招式，如左右野马分鬃、左右揽雀尾、云手和收势等，每节重复 10 次左右。

（2）此外，还可结合步行和慢跑等。步行可选择在清晨，肢体放松，速度适中。慢跑则在步行基础上过渡，最初可与步行交替，然后逐渐加大运动量，延长距离并加快速度。

在锻炼时应注意以下几点：①无论何种运动，头的位置不宜低于心脏水平，以免加重头部症状；②不宜选择竞赛项目，以免情绪激动；③不宜做负重活动，以免因屏气而引起反射性血压升高。

（六）沐浴疗法

根据具体情况，可酌情进行日光浴、空气浴、森林浴等。有条件者可选择下列沐浴方法。

（1）氢泉浴：水温 34～37℃左右，每天 1 次，每次 10～20 分钟，15～20 次为 1 疗程。视病情轻重及体质情况可适当缩短或延长时间。

（2）二氧化碳泉浴：康复初期水温可控制在 35～36℃，后期水温可降至 32～33℃，每天 1 次，每次 8～12 分钟，15～20 次为 1 疗程。

（3）松脂浴：按每升 0.5～1g 的比例加入松脂粉，水温保持在 35～36℃，老年人坐浸浴缸内，水面平齐胸部，每天 1 次。

思考与练习

高血压的常用调理方法有哪些？

项目五 糖尿病的康复调理

任务一 糖尿病的相关知识

一、概述

1. 定义

糖尿病是一种常见的代谢内分泌疾病，隶属于中医学“消渴”范畴。主要表现为多饮、多食、多尿、消瘦、糖尿及血糖增高。

2. 病因

肝肾亏虚、气血不足、血不荣筋是内因，外伤劳损、风寒湿邪侵袭为外因。

3. 病位

消渴之病位涉及肺、胃、肾三脏，尤以肾为关键。

4. 病机

消渴之病机主要在于阴津亏损、燥热偏胜，而以阴虚为本、燥热为标。

二、辨证

糖尿病可分为原发性和继发性两大类，前者又分为 1 型糖尿病、2 型糖尿病和糖耐量低减等。糖尿病的发病机理主要是由于胰岛素的绝对或相对不足，导致糖代谢的紊乱，使血糖过高，出现糖尿，进而又可导致脂肪和蛋白质的紊乱。糖尿病常见于老年，男性发病率高于女性。

消渴病的“三多”症状，往往同时存在，但根据其程度的轻重不同，而有上、中、下三消之分，及肺燥、胃热、肾虚之别。通常因病程长短及病情轻重的不同，阴虚和燥热各异。一般初病多以燥热为主，病程较长者则阴虚与燥热互见，日久则以阴虚为主，进而由于阴损及阳，导致阴阳俱虚。

（1）肺热津伤：口渴多饮，口舌干燥，尿频量多，烦热多汗。舌边尖红，苔薄黄，脉洪数。

（2）胃热炽盛：多食易饥，口渴，尿多，形体消瘦，大便干燥。苔黄，脉滑实有力。

（3）气阴亏虚：口渴引饮，能食与便溏并见，或饮食减少，精神不振，四肢乏力。舌质淡，苔白而干，脉弱。

（4）肾阴亏虚：尿频量多，混浊如脂膏，或尿甜，腰膝酸软，乏力，头晕耳鸣，口干唇燥，皮肤干燥，瘙痒。舌红苔少，脉细数。

（5）阴阳两虚：小便频数，混浊如膏，甚至饮一溲一，面容憔悴，耳轮干枯，腰膝酸软，四肢欠温，畏寒肢冷。舌苔淡白而干，脉沉细无力。

思考与练习

糖尿病的中医辨证类型有哪些？

任务二　糖尿病的特点与康复调理方法

一、糖尿病的特点

糖尿病是一种慢性进行性疾病，早期通常无症状，多因其他疾病或体检时检测尿糖时才被发现。中、晚期以多饮、多食、多尿和体重减轻为主要症状。病程较长或调理不当的老年人易出现心脑血管、肾、眼及神经系统等慢性并发症，也可并发各种化脓性感染和结核病；急性并发症有酮症酸中毒、高渗性昏迷、乳酸性酸中毒等，常可危及生命。

二、糖尿病的康复调理方法

糖尿病要重视早期及全程康复调理，宜早期介入。糖尿病的康复调理方法包括中药疗法、饮食疗法、运动疗法等，同时应对糖尿病老年人及其家属进行健康教育。

（一）中药疗法

糖尿病的基本病机是阴虚为本、燥热为标，故清热润燥、养阴生津为本病的调理大法。由于本病经常发生血脉瘀滞及阴损及阳的病变，以及易并发痈疽、眼疾、劳嗽等症，故应针对具体病情，及时合理地选用活血化瘀、清热解毒、健脾益气、滋补肾阴、温补肾阳等调理方法。

（1）肺热津伤：选用消渴方，清热润肺、生津止渴。若烦渴不止、小便频数，而脉数乏力者，为肺热津亏、气阴两伤，可选用玉泉丸或二冬汤。

（2）胃热炽盛：选用玉女煎，清胃泻火、养阴增液。若大便秘结不行，可用增液承气汤来润燥通腑，待大便通后，再转上方调理。本证也可选用白虎加人参汤。

（3）气阴亏虚：选用七味白术散，益气健脾、生津止渴。若肺有燥热，加地骨皮、知母、黄芩，清肺；口渴明显，加天花粉、生地，养阴生津；气短汗多，加五味子、山萸肉，敛气生津；食少腹胀，加砂仁、鸡内金，健脾助运。

（4）肾阴亏虚：选用六味地黄丸，滋阴固肾。若烦躁、五心烦热、盗汗、失眠，属阴虚火旺者，可加知母、黄柏，滋阴泻火；尿量多而混浊者，加益智仁、桑螵蛸等，益肾缩尿；烦渴、头痛、唇红舌干、呼吸深快、阴伤阳浮者，用生脉散加天门冬、鳖甲、龟板等，育阴潜阳；如见神昏、肢厥、脉微细等阴竭阳亡危象者，可合参附龙牡汤，益气敛阴、回阳救脱。

（5）阴阳两虚：选用金匮肾气丸，滋阴温阳、补肾固涩。若尿量多而混浊者，加益智仁、桑螵蛸、覆盆子、金樱子等，益肾固摄；身体困倦、气短乏力者，可加党参、黄芪、黄精，补益正气；阳虚畏寒者，可酌加 0.5g 鹿茸粉冲服，以启动元阳，助全身阳气之生化。

消渴容易发生多种并发症，应积极调理。白内障、雀盲、耳聋，乃为肝肾精血不足，不能上承耳目所致，可用杞菊地黄丸或明目地黄丸，以滋补肝肾、益精补血。对于并发疮毒痈疽者，则用五味消毒饮，以清热解毒、消散痈肿。在痈疽的恢复阶段，调理上要重视托毒生肌。

（二）饮食疗法

饮食疗法是糖尿病康复调理中一项最基本的措施，不论 1 型糖尿病还是 2 型糖尿病都应重视饮食调理。

糖尿病老年人的饮食应含有足够的热量、营养成分及适当的碳水化合物、蛋白质和脂肪比例。在老年人的饮食结构中，碳水化合物约占饮食总热量的 60%，脂肪少于总热量的 30%，蛋白质含量一般占总热量的 15% 左右。提倡用粗制米、面和一定量杂粮。宜少食多餐，每天不少于 3 餐，同时要保证进餐时间的规律性。

（三）运动疗法

运动疗法是糖尿病康复调理基本方法之一，尤其对 2 型糖尿病作用较大。适当运动有利于减轻体重、提高胰岛素敏感性，改善血糖和脂代谢紊乱，但如有心脑血管疾病或严重微血管病变者，应按具体情况做妥善安排。

适用于糖尿病老年人康复的训练是低至中等强度的有氧运动。常采用有较多肌群参加的持续性的周期性运动，如步行、慢跑、游泳、太极拳等活动，也可利用活动平板、功率自行车等器械来进行。

运动持续的时间可以根据个人的耐受能力，一般以每次 20 ~ 30 分钟为佳，每天 1 次或每周运动 3 ~ 4 次。

（四）健康教育

糖尿病健康教育是防治糖尿病的核心，被公认是其他调理方法成败的关键。其教育内容包括糖尿病的基础知识、调理控制要求、尿糖测定操作、便携式血糖仪操作、饮食调理的具体措施、运动疗法的具体要求、使用药物的注意事项、胰岛素注射技术操作等。通过传授糖尿病知识，可以充分调动老年人及其家属的主观能动性，认识到糖尿病的可防性和可治性，最大限度地控制高血糖，减少糖尿病慢性并发症的发生和发展。

思考与练习

1. 请简述糖尿病的中药疗法。
2. 糖尿病饮食疗法的原则是什么？
3. 糖尿病健康教育的主要内容有哪些？

项目六 失眠的康复调理

任务一 失眠的相关知识

一、概述

1. 定义

失眠是指睡眠的始发和维持发生障碍，致使睡眠的质和量不能满足个体的生理需要，引起个体白日自感不同程度的休息不充分和精力未恢复，因而躯体困乏、精神萎靡、注意力减退、思考困难、反应迟钝、情绪低落或焦躁等，中医学又称失眠为“不寐”。

2. 病因

失眠的病因主要有情志所伤、饮食不节、病后失养、禀赋不足、年迈体虚等。

3. 病位

失眠的病位主要在心，并与肝、脾、肾、胃、胆各脏腑密切相关。

4. 病机

失眠的总病机在于阴阳失调、气血失和，以致心神失养或心神不安。其中实证多由心火炽盛、肝郁化火、痰热内扰引起的心神不安所致；虚证多由心脾两虚、心虚胆怯、阴虚火旺引起的心神失养所致；久病可表现为虚实兼夹。

二、辨证

1. 肝郁化火型

少寐，急躁易怒，目赤口苦，大便干结。舌红苔黄，脉弦而数。

2. 痰热内扰型

不寐，头重，胸闷，心烦，嗳气，吞酸，不思饮食。苔黄腻，脉滑数。

3. 阴虚火旺型

心烦不寐，五心烦热，耳鸣健忘。舌红，脉细数。

4. 心脾两虚型

多梦易醒，头晕目眩，神疲乏力，面黄色少华。舌淡苔薄，脉细弱。

5. 心胆气虚型

噩梦惊扰，夜寐易醒，胆怯心悸，遇事易惊。舌淡，脉细弦。

思考与练习

失眠的中医辨证类型有哪些?

任务二　失眠的特点与康复调理方法

一、失眠的特点

中医学认为失眠是由于心神失养或不安而引起的经常不能获得正常睡眠为特征的一类病症，主要表现为睡眠时间、睡眠深度的不足以及不能消除疲劳、恢复体力与精力，轻者入睡困难，或寐而不酣、时寐时醒，或醒后不能再寐，重则彻夜不寐，由于睡眠时间的不足或无法进入深度睡眠，醒后常见神疲乏力、头晕头痛、心悸健忘及心神不宁等。

失眠是老年人的常见病，虽不属于危重疾病，但严重影响老年人的生活和健康，可加重或诱发心悸、胸痹、眩晕、头痛、脑卒中等病。顽固性睡眠障碍，更给老年人带来长期痛苦。

二、失眠的康复调理方法

（一）情志疗法

1. 认知导入技术

认知导入技术针对老年人所存在的对睡眠的不同认知问题进行分析；纠正老年人对睡眠各种症状的错误认知；导入合理的认知；用新的理念和行为代替过去不合理的理念和行为；逐步矫正老年人对睡眠的非理性信念和认知。

2. 移精变气法

移精变气法是我国古代一种情志疗法。鼓励老年人通过培养情趣爱好，充实精神生活，转移对于睡眠问题的过度关注。对于调理失眠，音乐、歌咏、舞蹈、书画、游戏等各种娱乐方法均可灵活选用。需要注意的是心神失养所致的虚证更宜选用音乐、歌咏、舞蹈等，心神不安所致的实证更宜选用书画、垂钓等。无论哪种方法，都应用之有度、劳逸结合，不可过分在意结果和输赢。

3. 说理开导法

说理开导法指通过劝说、指导、安慰、保证等手段来疏泄情感，消除老年人的焦虑、紧张、恐惧等心理障碍，提供精神支持的一种方法。在实践的过程中，调理师要斟酌遣词造句，注意语气、表情、态度、姿势和动作，增加老年人对自己的信任，加强与老年人的沟通与交流。失眠老年人的康复关键在于纠正老年人对于睡眠和睡眠不足的错误认识，减轻焦虑，改善睡眠。要帮助老年人分析造成睡眠障碍的原因，缓解老年人对躯体不适的过度反应，积极疏导影响老年人睡眠的心理因素，引导其合理宣泄不良情绪。改变老年人的认知和行为非常关键，一些老年人对睡眠有不现实的期望，如强行及人为地规定睡眠时间、过分关注安眠药物的疗效。因此要重视矫正老年人的认知，可采取以下三个步骤：①确定老年人存在错误认识；②针对错误的认识采取说理开导法；③讲解睡眠卫生常识，用正确的认识来取代错误的认识。

4. 中医行为疗法

（1）刺激控制法：仅在有睡意时上床，上床后（15～20 分钟）仍然睡不着，应下床做些轻松的活动，直到有睡意时再上床。除了睡觉，不要把床作为他用，无论夜间睡了多久时间，每天早晨要按时起床。

（2）睡眠限制法：纠正不良的睡眠习惯，如白天打盹、午睡时间过长、睡眠不规律、睡前过度兴奋与过度活动等。减少或限制无效睡眠。按照老年人每晚的实际睡眠时间规定卧床时间，如果每天晚上睡眠时间是 4 个小时，那规定卧床时间 4.5～5 个小时，以提高睡眠的效率，如果连续 5 天的睡眠效率均达到 90%，可将卧床时间增加 15 分钟。

（3）反意向控制法：适合入睡困难的老年人。目的是消除可能影响入睡的操纵性焦虑。上床后，努力保持觉醒而不睡去。可以关掉卧室的灯，并尽可能地睁开眼睛，在此过程中，不做任何影响睡眠的事情，如听音乐、看电视或看报纸。

（二）中药调理法

1. 心脾两虚型

调理方法：补益心脾，养心安神；方药：归脾加减。

2. 阴虚火旺型

调理方法：滋阴降火，清心安神；方药：六味地黄丸合黄连阿胶汤加减。

3. 痰热内扰型

调理方法；清化痰热，和中安神；方药：温胆汤加减。

（三）推拿疗法

1. 头面及颈部的操作

老年人采取坐位。操作者用一指禅推法从印堂穴向上推至神庭穴，往返 5～6 次；再从印堂穴向两侧沿眉弓推至太阳穴，往返 5～6 次；然后从印堂穴开始沿眼眶周围调理，往返 3～4 次。沿上述部位用双手抹法调理 5～6 次；指按揉印堂、攒竹、睛明、鱼腰、太阳、神庭、角孙、百会等穴位，每穴 2 分钟；用扫散法在头两侧胆经循行部位调理，每侧 20～30 次；拿五经，拿风池，拿肩井，时间约 3 分钟。

2. 腹部操作

老年人采取仰卧位。操作者用掌摩法先顺时针方向摩腹，再逆时针方向摩腹，时间约 3 分钟；指按揉中脘穴、气海穴、关元穴，每穴 1 ~ 2 分钟。

3. 腰背部操作

老年人采取俯卧位。操作者用滚法在老年人背部、腰部施术，重点在心俞、肝俞、脾俞、胃俞、肾俞、命门等穴位，时间约 5 分钟。用掌推法从背部沿脊柱自上而下推至腰骶部，反复操作 3 ~ 5 次。

（四）传统体育康复法

传统体育运动，能够活动躯体四肢，促进气血的运行，调和气血，调畅气机，平衡阴阳，改善脏腑功能，促进睡眠。可选八段锦、太极拳、五禽戏等习练。初学者可先练习八段锦、太极拳，随后可循序渐进地习练五禽戏等。运动量可根据个人具体情况而定，一般每次运动 30 ~ 50 分钟，每天 1 ~ 2 次，以晨起及午后为佳，避免晚上临睡前过度运动，30 天为 1 疗程。

（五）传统物理康复法

1. 热水浴

每天 1 次，每次 30 分钟左右，水温不宜过冷、过热，以 35 ~ 37℃为宜。

2. 芳香疗法

将气味清香和缓的香花放置在卧室、起居室周围，可怡神养智、舒缓身心，调节睡眠节律。在行热水浴时，添加适量精油，即芳香康复法合沐浴康复法，也可起到镇静安神、调和营卫、改善睡眠的作用。

（六）康复预防

睡眠障碍通常属于身心疾病范畴，病变因于心神，故应注意精神调摄，保持精神舒畅，解除焦虑忧思，喜怒有节；饮食亦应有节，忌肥甘厚味，避免饮用浓茶、咖啡等苦伤心脾之物；睡前避免过度兴奋刺激，睡眠环境宜安静；作息有序、适当参加体育活动等对于睡眠障碍的康复、老年人体质和生活质量的改善均有促进作用。

思考与练习

失眠的情志疗法与其他调理方法如何结合？

参考文献

［1］ 王键．中医基础理论［M］．2版．北京：中国中医药出版社，2001.
［2］ 汪瀛乐．腧穴学［M］．南京：江苏科学技术出版社，1990.
［3］ 袁银银．中医基础学［M］．南京：江苏科学技术出版社，1988.
［4］ 奚中和．中医学概要［M］．2版．北京：人民卫生出版社，1994.
［5］ 重庆市成人教育丛书编委会．老年人日常康复调理［M］．重庆：重庆大学出版社，2022.
［6］ 王瑞辉，冯晓东．中医康复学［M］．2版．北京：中国中医药出版社，2017.